Storia del Grande Oriente d'Italia

STORIA

del

GRANDE ORIENTE D'ITALIA

a cura di

EMANUELA LOCCI

Westphalia Press
An Imprint of the Policy Studies Organization
Washington, DC
2020

STORIA DEL GRANDE ORIENTE D'ITALIA
All Rights Reserved © 2020 by Policy Studies Organization

Westphalia Press
An imprint of Policy Studies Organization
1527 New Hampshire Ave., NW
Washington, D.C. 20036
info@ipsonet.org

ISBN: 978-1-63391-488-9

Copertina e design a cura di Jeffrey Barnes
jbarnesbook.design

Daniel Gutierrez-Sandoval, Executive Director
PSO and Westphalia Press

Materiale aggiornato e commenti su questa edizione
può essere trovato sul sito web di Westfalia Press:
www.westphaliapress.org

L'Associazione Culturale HUR di Cagliari, nell'occasione del suo trentesimo anniversario, è onorata di aver sostenuto la pubblicazione di questo studio.

—Il Presidente

La Massoneria è scuola di Libertà,
di sacrificio e di affratellamento.

Ettore Ferrari
1912

Esiste un umano sentimento che si chiama gratitudine.

La mia è per Marco Novarino.

Un maestro, il mio.

Introduzione xv

1. **Reti massoniche in Italia in età moderna,** *di Giulia Delogu* 1

   1.1 Introduzione 1

   1.2 Roma e Firenze 2

   1.3. Reti massoniche, culturali, politiche: il caso di
      Tommaso Crudeli 3

   1.4 Venezia, Genova e il Regno di Sardegna 7

   1.5 Il trionfo della massoneria nella Napoli settecentesca 10

   1.6 Reti massoniche, culturali, politiche: la Lira Focese 15

   1.7 La Lombardia asburgica: Milano, Cremona, Pavia 19

   1.8 Reti massoniche, culturali e commerciali: il porto
      franco di Trieste 23

   1.9 1805: la nascita del Grande Oriente d'Italia 24

2. **La massoneria italiana dal Settecento all'Unità. Protagonisti,**
metamorfosi, interpretazioni, *di Luca G. Manenti* 27

   2.1 Introduzione 27

   2.2 Dal dispotismo illuminato a Napoleone 29

   2.3 Bonapartismo e massoneria 34

   2.4 Fratelli e cugini 38

   2.5 Nei moti e nelle rivoluzioni 49

   2.6 Conclusioni 55

3. **Dalla rinascita della massoneria alla Gran maestranza di**
Adriano Lemmi, *di Demetrio Xoccato* 59

   3.1 Introduzione 59

   3.2 I primi anni di vita del Grande Oriente Italiano 61

   3.3 Il variegato panorama massonico 66

   3.4 Dal Grande Oriente Italiano al Grande Oriente d'Italia 69

   3.5 Il consolidamento organizzativo e strutturale 73

   3.6 Verso l'unificazione della massoneria italiana 78

3.7 L'età di Lemmi 89

3.8 La caduta di Lemmi 94

**4. Il Grande Oriente d'Italia durante il periodo liberale:
da Nathan a Ferrari,** *di Emanuela Locci* 103

4.1 Introduzione 103

4.2 Carriera politica 104

4.3 Carriera massonica 105

4.4 La prima Gran Maestranza di Nathan 105

4.5 Da Ernesto Nathan a Ettore Ferrari 118

4.6 Lo scisma, la nascita della Grande Loggia d'Italia 126

4.7 Massoneria e vita politica 130

**5. Gloria e miseria della massoneria italiana tra la Grande guerra
ed il fascismo,** *di Nicoletta Casano* 143

5.1 L'impegno politico della massoneria italiana d'inizio XX
secolo in patria 143

5.2 L'impegno politico della massoneria italiana all'inizio del
XX secolo nel mondo 145

5.3. Prima Guerra Mondiale: patriottismo e pacifismo a confronto 147

5.4 Nazionalismi a confronto 152

5.5 Benito Mussolini e la massoneria 154

5.6 Massoneria e fascismo 156

5.7 La fine dell'esistenza legale della massoneria in Italia 165

5.8 Conclusioni 169

6. Il Grande Oriente d'Italia in esilio, *di Emanuela Locci* 171

7. Comunità italiane e massoneria all'estero, *di Emanuela Locci* 179

7.1 Introduzione 179

7.2 Le prime logge italiane nell'Impero, L'Unione d'Oriente e Italia 179

   7.2.1 La loggia Italia Risorta 182

7.2.2 *Le logge La Fenice, La Sincerità, La Speranza
     e Bisanzio Risorta* 184

7.3 La massoneria italiana nelle province 185

   7.3.1 *La loggia Orhaniye* 185

   7.3.2. *Le logge Armenak e Stella Jonia, La Fenice e I Mille* 186

7.4 La massoneria italiana a Salonicco, Le logge Macedonia
    Risorta e Labor et Lux 187

   7.4.1 *Il ruolo della massoneria italiana nella rivoluzione del 1908* 188

7.5 La comunità italiana e il Grande Oriente d'Italia in Egitto 190

   7.5.1 *Le logge italiane* 192

   7.5.2 *La loggia Il Nilo* 192

   7.5.3 *La loggia Nuova Pompeia* 193

   7.5.4 *La loggia Cincinnato* 194

   7.5.5 *La massoneria italiana a Port Said e Suez* 195

7.6 Tunisia terra massonica 196

   7.6.1 *La comunità italiana in Tunisia prima e durante il fascismo* 196

   7.6.2 *Le prime logge italiane* 199

   7.6.3 *Sviluppo della massoneria italiana, la loggia Veritas* 201

   7.6.4 *Le logge di Tunisi Concordia e Mazzini-Garibaldi* 202

7.7 Il Grande Oriente d'Italia in Libia 204

   7.7.1 *Le logge del Grande Oriente d'Italia dopo la conquista
      della Libia* 206

7.8 La massoneria italiana in Eritrea 211

**8. La solidarietà massonica in età liberale: educazione e filantropia,
di Demetrio Xoccato** 213

8.1 L'educazione 213

8.2 L'assistenza ai bisognosi 227

8.3 Un bilancio 241

Appendice: Elenco Gran Maestri del Grande Oriente d'Italia 243

Bibliografia di riferimento 245

Introduzione

Questo volume è la traduzione italiana di un libro precedente nato con l'intento di colmare una lacuna bibliografica, infatti, fino alla sua pubblicazione non era presente nella letteratura massonica un libro che trattasse in maniera organica la storia della massoneria in Italia, scritto in inglese. Questo volume si proponeva di eliminare questa mancanza e di far conoscere a una parte del mondo, quella che si rifà alla lingua anglosassone, la storia della più importante delle Obbedienze che operano in Italia: il Grande Oriente d'Italia.

Il libro nasce dall'unione delle competenze di giovani ricercatori italiani che si occupano di massoneria e si sono incontrati in occasione del primo seminario promosso dal Centro Ricerche Storiche sulla Libera Muratoria che si è tenuto a Torino nel 2017 e che hanno deciso di mettere il loro sapere e la loro professionalità al servizio della storia e di questo libro.

Il volume che si compone di otto capitoli principia con una parte introduttiva che esplora il settecento italiano e l'ingresso della massoneria nella penisola. Il capitolo scritto da Giulia Delogu, offre una disamina esaustiva di quella che era la realtà massonica italiana dal settecento fino al periodo napoleonico. Questa introduzione descrive come nei diversi stati italiani pre unitari, la Massoneria ebbe un difficile avvio. Le logge furono create a Roma, Firenze, Napoli, Milano dalla prima metà del Settecento, ma quasi tutte affrontarono difficoltà e persino persecuzioni. Il caso più importante è quello di Firenze: il poeta e massone Tommaso Crudeli fu imprigionato dall'Inquisizione fiorentina. Sebbene in seguito liberato, non si riprese mai e morì poco dopo, diventando il primo martire della massoneria italiana.

Tuttavia, la Massoneria persiste e nel '70 riemerge come istituzione chiave, soprattutto nel Regno di Napoli favorito dalla regina Maria Carolina, nel Granducato di Toscana sotto Pietro Leopoldo e nella Lombardia austriaca. La Massoneria favorì la creazione di reti culturali che sostennero lo scambio di idee e libri. Durante l'Illuminismo, l'esempio italiano più interessante di intreccio culturale, politico e massonico è rappresentato dal riformismo napoletano di Gaetano Filangieri e Francesco Mario Pagano. Lo sfogo rivoluzionario portò con sé una nuova stagione di oppressione: la Massoneria, per esempio, fu bandita da tutti i territori austriaci. Al contrario, l'arrivo di

Napoleone nel 1796 causò una diffusione senza precedenti di logge massoniche e, infine, alla creazione del Grande Oriente d'Italia nel 1805.

Nello specifico il periodo napoleonico e il successivo periodo del Risorgimento saranno al centro del contributo di Giuseppe Luca Manenti, il cui saggio ripercorre le vicende della massoneria italiana dal periodo del dispotismo illuminato fino all'unificazione della penisola. Oltre a uno studio sulla mutevole composizione sociale delle logge, sul ruolo collaborativo o d'opposizione nei confronti dei poteri costituiti di volta in volta assunto dai fratelli, sulla varietà dei riti e sulle influenze intellettuali che le officine subirono o esercitarono, si fornisce contestualmente un quadro dei dibattiti storiografici intorno all'effettiva presenza e alla reale capacità d'incidere nelle sfere della politica e della cultura degli affiliati nell'arco di tempo considerato. La ricerca si avvale criticamente di un'ampia e aggiornata letteratura secondaria, di pubblicazioni d'epoca, riviste di settore, volumi pro e anti massonici, allo scopo di restituire uno spaccato il più esaustivo possibile sul posto occupato dalla libera muratoria sia sul palcoscenico della storia che nell'immaginario collettivo degli italiani.

Il terzo e il quarto capitolo scritti rispettivamente da Demetrio Xoccato e Emanuela Locci sono incentrati sulla storia della massoneria italiana nel periodo liberale, quindi dall'unità d'Italia fino al primo decennio del Novecento. Questa parte risulta particolarmente importante nell'economia del volume in quanto descrive la nascita della prima Obbedienza strettamente italiana: il Grande Oriente d'Italia. Il passaggio da Grande Oriente Italiano a Grande Oriente d'Italia prevedeva il consolidamento organizzativo e strutturale della neonata Obbedienza nazionale, particolare attenzione è riservata all'unificazione della massoneria italiana sotto il vessillo del Grande Oriente d'Italia. I capitoli si soffermano sull'operato di tre Gran Maestri che si sono susseguiti alla guida dell'Obbedienza, Adriano Lemmi, Ernesto Nathan ed Ettore Ferrari. I tre leader con la loro azione hanno impresso un'impronta indelebile sulla massoneria del periodo. Il Grande Oriente d'Italia dovette affrontare numerose difficoltà, sia in riferimento al suo rapporto con il mondo "profano" della politica e dei partiti, sia al proprio interno. È infatti del 1908 la scissione che diede vita alla Grande Loggia d'Italia, e del 1914 la decisione del Partito Socialista di espellere quanti appartenevano alla massoneria. Il quarto capitolo terminerà con la situazione della massoneria al momento dell'ingresso dell'Italia nel primo conflitto mondiale.

Il capitolo successivo, scritto da Nicoletta Casano offre una disamina completa rispetto al periodo della Prima Guerra Mondiale per poi inoltrarsi nella descrizione e analisi di uno dei periodi più bui della storia del Grande Oriente d'Italia durante il periodo fascista. La massoneria di palazzo Giustiniani giocò un ruolo chiave nella decisione dell'intervento dell'Italia nella Prima guerra mondiale affianco all'Intesa. Grazie all'importante ruolo socio-politico nazionale e internazionale della massoneria italiana d'inizio secolo scorso, quest'Obbedienza poté agire sull'opinione pubblica in modo più capillare dei partiti politici interventisti. Da questo conflitto l'Italia ne uscì con una vittoria "mutilata" ed una profonda crisi che cambiarono profondamente lo scenario politico, economico e sociale italiano. Tutto ciò a discapito della massoneria ed a favore della nascente dittatura fascista.

Il sesto capitolo è in realtà un piccolo cammeo, redatto da Emanuela Locci, e tratta la questione dell'esilio della massoneria italiana. Oltre alla descrizione del periodo dell'esilio, l'autrice descrive anche in quale modo il Grande Oriente d'Italia è riuscito a non subire l'oblio massonico, ossia grazie all'opera di alcuni esponenti della massoneria italiana che si lavoravano latomisticamente al di fuori dei confini nazionali. Nello specifico si proporrà la figura di Augusto Albarin, primo Gran Maestro della massoneria in esilio.

Il settimo capitolo scritto da Emanuela Locci è incentrato sulla presenza delle logge all'Obbedienza del Grande Oriente d'Italia che operavano all'estero, nella cornice della presenza di comunità italiane qui dislocate. I casi studio riguardano le logge italiane presenti in Turchia (ex Impero Ottomano), Egitto, Tunisia, Libia e Eritrea. Nel capitolo si propone in modo abbastanza completo la storia delle logge italiane presenti in Turchia e in nord Africa, mentre per ciò che concerne l'Eritrea si propone un piccolo quadro rispetto alla presenza massonica italiana in quanto le ricerche portate avanti dalla Locci sono allo stato attuale in itinere.

L'ultimo capitolo è dedicato al connubio tra massoneria e solidarietà laica. Scritto da Demetrio Xoccato, il contributo intitolato *La solidarietà massonica in età liberale: educazione e filantropia* mette in luce una delle caratteristiche proprie della massoneria: lo strumento della solidarietà di stampo laico. Il saggio offre una panoramica dell'impegno massonico in ambito sociale in età liberale. Dopo i primissimi anni seguenti all'unificazione e ai conseguenti tentativi di riunire tutte le forze massoniche in un unico organismo, la massoneria poté infine rivolgere la propria azione alla società civile. A partire dalla fine degli Sessanta dell'Ottocento, infatti, ci furono diversi tentativi per istituire enti educativi e assistenziali nelle città italiane. I problemi della diffusione dell'istruzione, in funzione dell'attività lavorativa e della povertà emersero con prepotenza. Dopo alcuni tentativi, più o meno riusciti, le logge si mossero seguendo due binari paralleli a seconda del contesto e delle esperienze pregresse: da un lato prendendo spunto da modelli stranieri (le Cucine Economiche o gli Asili Notturni) dall'altro formulando iniziative peculiari, con fortune molto diverse da caso a caso.

Il volume conclude la sua ricostruzione crono-storica nel periodo del fascismo con l'esilio del Grande Oriente d'Italia all'estero. Con la fine della Seconda guerra mondiale e conseguente caduta del fascismo, la massoneria del Grande Oriente d'Italia riprese le sue attività, infatti il 10 giugno, subito dopo la liberazione di Roma, l'obbedienza aveva ripreso il suo nome e aveva diffuso nella capitale un manifesto che annunciava la rinascita della comunione massonica. Nel corso dei decenni il Grande Oriente d'Italia si è rafforzato tornando a essere l'Obbedienza più importante d'Italia, sia per numero di affiliati, sia per la sua storia, sia per le sue attività. Dovette però affrontare alcune crisi importanti: negli anni Ottanta la questione relativa alla Loggia Propaganda 2, che ebbe vasta eco internazionale e a cui è dovuta una parte della fama negativa che la massoneria ha in Italia. Un altro problema fu la scissione che diede le origini alla Gran Loggia Regolare d'Italia, fondata il 17 aprile 1993 a Roma da alcune logge che seguirono l'allora Gran Maestro del Grande Oriente d'Italia, Giuliano Di Bernardo. La storia, anche recente, del Grande Oriente d'Italia è ricca di avvenimenti che si auspica saranno descritti e analizzati in un prossimo libro.

1. Reti massoniche in Italia in età moderna

Giulia Delogu

1.1 Introduzione

Nel Settecento la storia massonica italiana, come d'altra parte quella geopolitica, è frantumata in mille rivoli. La mancanza di uno stato unitario impedisce, almeno fino al 1805, la creazione di una qualunque forma di aggregazione massonica italiana che superi le mura delle varie logge cittadine, le quali, d'altra parte, ricadono sotto la sfera d'influenza delle varie grandi obbedienze europee (inglese, francese o austriaca). Così alle consuete difficoltà legate alla mutevolezza e alla variabilità della Massoneria stessa e dei suoi molteplici riti, si aggiunge quella della frammentazione geografica.[1]

In Italia le idee massoniche, ostacolate dai governi e dal papato, stentano inizialmente ad affermarsi: sono come correnti sotterranee portate dai viaggiatori europei nei centri da loro più frequentati. Essendo quindi impossibile offrire un quadro unitario, in queste pagine ci si limiterà a tracciare uno schizzo della presenza massonica nei maggiori centri della Penisola, dalla fondazione delle prime logge, passando per le persecuzioni, fino all'affermazione, avvenuta di fatto solo nel 1805 con la fondazione del Grande Oriente d'Italia per volontà dell'amministrazione napoleonica. Pertanto, non ci si soffermerà sulla complessità dei riti, delle obbedienze, dei gradi, ma si cercherò di fare delineare un quadro degli Antichi Stati Italiani, che dia conto della diffusione massonica e delle reti gemmate dalle logge.

---

1   Lo studio ancora oggi fondamentale per la storia della Massoneria italiana dalle origini alla Rivoluzione è Carlo Francovich, *Storia della Massoneria in Italia. Dalle origini alla rivoluzione francese*, La Nuova Italia, Firenze,1974; un volume che fa il punto sul fenomeno Massoneria da diverse angolature è Gian Mario Cazzaniga (a cura di), *La Massoneria. Storia d'Italia*, Annali, XXI, Einaudi, Torino, 2006; per un quadro europeo vedere Giuseppe Giarrizzo, *Massoneria e Illuminismo nell'Europa del Settecento*, Marsilio, Venezia,1994; Antonio Trampus, *La massoneria nell'età moderna*, Laterza, Roma, 2001.

Le reti delle logge e italiane—e alcune singole figure di spicco dell'ambiente liberomuratorio—permettono di offrire una lettura del fenomeno massonico non secondo una semplice storia settoriale ma all'interno della più ampia cornice della storia delle idee. Le reti massoniche, fin da subito, infatti, si incrociano con molteplici circuiti di altra natura: culturali, politici e commerciali. È nell'ambito dello scontro tra poteri che, ad esempio, scoppia la prima persecuzione massonica fiorentina. È intrecciando suggestioni dell'illuminismo europeo che a Napoli gli intellettuali massoni riflettono su quali riforme legislative possono creare una società più giusta ed equa. Sempre a Napoli, è nel quadro dello scontro tra i fautori di una politica filo-spagnola e quelli di una filo-austriaca che si inseriscono i processi antimassonici degli anni '70. È a partire dall'esigenza di dar vita ad una poesia nuova che Tommaso Crudeli, Giuseppe Cerretesi e Antonio Jerocades mettono in versi l'universo dei valori massonici. È con un occhio allo sviluppo del commercio e del porto franco che l'emergente classe borghese triestina si mette a dialogare con l'aristocrazia e i funzionari imperiali nelle logge massoniche.

Insomma, la storia della Massoneria italiana in età moderna, come si vedrà, è sì il racconto della nascita e dello sviluppo di logge e obbedienze nei maggiori centri cittadini, ma è anche e soprattutto un percorso fatto di relazioni e reti.

1.2 Roma e Firenze

Uno dei primissimi centri di penetrazione massonica fu Roma, allora capitale dello Stato della Chiesa, dove la Massoneria sembra essere approdata già negli anni Trenta: proprio nella città simbolo del cattolicesimo sorse infatti una delle prime logge italiane, luogo d'incontro di esiliati e fuoriusciti britannici, fautori della causa stuardista. Più tracce ha lasciato la *Loge Amis à l'Epreuve*, fondata nel 1776 sotto gli auspici della *Grande Mère Loge Écossaise*. Nel 1787, sempre per iniziativa della *Grande Mère*, fu innalzata anche una singolare loggia di artisti, *La Réunion des Amis Sincères*, che qualche anno più tardi, nel 1789, passò alle dipendenze del *Grand Orient*. *La Réunion*, che contò un solo membro italiano, il marchese Armentiere Vivaldi, era animata da un gruppo di artisti francesi, che negli anni della Rivoluzione divennero ardenti giacobini.[2]

---

2   Sulla Massoneria a Roma, vedere Anna Maria Isastia, *Massoneria e Logge segrete nello Stato Pontificio*, in Gian Mario Cazzaniga (a cura di), *La Massoneria. Storia d'Italia*, op. cit., pp. 484-512.

Il papato nel frattempo guardava con crescente preoccupazione all'attività massonica in Europa e il 28 aprile 1738 Clemente XII promulgò la bolla *In eminenti Apostulatus specula*, con la quale venivano scomunicate «societas, cœtus, coventus, conventicola, vulgo de' liberi muratori, seu Francs Massons». Le colpe imputate erano la tolleranza religiosa e il segreto. La bolla restò tuttavia senza seguito, dal momento che i vari stati italiani ed europei rifiutarono di registrarla.[3]

La seconda tappa di questo breve percorso latomistico italiano è Firenze[4], vero e proprio cuore pulsante della Massoneria delle origini. Nella capitale granducale già tra il 1731 e 1732 era sorta una loggia che, pur formatasi in seno alla comunità inglese, presto contò tra le sue fila numerosi notabili e intellettuali fiorentini, tra i quali i poeti Tommaso Crudeli e Giuseppe Cerretesi, che possono essere considerati i primi due letterati massoni italiani. Proprio a Firenze, in seguito a un contrasto sempre più incandescente tra i liberi pensatori della loggia e i gesuiti, venne messa in atto la prima persecuzione antimuratoria italiana, che culminò con l'arresto da parte dell'Inquisizione del poeta Tommaso Crudeli, preso a capro espiatorio, in quanto non aristocratico e senza protezioni. Dopo il processo a Crudeli l'attività massonica fiorentina subì un brusco contraccolpo e il centro latomistico della Toscana divenne prima Livorno e successivamente Portoferraio.

1.3 Reti massoniche, culturali, poetiche: il caso di Tommaso Crudeli

Il caso di Crudeli mostra come, fin dai primordi, lo sviluppo delle reti massoniche italiane si sia intrecciato con quello delle reti culturali e come le logge massoniche siano state un laboratorio anche di elaborazione letteraria.[5]

---

3   Su Chiesa cattolica e Massoneria vedere José Antonio Ferrera Benimeli, *Origini, motivazioni, ed effetti della condanna vaticana*, in Gian Mario Cazzaniga (a cura di), *La Massoneria. Storia d'Italia*, op. cit., pp. 143-165; Daniele Menozzi, *Cattolicesimo e Massoneria nell'età della Rivoluzione francese*, in Gian Mario Cazzaniga (a cura di), *La Massoneria. Storia d'Italia*, op. cit., pp. 166-192.

4   Sulla Massoneria in Toscana, vedere Renato Pasta, *Fermenti culturali e circoli massonici nella Toscana del Settecento*, in Gian Mario Cazzaniga (a cura di), *La Massoneria. Storia d'Italia*, op. cit., pp. 447-483; Fulvio Conti, *La massoneria a Firenze: dall'età dei lumi al secondo Novecento*, Bologna, Il Mulino, 2007.

5   Un quadro degli intrecci tra massoneria e letteratura nel si trova in Francesca Fedi, *Comunicazione letteraria e «generi massonici» nel Settecento italiano*, in Gian Mario

La vicenda biografica di Tommaso Crudeli, le persecuzioni patite dall'Inquisizione toscana, la prigionia e la morte prematura che ne fecero il 'protomartire' della massoneria italiana sono vicende ben note e ricostruite nel dettaglio.[6] Crudeli era stato studente di legge di Bernardo Tanucci all'Università di Pisa, proprio negli anni in cui la città toscana era divenuta il centro per la diffusione di un pensiero di impronta materialistica sgradito alle gerarchie ecclesiastiche. Dopo un breve soggiorno veneziano, si stabilì a Firenze e subito entrò in contatto con gli ambienti massonici e ben presto, nel 1735, fu affiliato alla locale loggia. Di carattere piuttosto schivo, pubblicò pochissimo in vita. Riservato e non ambizioso, Crudeli arrivò persino a rifiutare il posto di poeta cesareo per la corte di Napoli offertogli da Tanucci nel 1738.[7] Crudeli insisteva sull'importanza del nesso tra poesia ed educazione morale e sulla centralità della virtù. La sua idea di poesia come strumento di educazione assumeva i tratti originali di un vero e proprio percorso di civilizzazione verso la virtù e la ragione.

Crudeli si trovò, involontariamente, al centro dello scontro tra il nuovo potere granducale di Francesco Stefano e il papato. L'*affaire* della loggia massonica fiorentina, infatti, scoppiò quando la transizione tra l'antica dinastia medicea, estintasi nel 1737 con Gian Gastone, e quella nuova lorenese era ancora in atto e forti erano le tensioni tra i partitari dei due schieramenti. Prendendo alla lettera la bolla *In eminenti Apostulatus specula* del 1738, l'Inquisizione toscana iniziò un'indagine sul fenomeno ed istruì un procedimento che, nelle intenzioni iniziali, non doveva colpire il solo Crudeli, già personaggio sgradito fin da quando, nel 1735, aveva recitato l'ode per Buonarroti.

L'*Ode Pindarica in morte del Senator Filippo Buonarroti* fu recitata in occasione dell'*Accademia Funerale per le Lodi del Senatore Filippo Buonarroti fatta dagli Accademici fiorentini il dì 20 Luglio 1735 nel Consolato di Bindo Simone Peruzzi* e poi circolò manoscritta. In questo testo l'autore delineava due modelli di agire virtuoso: Cosimo III, sovrano di pace, che aveva saputo arginare «il furore / del procelloso tempestar del clero»—versi, questi,

---

Cazzaniga (a cura di), *La Massoneria. Storia d'Italia*, op. cit., pp. 50-89.

6   Carlo Francovich, *Storia della massoneria in Italia*, op. cit., pp. 31-46; Renato Pasta, *Fermenti culturali e circoli Massonici nella Toscana del Settecento*, in Gian Mario Cazzaniga (a cura di), *La Massoneria. Storia d'Italia*, op. cit., pp. 447-83.

7   Bernardo Tanucci, *Lettera a Tommaso Crudeli, 21 gennaio 1738*, in Romano Paolo Coppini, Lamberto Del Bianco, Rolando Nieri, (a cura di), *Epistolario I (1723-1746)*, Edizioni di storia e letteratura, Roma, 1980, pp. 229-230.

fortemente polemici nei confronti del potere ecclesiastico, che il penultimo Granduca mediceo aveva avuto il merito di aver ridimensionato, e che furono censurati nelle tre edizioni a stampa sette-ottocentesche—e Filippo Buonarroti, «eroe» che aveva saputo «rompere le nubi oscure, ove nascosa / e fanatici e Goti / tenner la greca e la romana istoria, / e l'illustre memoria / di quei popoli invitti erger gloriosa / la fronte luminosa».[8] La celebrazione di Buonarroti, giocata sul lessico della gloria e dell'onore, era inserita in una cornice classicheggiante e in un orizzonte laico e materialistico, per cui l'immortalità era dovuta al ricordo delle «grandi azioni» e delle «eccelse prove» tramandato anche e soprattutto grazie all'«immortal verso» del poeta.

Gli arresti dovevano essere tre ma, a causa delle veementi proteste, quello dell'abate Bonaccorsi fu rinviato per infermità e quello di Cerretesi fu respinto dal Consiglio di Reggenza. Crudeli, benché afflitto da tubercolosi e da una grave forma d'asma, fu tenuto per tre mesi in prigione in condizioni disumane. Durante gli interrogatori, fiaccato nel fisico, ma non nella mente, respinse le infamanti accuse di empietà e sodomia e si rifiutò di rivelare i segreti muratori. Nel 1740, non potendo essere processato per attività massonica, dal momento che la bolla papale non era stata registrata, fu condannato per accuse che oggi possono sembrare inezie come l'aver letto Lucrezio e la vita di Sisto V e quella di Paolo Sarpi, nonché per aver deriso il Sacro Cuore di Gesù e la Madonna dell'Impruneta e infine per «aver frequentato un'adunanza dove si parlava di Filosofia e Teologia e dove si osservavano vari empi riti e s'insegnano molte eresie»[9], ma che in quei tempi lo portarono al confino. Il poeta, in gravissime condizioni di salute, fu internato a Poppi e poi a Pontedera; gli fu concesso di tornare a Firenze solo nel 1745 e lì si spense assistito dai Fratelli Antonio Cocchi, Luca Corsi, Horace Mann e Giuseppe Maria Buondelmonti, divenendo il primo martire italiano della causa massonica.

In vita, dunque, Crudeli aveva reso pubblico ben poco che potesse concorrere a delineare una personale poetica ed una originale concezione della virtù. I frutti più interessanti della produzione di Crudeli apparvero sol-

---

8   Tommaso Crudeli, *Ode Pindarica in morte del Senator Filippo Buonarroti* (1735), in Renzo Rabboni, *Monsignor/il dottor mordi graffiante*, pp. 106-113.

9   Da una relazione scritta da Giulio Rucellai, Segretario del regio diritto, in difesa di Crudeli e inviata al conte Richecourt, Capo del Consiglio delle Finanze (ASF, Reggenza, filza 339), cit. in Carlo Francovich, *Storia della Massoneria in Italia*, op. cit., p. 83.

tanto dopo la sua morte nelle edizioni fiorentine (con falso luogo di stampa Napoli) del 1746 e del 1767. La *editio princeps* fu promossa da quella «compagnia degli amici» alla quale idealmente il poeta aveva indirizzato i suoi versi in vita, vale a dire Luca Corsi, Pompeo Neri, Giulio Rucellai, Emmanuel de Nay de Richecourt, Antonio Cocchi, Horace Mann, Andrea Bonducci ed Antonio Niccolini, lo stesso gruppo con quale aveva condiviso l'affiliazione massonica e che si era prodigato nella stesura dell'*Istoria della carcerazione* (una memoria volta a riabilitare il nome di Tommaso, composta negli anni '40 ed edita solamente nel 1782).[10] La raccolta poetica del 1746, pubblicata a breve distanza dalla morte del poeta, pur avendo una veste editoriale di grande pregio, era in realtà assai scarna da un punto di vista contenutistico: un mero «scheletro» del genio poetico di Crudeli, come ebbe a dire Bernardo Tanucci: «a chi sa quanto compose l'infelice amico e quanti capitoli ei fece che erano il più vivace della di lui poesia, comparisce questa edizione solamente uno scheletro che può servire per eccitare il desiderio».[11] Pochi testi e pesantemente censurati, per non incorrere nelle ire dell'Inquisizione e per tramandare un'immagine 'ortodossa' dell'amico scomparso: precauzioni di fatto inutili perché le *Rime* furono immediatamente poste all'Indice, con un decreto del 7 ottobre 1746. L'edizione successiva del 1767, pur stampata in piccolo formato ed in carta economica, fu, come si vedrà, molto più ricca, pur mantenendo le censure della *princeps*.

Il vero e proprio manifesto del pensiero di Crudeli, l'ode *Il trionfo della ragione*, fu infatti data alle stampe per la prima volta nel 1767. La poesia era stata ma composta nel 1740 ed era nota a Corsi e Neri che, tuttavia decisero di non includerla nella prima edizione. L'ode, dedicata a Lady Walpole, verosimilmente per ringraziarla dell'interessamento che aveva favorito il trasferimento ad un regime carcerario meno duro, trascendeva l'occasione e si configurava come una riflessione sul significato della poesia e sul ruolo del poeta. Al centro del discorso era posta la virtù che doveva divenire l'oggetto principale della creazione artistica, in uno stretto legame con la ragione. Come dichiarato in apertura, la poesia era chiamata a farsi «sonante di

---

10   Renzo Rabboni (a cura di), *Il calamaio del padre inquisitore: istoria della carcerazione del dottor Tommaso Crudeli di Poppi e della processura formata contro di lui nel tribunale del S. Offizio di Firenze*, Istituto di studi storici Tommaso Crudeli, Udine, 2003, p. 9.

11   Bernardo Tanucci, *Lettera al Signor Martinelli, 3 giugno 1746*, in *Epistolario II (1746-1752)*, Romano Paolo Coppini, Rolando Nieri (a cura di), Roma, Edizioni di storia e letteratura, Roma 1980, p. 49

virtù» e ad educare «alme atroci, e spirti inculti» alle leggi di «ragion».[12] Era il modello del poeta-civilizzatore che Crudeli aveva in mente: Orfeo che aveva insegnato ad un «popol fiero, e sanguinoso» le «leggi d'Amore / leggi eterne di sapienza / di concordia, e di mercé». La virtù non era solo oggetto della poesia, ma ne doveva divenire il fine: il poeta, infatti, si proponeva, coi suoi versi, di «accende[re] l'alme a virtù».

Virtù e ragione stavano, nella visione di Crudeli, in un rapporto di mutuo beneficio: era infatti con la guida della ragione che «quel che è mal risorge in bene, / quel che è vizio esce in virtù» ed era con la poesia di virtù che si insegnavano le leggi della ragione. La virtù del poeta toscano, dunque, era la capacità di controllare «i torbidi tumulti» del cuore non secondo il paradigma della mortificazione cristiana, ma grazie ad un agire razionale che richiamava la teoria della «prudenza» epicurea del madrigale sopracitato.

Ne *Il trionfo della ragione* venivano esposte posizioni di filosofia morale dalle venature epicuree, ben note a Crudeli fin dagli studi pisani, ma era anche un testo ricco di più contingenti richiami alla realtà storica e personale dell'autore. L'educazione alla virtù—ed il conseguente trionfo della ragione che dà il titolo all'ode—non era infatti un semplice percorso di perfezionamento personale, ma (almeno idealmente) l'incivilimento della società tutta. Ragione e virtù erano gli antidoti affinché i soprusi del clero, adombrato nella «furia anguicrinita», che aveva subito e continuava a subire il poeta, non si ripetessero. La fine dell'«oppression livida e nera» avrebbe dovuto tradursi nella realizzazione dell'«altrui felicità», attraverso l'esercizio del «social provvido affetto». Il «social provvido affetto» rimandava inoltre alla dimensione dell'amore e dell'amicizia fraterni alla quale erano improntate le relazioni tra liberi muratori, un modello sociale e comportamentale che si voleva estendere alla società tutta.

1.4 Venezia, Genova e il Regno di Sardegna

A Venezia nei primi anni '50, sembra esserci stato un vivace ambiente latomistico.[13] Pur non esistendo infatti una vera e propria loggia masso-

---

12 Questa citazione e le seguenti fino a nuova indicazione sono tratte da Tommaso Crudeli, *Il trionfo della ragione* (1767), in Renzo Rabboni, *Monsignor/il dottor mordi graffiante*, pp. 147-154.

13 Sulla Massoneria nella Repubblica di Venezia vedere Piero Del Negro, *La Massoneria nella Repubblica di Venezia*, in Gian Mario Cazzaniga (a cura di), *La Massoneria. Storia d'Italia*, op. cit., pp. 399-417.

nica, la città lagunare era, tra anni '30 e '50, luogo di incontro e passaggio di personalità massoniche come Giacomo Casanova, Scipione Maffei, Antonio Conti e Francesco Algarotti che, tutti stati affiliati a logge nei loro viaggi europei, avevano poi riportato in patria quanto preso. A ciò si aggiungeva una precoce attenzione di natura letteraria al fenomeno massonico prima con l'inserimento della voce *Muratori liberi* nel *Nuovo dizionario scientifico e curioso sacro-profano* di Gianfrancesco Pivati nel 1747 e poi con le commedie apertamente filomassoniche di Carlo Goldoni e Francesco Griselini, *Le donne curiose* e *I liberi muratori*, rispettivamente del 1753 e del 1754.

Al centro della commedia di Goldoni c'è appunto la curiosità di alcune donne verso una setta dalla quale sono escluse. Particolarmente significativa, nel testo goldoniano è la scena IV dell'atto III[14], e soprattutto il dialogo in cui Pantalone, Ottavio, Lelio, Florindo e Leandro spiegano a Flaminio l'essenza della Massoneria, il cui valore principale è quello dell'amicizia e del reciproco aiuto tra Fratelli. Il testo di Griselini, invece, è una descrizione in luce positiva dei massoni come benefattori, intenti soprattutto ad aiutare i bisognosi e a far tornare l'«età dell'oro».

Anche nella Repubblica di Venezia tuttavia la Massoneria non ebbe un inizio facile e nel 1755 l'Inquisizione condannò Giacomo Casanova, perché empio, libertino e massone, a cinque anni di reclusione ai Piombi, carcere dal quale l'avventuriero riuscì a fuggire quindici mesi più tardi.

Data al 1772 la nascita de *L'Union*, prima vera e propria loggia veneziana, cui seguirono logge a Verona, Vicenza, Brescia e Padova. Come testimoniato da un rapporto dell'Inquisizione del 1774 *L'Union* aveva un carattere marcatamente cosmopolita e interclassista e riuniva «ebrei, tedeschi, inglesi e anche gentiluomini veneziani»[15], era insomma spazio di dialogo non solo tra nazionalità differenti ma anche tra le diverse componenti cittadine, arrivando ad accogliere aristocratici, funzionari della Repubblica, professionisti e commercianti. Nel maggio 1785, tuttavia, l'Inquisizione di Stato dichiarò proibite tutte le «conventicole» e diede ordine di sciogliere le logge esistenti. A questi provvedimenti non seguirono processi e persecuzioni individuali, ma di fatto le logge entrarono in sonno fino al Triennio

14 Alessandra Di Ricco (a cura di), *Carlo Goldoni, Le donne curiose*, Marsilio, Venezia, 1995, pp. 160-162.
15 *Lettera di Camillo Pisani a Giovan Battista Manuzzi*, Venezia, 21 maggio 1774, in Renato Targhetta, *La massoneria veneta dalle origini alla chiusura delle logge (1729-1785)*, Del Bianco, Udine, 1988, p. 123.

repubblicano, anche se la Massoneria continuò a essere oggetto di grande interesse per la fiorente industria editoriale veneziana.[16]

Nell'indipendente Repubblica di Genova, a partire dal 1747, sembrano essere esistite ben due logge, sorte con tutta probabilità su iniziativa di ufficiali delle truppe francesi.[17] Già nel 1751, a seguito della bolla papale, ci furono le prime inchieste, tuttavia l'attività muratoria andò intensificandosi fino al 1762, quando si ha notizia di una loggia fondata dal medico Andrea Repetto e comprendente, a fianco di stranieri, molti genovesi. Le prime notizie relative a questa loggia derivano, ancora una volta, dagli incartamenti giudiziari relativi al processo intentato contro alcuni liberi muratori, tra cui il fondatore, che vennero imprigionati. Come già a Firenze gli arrestati furono protagonisti di una lunga *querelle* giudiziaria che oppose lo Stato all'Inquisizione, la quale ne uscì infine sconfitta, essendo stato negato il diritto di processare gli accusati per eresia. I fatti del 1762 non impedirono il continuare dell'attività massonica e, nell'agosto 1781, emerse l'esistenza di un'altra loggia a Genova legata a logge torinesi e lionesi. Repetto, ancora coinvolto e recidivo, fu nuovamente imprigionato. Nel 1787, però, era già attiva un'altra loggia, promossa questa volta in seno al ceto mercantile da un negoziante francese, Alexis Bouillod che si muoveva tra Livorno, la Corsica e Genova e che, tra il 1792 e il 1793, sarebbe stato imprigionato accusato appunto di attività massonica e rivoluzionaria. Il caso di Bouillod mostra, da un lato, la transizione, comune a molte logge, verso funzioni più marcatamente politiche nel clima post 1789, dall'altro, i timori dei governi che sposarono appieno la tesi del complotto secondo la quale gli eccessi rivoluzionari, sfociati nel regime del Terrore e nella decapitazione del re e della regina di Francia, erano stati causati da un diabolico piano promosso dai *philosophes* e dai massoni.[18]

Il Regno di Sardegna fu, agli albori della massoneria italiana, un'area di intensa attività anche per la contiguità con la Francia, di cui subiva l'influenza.[19] La prima loggia di cui si ha notizie è la *Saint Jean des trois Mortiers*

16   Piero Del Negro, *La massoneria nella Repubblica di Venezia*, op. cit., pp. 414-416.

17   Sulla Massoneria nella Repubblica di Genova vedere Calogero Farinella, *Per una storia della Massoneria nella Repubblica di Genova*, in Gian Mario Cazzaniga (a cura di), *La Massoneria. Storia d'Italia*, op. cit., pp. 418-446.

18   Charles Porset, *Franc-maçonnerie, Lumières et Révolution*, Edimaf, Paris, 2001, p. 17.

19   Carlo Francovich, *Storia della massoneria in Italia*, op. cit., p. 175: «La loggia di Chambery, come era ovvio, subiva l'influenza della vicina Francia»; Vincenzo Ferrone - Ge-

di Chambery, sorta per volontà del conte François Noyel de Bellegarde, Marquis des Marches, nel 1749. Bellegarde era stato iniziato già nel 1739 e aveva ottenuto dall'Inghilterra una patente di Gran Maestro per la Savoia e il Piemonte. Solo nel 1765, però, la loggia madre di Chambery si avvalse dei suoi poteri e iniziò a innalzarne altre: la loggia del reggimento Savoia, *La Vraie Amitié* di Rumilly e *La Mystérieuse* di Torino. A partire dal 1771 la loggia torinese, sotto l'influenza del medico Sebastiano Giraud, assunse un carattere più marcatamente occultista e alchemico, divenendo il faro italiano delle posizioni di Martinez de Pasqually.[20]

1.5 Il trionfo della Massoneria nella Napoli settecentesca

N apoli appare come il più importante centro massonico della Penisola nel pieno Settecento.[21] La capitale partenopea vide tra il 1749 e il 1751 lo sviluppo di un ampio tessuto di logge, alle quali aderirono ben presto eminenti personalità dell'aristocrazia come Raimondo di Sangro, Principe di Sansevero, uomo di multiforme ingegno e di vasti interessi, che spaziavano dalla filosofia all'alchimia, e Gennaro Carafa, Principe della Rocella, che era già stato accolto nella loggia parigina *Coustos-Villeroy* nel 1737. Un'ulteriore bolla papale, *Providas Romanorum Pontificum*, promulgata dal papa Benedetto XIV il 28 maggio 1751, aveva ribadito la condanna della Libera Muratoria; in conseguenza di ciò il 2 luglio re Carlo III pubblicò un editto contro la fratellanza dei liberi muratori e diede inizio alla prima persecuzione napoletana, che ebbe come conseguenze la pubblica ritrattazione del Principe di Sansevero e il sequestro di tutte le carte massoniche. Questo primo contraccolpo, tuttavia, non fu sufficiente a spegnere la luce massonica a Napoli e già nel 1763 si ha notizia dell'esistenza di una

---

rardo Tocchini, *La Massoneria nel Regno di Sardegna*, in Gian Mario Cazzaniga (a cura di), *La Massoneria. Storia d'Italia*, op. cit., pp. 333-355.

20 Sulla singolare figura di Giraud, nativo di Pinerolo, medico, accademico, massone e alchimista, amico di Martinez de Pasqually, Willermoz e Mesmer, vedere Pierre-Yves Beaurepaire, *L'Europe des francmaçons, XVIIIe – XXIe siècles*, Belin, Paris, 2002, pp. 85-90; Giuseppe Giarrizzo, *La massoneria lombarda*, op. cit., pp. 364-5. Su Mesmer in particolare vedere Robert Darnton, *Mesmerism and the end of the Enlightenment in France*, Harvard University Press, Cambridge, Mass, 1968.

21 Sulla Massoneria nel Regno delle Due Sicilie vedere Anna Maria Rao, *La Massoneria nel Regno di Napoli*, in Gian Mario Cazzaniga (a cura di), *La Massoneria. Storia d'Italia*, op. cit., pp. 513-542; Elvira Chiosi, *Lo spirito del secolo. Politica e religione a Napoli nell'età dell'illuminismo*, Giannini, Napoli, 1992, pp. 27-28, 30-31 e 52-53; Vincenzo Ferrone, *I profeti dell'illuminismo*, Laterza, Roma-Bari, 2000, pp. 209-210, 250-258, 269-270 e 350-353.

nuova loggia, *Les Zélées*, legata alla Gran Loggia d'Olanda. La Massoneria napoletana andò quindi raccogliendo l'*élite* aristocratica avversa al potente ministro Tanucci ed ottenne l'appoggio dalla regina Maria Carolina, figlia di Maria Teresa e di Francesco Stefano di Lorena. Nel 1773 Francesco d'Aquino, Principe di Caramanico, decise di creare una Gran Loggia nazionale indipendente: la prima in Italia. A fianco della Gran Loggia continuarono comunque ad esistere singole logge legate ad obbedienze straniere e venne in tal modo a crearsi un vivace e variegato mosaico massonico, con fecondi legami in tutto il continente. Furono questi anni di grande fioritura, che videro l'ingresso in loggia di personalità di rilievo nel panorama culturale cittadino come Domenico Forges Davanzati, Mario Pagano, Gaetano Filangieri, Felice Lioy, Antonio Jerocades, Francesco Longano e Francescantonio Grimaldi, legati oltre che dal vincolo massonico dall'appartenenza alla scuola di pensiero inaugurata da Antonio Genovesi. Ferdinando IV, su pressione di Tanucci, preoccupato dall'espansione massonica, che vedeva come un tentativo di infiltrazione asburgica e in generale come un atteggiamento antispagnolo, promulgò il 12 settembre 1775 un nuovo editto antimassonico, che inizialmente cadde nel vuoto. Tanucci, pertanto, orchestrò un tranello e riuscì a cogliere sul fatto un certo numero di liberi muratori, tutti accuratamente scelti tra i meno influenti. Gli accusati furono incarcerati e deferiti alla Giunta di Stato per il reato di lesa maestà, che poteva comportare la pena di morte. Il fatto suscitò ampie proteste da tutta Europa, essendosi ormai la Massoneria affermata ai vertici di moltissime nazioni e contando tra le sue fila diversi regnanti. Uno dei Fratelli più in vista, l'avvocato Lioy, riuscì a fuggire all'arresto e iniziò una serie di peregrinazioni, durante le quali non si lasciò sfuggire l'occasione di perorare la causa dei Fratelli napoletani imprigionati e fu accolto con particolare calore nella celebre loggia parigina *La Candeur*. Nel 1776, intanto, incalzato dalle pressioni internazionali Ferdinando IV licenziò Tanucci e fece liberare i prigionieri, dando di fatto il via libera all'espansione massonica in tutto il regno.

Il fiorire massonico nel Regno di Napoli non fu solo un fenomeno di portata politica, legato agli interessi asburgici rappresentati da Maria Carolina, ma diede anche luogo a un vivace dibattito culturale. Come si accennava, infatti, le logge erano animate dalla presenza tanto di pensatori quanto di letterati che, a partire dalle riflessioni sviluppate da Antonio Genovesi alla metà del secolo, si interrogavano su quali caratteristiche dovesse avere la società moderna, sulla natura del commercio e su quale etica bisognasse proporre per il perfezionamento dell'essere umano. I concetti fondamentali indagati già da Genovesi erano virtù, educazione e felicità. Il dibattito su virtù, educazione e felicità, però, nascondeva un discorso più sovversivo sull'uguaglianza, che divenne centrale nei tardi anni '70, soprattutto all'interno dei circuiti massonici.

I liberi muratori, tuttavia, non avevano tutti la stessa visione: virtù ed uguaglianza, benché considerate valori chiave dell'universo massonico, erano alternativamente ritenute o prerogative dei soli iniziati o qualità universali che i massoni illuminati erano chiamati a condividere con tutti gli esseri umani. Il caso della massoneria napoletana ben illustra la complessità della questione.[22] Francescantonio Grimaldi e Gaetano Filangieri, infatti, pur appartenendo entrambi alla scuola di Genovesi, frequentando i medesimi circoli ed essendo affiliati alla libera muratoria, svilupparono due formulazioni in netto contrasto. Se il primo cercava di diffondere tesi politicamente conservatrici e giustificava la diseguaglianza politica tipica delle società d'Antico regime, il secondo riaffermava con forza il principio dell'uguaglianza, politica e morale, di tutti gli uomin.[23]

Ne *La vita di Diogene Cinico*,[24] Grimaldi mise in chiaro come la virtù fosse amore per il prossimo, da non intendersi però come impegno civile, e si riducesse in sostanza a due principi guida: la temperanza, per perseguire il proprio bene e la propria felicità, e la beneficenza, per ottenere quelli altrui. La virtù, dunque si configurava come un principio di autodisciplina per vivere liberi (dalle passioni) e tranquilli, in armonia con se stessi ed il prossimo. Nelle *Riflessioni sopra l'ineguaglianza*,[25] Grimaldi non solo negò il carattere naturale della virtù, ma arrivò anche a postulare la totale assenza di principi morali universalmente accettati. Da questa assenza di valori morali universali - a suo giudizio comprovata dai fatti—il filosofo calabrese affermava come fatto naturale la diseguaglianza morale tra gli esseri umani, che si traduceva di conseguenza anche in diseguaglianza politica.

Filangieri, invece, riprese da Genovesi il concetto di virtù come seme universale e naturale, presente egualmente in tutti gli esseri e che scaturiva

---

22 Grimaldi e Filangieri erano entrambi massoni di rito inglese, Vincenzo Ferrone, *I profeti dell'Illuminismo*, op. cit., p. 250.

23 Vincenzo Ferrone, *La società giusta ed equa: repubblicanesimo e diritti dell'uomo in Gaetano Filangieri*, Laterza, Roma-Bari, 2005, pp. 90-99, 178.

24 Francescantonio Grimaldi, *La vita di Diogene Cinico*, Mazzola-Vocola, Napoli, 1777.

25 Francescantonio Grimaldi, *Riflessioni sopra l'ineguaglianza*, Mazzola-Vocola, Napoli, 1779-1780.

quindi dalle passioni, se ben dirette. Quella filangieriana era una virtù umanitaria e filantropica, ormai completamente calata in una dimensione civile e il cui fine era la felicità: una «virtù civile, che combina la volontà col dovere e che può sola costituire l'umana felicità».[26] Pur muovendosi nell'orizzonte delineato da Genovesi, tuttavia Filangieri rivestiva il concetto di virtù di nuove accezioni, trasformandola, non senza influenze latomistiche, in una delle colonne sulle quali erigere una nuova società, ben diversa da quella a lui coeva e dove fosse finalmente possibile «eternare le virtù e la felicità del popolo».[27] Si trattava di quella «società giusta ed equa» già vagheggiata dal maestro, ma ora presentata come una reale alternativa rispetto alla fallimentare esperienza del dispotismo illuminato. Lo strumento attraverso il quale si doveva perseguire tale cambiamento era una radicale riforma tanto delle leggi quanto dell'istruzione pubblica e della religione, aspetti che il giovane principe si proponeva di trattare nell'incompiuta *La scienza della legislazione*, opera destinata ad un'ampia fortuna europea.[28] Sin dal primo volume Filangieri aveva espresso la sua concezione di virtù come «capacità di unire interessi privati co' pubblici»,[29] intendendola non come autonegazione, ma come un ben regolato amore per il potere capace di trasformarsi in beneficenza e umanità. L'ambizione, perciò, era ritenuta un tratto potenzialmente positivo; e lo stesso si applicava al lusso che era «un mezzo per azioni virtuose in nazioni dove alberga libertà e virtù»[30] e, di converso, causa di ulteriore decadenza in nazioni già corrotte. Essere virtuoso non significa sopprimere le proprie passioni—era infatti dalle «più forti passioni» che derivavano «le azioni più grandi»[31]—ma indirizzarle verso la felicità universale, che poteva essere raggiunta attraverso tre strumenti: leggi giuste, un'istruzione pubblica «universale ma non uniforme» e una religione

---

26 Gaetano Filangieri, *La scienza della legislazione. Libro IV* [1785] a cura di Paolo Bianchini, Centro di studi sull'Illuminismo europeo G. Stiffoni, Venezia, 2004, V, p. 292.

27 Gerardo Tocchini (a cura di), *Ivi, Libro V* [1791], 2003, VI, p. 14. Sui legami tra il pensiero di Filangieri e la massoneria, vedere Vincenzo Ferrone, *I profeti dell'Illuminismo*, op. cit., pp. 250-258, 350-353

28 Antonio Trampus (a cura di), *Diritti e costituzione. L'opera di Gaetano Filangieri e la sua fortuna europea*, Il Mulino, Bologna, 2005; sull'importanza dell'opera nel contesto del tardo illuminismo, vedere anche Vincenzo Ferrone, *Storia dei diritti dell'uomo*, op. cit. pp. 341-348.

29 Gaetano Filangieri, *La scienza della legislazione. Libro I* [1780] a cura Antonio Trampus, 2003, I, p. 129.

30 *Ivi, Libro II* [1780] a cura Maria Teresa Silvestrini, 2004, II, p. 250.

31 *Ivi, Libro IV*, p. 271.

«pura». Il risultato finale sarebbe stato una società, basata su virtù e merito e caratterizzata da «una libertà soda, e durevole».[32] Virtù e legge stavano, nella concezione filangieriana, in un rapporto mutualmente benefico: se era vero che spettava alla virtù ispirare leggi giuste, altrettanto vero era il principio per cui era la legge che doveva far sì che la virtù non si tramutasse in debolezza o addirittura vizio. Paradigmatico in questo senso era il caso della «clemenza» e della critica della grazia concessa dal sovrano ai condannati, vista come una «ingiustizia commessa contro la società» perché «la virtù che si chiama con questo nome [clemenza] dee manifestarsi nella correzione delle leggi ingiuste, e feroci, e non nel privarle del loro rigore».[33] Che poi per Filangieri la virtù non fosse una mera nozione astratta alla quale genericamente richiamarsi, ma un vero e proprio principio operativo, lo si evince anche dall'attenzione che dedicò al tema dell'istruzione pubblica, il cui fine principale era appunto indirizzare le passioni verso la virtù. Ed educare alla virtù non era un sogno utopistico o un semplice slogan, ma il preciso intento di migliorare la società, diminuendo i delitti ed elevando gli animi dei cittadini. Egli perciò non si accontentava di veder istruite le *élites*, ma voleva estendere tale privilegio a tutti, seppur con alcune distinzioni:

> L'educazione pubblica finalmente, per essere universale, richiede, che tutte le classi, tutti gli ordini dello stato vi abbiano parte; ma non richiede, che tutti questi ordini, tutte queste classi, vi abbiano la parte istessa. In poche parole: essa dev'essere universale, ma non uniforme; pubblica, ma non comune.[34]

Nonostante la grande distanza a livello di pensiero, un esempio significativo della coesione dell'ambiente massonico-intellettuale napoletano gravitante intorno alla scuola di Genovesi, si può trovare nell'*Elogio del marchese Francescantonio Grimaldi* (1784) di Melchiorre Delfico. Il testo, scritto per la morte di Grimaldi, ne descriveva vita e pensiero, cercando di mitigarne il pessimismo. Alla conclusione l'autore arrivava anche ad accostare le *Riflessioni sull'ineguaglianza* alla *Scienza della legislazione*, ritenendo che i due lavori avessero un obiettivo comune, dal momento che entrambi insistevano sulla necessità di promuovere una nuova concezione di virtù come azione e come principio guida per il cambiamento legislativo e politico.

---

32   *Ivi, Libro I*, p. 122.

33   *Ivi, Libro III, parte II* [1783] a cura Gerardo Tocchini, Antonio Trampus, 2004, IV, pp. 333-334.

34   *Ivi, Libro IV*, p. 26.

La legislazione moderna d'Europa manca ancora d'una parte, cioè del premio alla virtù. Quindi l'ineguaglianza diviene più dolorosa, e le leggi non comunicano un moto sufficiente verso la Beneficenza. [...] e questa [opera di Grimaldi] e quella del Cavalier Filangieri, facendo molto onore alla Nazione, eccitarono le più lusinghiere speranze di vedere presto in un nuovo codice gli effetti di questi lumi e di quella libertà che non scompagna giammai dalla ragione e della virtù.[35]

1.6 Reti massoniche, culturali, politiche: *La lira focense*

Fu sempre nel Regno di Napoli che si sviluppò la più interessante esperienza letteraria massonica in lingua italiana del Settecento. Fu infatti nella capitale partenopea che Antonio Jerocades, il 'bardo della massoneria', compose, fece circolare e poi diede alle stampe la sua raccolta poetica, *La lira focense*.[36] Jerocades per primo in Italia si mosse nella direzione di una poesia il cui fine era la comunicazione esplicita dei valori liberomuratori. Egli rappresenta un'interessante figura di passaggio che, pur muovendosi anche in contesti tradizionali come quello dell'Arcadia, riuscì a mettere in versi il messaggio massonico nella peculiare declinazione del gruppo napoletano degli allievi di Antonio Genovesi.[37]

Jerocades, dopo aver ricevuto un'educazione ecclesiastica presso il seminario di Tropea e aver aperto una scuola nel paese natio di Parghelia in Calabria, era entrato in contatto con Genovesi, che lo aveva incoraggiato a trasferirsi a Napoli e a pubblicare il *Saggio dell'umano sapere ad uso de' giovanetti di Paralia* (Napoli, 1768),[38] nel quale il giovane sacerdote postulò una pedagogia che doveva far «uso del senso, della fantasia, e della ragione» e il cui ultimo fine era sempre «il compimento della virtù, senza di cui non si potrà esser felice».[39] Nel *Saggio*, Jerocades iniziò ad esprimere anche

---

35 Melchiorre Delfico, *Elogio del marchese D. Francescantonio Grimaldi*, presso Vincenzo Orsino, Napoli, 1784, pp. 40-42.

36 Antonio Jerocades, *La lira focense*, Napoli, si vende da Gennaro Fonzo, 1783.

37 Per una lettera storicamente contestualizzata di Jerocades e della sua opera, vedere Vincenzo Ferrone, *I profeti dell'illuminismo*, op. cit., pp. 210, 269-270, dove si rileva anche come sussista una corrispondenza tra il linguaggio poetico di Jerocades e quello impiegato nelle lettere dai componenti del gruppo napoletano.

38 Sull'attenzione all'educazione che caratterizzò sempre l'azione di Jerocades, che propose anche un *Progetto del catechismo civile* a Tanucci, vedere Pasquale Matarazzo, *I catechismi degli stati di vita alla fine del Settecento*, in Anna Maria Rao (a cura di), *Editoria e cultura*, op. cit., pp. 508-511.

39 Antonio Jerocades, *Saggio dell'umano sapere ad uso de' giovanetti di Paralia*, stamperia

le sue idee in merito al valore educativo della poesia—vista come mezzo di comunicazione e possibile dialogo con il popolo piuttosto che come fatto artistico—dando un esempio in tal proposito nelle *Rime puerili* poste in appendice. Riprendendo velatamente il mito di Orfeo, l'autore ricordava il ruolo civilizzatore della poesia capace, facendo leva sull'immaginazione, di rendere gradevole la verità.

In seguito, proprio grazie all'interessamento di Genovesi, Jerocades aveva ottenuto una cattedra presso il collegio Tuziano di Sora, dove, nonostante i consigli del suo mentore, diede libero sfogo alla vena satirica dipingendo Ferdinando IV sotto le vesti di Pulcinella in una recita degli studenti del 1770. Al grande scandalo che ne seguì Jerocades reagì riparando prima a Napoli e poi a Marsiglia, dove aveva parenti. Risale al viaggio in Francia il suo primo contatto con la massoneria. Rientrato in Italia, passò un periodo di espiazione a Sora e, nel 1776, poté tornare a Napoli, dove, aperta una scuola privata, strinse stretti legami (massonici) con Gaetano Filangieri, Francesco Mario Pagano, Domenico Cirillo, Donato Tommasi, Matteo Galdi, Saverio Mattei e Francescantonio Grimaldi.

Negli anni napoletani Jerocades si dedicò con convinzione alla produzione in versi, sostenendo che proprio «i poeti e gli storici» erano stati «i primi maestri de' popoli».[40] La Lira focense, come spiegava l'autore stesso, nasceva dall'assemblaggio di poesie che avevano già avuto ampia circolazione—«non sono stato avaro nel dispensarle, né tantomeno bel dire altrui l'aria per la musica; ma stanco oggi mai di farne più copie si è pensato di darle alle stampe»—e conobbe nel Settecento altre due ristampe napoletane (1785 e 1789).

Ad ulteriore conferma della sua diffusione nel Regno di Napoli, attirò anche le attenzioni degli ambienti cattolici più conservatori, venendo pubblicamente confutata nell'*Antilira focense o Dialoghi con cui si rende ravveduto un massone o libero muratore* (Napoli 1789) dell'abate calabrese Francesco Spadea, che tacciò il poeta di essere un «maestro d'empietà». Al pamphlet di Spadea, pubblicato anonimo, rispose lo stesso Jerocades con la *Gigantomachia* (Napoli 1789). Non si trattava di semplici polemiche letterarie, ma di una vera e propria battaglia ideologica. Da un lato era schierata la volontà

Simoniana, Napoli, 1768, p. xvi.

40   Antonio Jerocades, *Parabole dell'Evangelio*, nella stamperia, Raimondiana, Napoli, 1782, p. 104.

di diffondere il messaggio massonico, inteso come un complesso insieme di saperi capace di coniugare visione ciclico-catastrofica della natura e tensione verso un progresso virtuoso—una nuova età dell'oro—nel quale l'umanità avrebbe convissuto pacificamente seguendo i principi della fratellanza e della libertà. Dall'altro vi era la strenua difesa dei tradizionali valori tanto religiosi quanto politici d'*ancien régime*, che percepivano come sovversivo il nuovo linguaggio di Jerocades.

La risposta di Jerocades era costruita come una serie di lettere, scritte a destinatari reali come l'amico e fratello massone Saverio Mattei e inframmezzate a testi poetici, nelle quali si affrontavano e si confutavano le critiche sollevate nei confronti della *Lira*. La *Gigantomachia* non era però una semplice apologia, ma era anche l'occasione per riflettere sulla propria opera E se nella *Lira* l'uomo virtuoso era genericamente incarnato dalla figura dell'«amico» e del «fratello», nella *Gigantomachia* veniva sostanziato in Gaetano Filangieri, assurto, dopo la morte, a simbolo e incarnazione della virtù stessa. Com'è noto le esequie massoniche del giovane principe, spentosi nel 1788, erano state trasformate in una sorta di santificazione laica ad opera dello stesso Jerocades e poi di Francesco Mario Pagano, Domenico Cirillo, Donato Tommasi e Matteo Galdi.[41] Ad un anno di distanza l'autore, nella lettera della *Gigantomachia* indirizzata al libero muratore Luigi Rossi, giovanissimo giurista-poeta calabrese, discepolo di Gregorio Aracri e futuro patriota repubblicano, celebrò ancora la «virtù» di Filangieri e ricordò lo stretto legame che li aveva uniti:

> Era mio grande amico [...] e amico dell'uomo. Il suo libro sulla scienza della Legislazione, tradotto in molte lingue di Europa, e sparso per tutta la terra, fu in Roma proibito per opera di qualche Abate Spadea, o di qualche Frate Masdea. Ad esso lui piacevano tanto le mie canzonette, che e' mi chiamava l'Orfeo, e voleva sempre ascoltarle con la moglie, e co' figli. Or cantiamo la canzone che si cantò nelle solenni esequie, dalla virtù vivente celebrate alla defunta virtù.[42]

Sempre nella *Gigantomachia*, alla lettera fece seguire la canzone recitata durante le esequie dell'anno precedente, dandola per la prima volta alle stampe. Nel testo poetico si assisteva alla eroicizzazione della virtù filoso-

---

41 Vincenzo Ferrone, *I profeti dell'Illuminismo*, op. cit., in partic. pp. 209-210.

42 Antonio Jerocades, *La Gigantomachia*, op. cit., p. 127.

fica, pacifica e contemplativa di Filangieri, assurto a modello di saggio che, sulle tracce di Orfeo, aveva saputo illuminare l'umanità con costanza e persistenza, sacrificando sé stesso e diventando così il «Grande Eroe di nostra età»,[43] come ripetuto a modo di *refrain* alla fine di ogni breve strofa. Filangieri non era solo destinato al ricordo eterno nel «Tempio degli Eroi», ma ad una vera e propria immortalità come modello da imitare. La canzone riprendeva quanto già espresso nell'epistola in versi *La gloria del saggio*,[44] dedicata sempre alla celebrazione di Filangieri. Il medesimo messaggio traspariva anche dall'epicedio di Pagano, recitato in occasione del funerale massonico e dato alle stampe sempre nel 1788.[45] Pagano, dopo aver paragonato l'amico defunto agli eroi civilizzatori Prometeo ed Ercole, lo poneva tra la schiera di quegli «Eccelsi Eroi, del Ciel prole ed imago» il cui compito era «rimenar alla virtù smarrita / l'errante mondo [...] / come la stella del mattin lucente / sorge a schiarar la tenebrosa notte». Come già nella canzone di Jerocades, ne risultava un ritratto eroico e drammatico di Filangieri che sacrificava sé stesso nella lotta contro l'«errore» in difesa dei diritti e dell'altrui felicità.

La *Gigantomachia* ribadiva con forza l'universo dei valori massonici espressi nella *Lira* e, unita alle altre opere a stampa in ricordo di Filangieri, faceva del giovane principe l'«eroe» e l'incarnazione di una virtù che veniva riconfigurata alla luce della riflessione illuminista e massonica: l'immagine del saggio che combatteva una pacifica lotta con le armi del pensiero per il progresso dell'umanità.

Perché il contenuto della *Lira focense* poteva venire considerato sovversivo? Cosa nascondeva Jerocades sotto i facili ritmi cantabili che tanto aveva scandalizzato Spadea? Attorno a quale concezione di virtù Jerocades aveva costruito il suo personale tempio poetico? Innanzitutto, bisogna tenere conto del fatto che i versi di Jerocades vennero pubblicamente attaccati perché politicamente pericolosi solo dopo la presa della Bastiglia. In seguito agli avvenimenti francesi, i contenuti della *Lira*, pensati originariamente nel contesto del riformismo partenopeo, vennero letti come rivoluzionari e irrispettosi non solo della religione, ma anche e soprattutto dell'ordine monarchico.

---

43   *Ivi*, pp. 127-128.

44   *La gloria del saggio. All'avvocato D. Donato Tommasi epistola di Antonio Jerocades in morte del Cavalier D. Gaetano Filangieri*, Raimondi, Napoli, 1788.

45   *In morte del Cavalier Gaetano Filangieri epicedio dell'avvocato e regio cattedratico Francesco Mario Pagano*, Raimondi, Napoli, 1788, da cui sono tratte tutte le citazioni fino a diversa indicazione.

Da un punto di vista contenutistico la poesia di Jerocades fondeva la tradizione epicureo-liberomuratoria incarnata da Crudeli con suggestioni napoletane da Vico a Genovesi fino a Filangieri. Se letta nella sua integrità, la *Lira* rivela il continuo ritorno di parole e formule chiave: amicizia, amore, libertà, pace, pietà, virtù ed età dell'oro.[46] Ed era proprio il ritorno dell'età dell'oro il tema portante della raccolta: tale ritorno non aveva però nulla in comune con coeve espressioni di fuga dalla realtà presenti in tanta parte della poesia arcadica, ma era da intendersi con l'auspicata riforma verso quella «società giusta ed equa» tratteggiata da Genovesi e ben delineata da Filangieri. Era una società, quella pensata da Jerocades, basata su valori di fratellanza e amicizia, e senza distinzioni se non su base meritocratica. Il primo terreno di realizzazione e di messa in pratica di tali cambiamenti era naturalmente la loggia massonica, ma certo il destinatario ultimo era l'intera umanità.

L'intento riformista iniziale e l'insistenza sulla possibilità di educare il re e il popolo, tuttavia, non impedirono all'autore stesso di rileggere e ricontestualizzare la sua opera in chiave giacobina, dando pubblica lettura dei suoi testi in contesti filo-francesi e filo-repubblicani, quali le riunioni sul vascello dell'ammiraglio francese Latouche-Tréville, tenutesi tra il 1792 e il 1793,[47] mostrando ancora una volta la permeabilità delle logge massoniche al dibattito politico coevo.

1.7 La Lombardia asburgica: Milano, Cremona, Pavia

A Milano, allora principale centro della Lombardia asburgica, sempre intorno agli anni '50, è documentata la presenza di una loggia fondata da un orologiaio calvinista, tale Pierre Georges Madiott.[48] Abbiamo notizie di questa loggia dalle carte del processo intentato nel 1756 dal senatore Gabriele Verri, padre di Pietro e Alessandro. La loggia, vero esempio di cosmopolitismo e tolleranza, con una singolare commistione di elemento cittadino (borghese ed aristocratico) e militare, riuniva Fratelli di vari ceti e

---

46 Sulla fortuna europea del mito dell'età dell'oro, vedere Dan Edelstein, *The Terror of Natural Right: Republicanism, the Cult of Nature and the French Revolution*, University of Chicago Press, Chicago-London 2009, pp. 11-14.

47 Giuseppe Giarrizzo, *Massoneria e illuminismo nell'Europa del Settecento*, Marsilio, Venezia, 1994, pp. 391-392.

48 Sulla Massoneria in Lombardia vedere Giuseppe Giarrizzo, *La massoneria lombarda dalle origini al periodo napoleonico*, in Gian Mario Cazzaniga (a cura di), *La Massoneria. Storia d'Italia*, op. cit., pp. 356-386.

credi: artigiani come Madiott, religiosi come l'abate Pavesi e il padre Francesco Sormani, aristocratici come il marchese Ottaviano Casnedi, il conte Alari, il conte Giuseppe Castelbarco, il conte Carlo Belgioioso e il cavaliere Melzi, ufficiali imperiali come il generale Joseph Esterhazi. L'indagine finì praticamente con un nulla di fatto, con semplici pene pecuniarie e l'abiura pubblica: la commissione, imbattutasi in influenti personalità cittadine, aveva preferito mettere a tacere la vicenda quanto prima. Non mancò tuttavia una condanna ufficiale, espressa dal governatore, il duca Francesco di Modena, nell'editto emanato il 6 maggio 1757, nel quale si vietava la Massoneria in tutta la Lombardia.

Anche a Milano, come già a Firenze e Napoli, si verificò una precoce confluenza tra ambienti massonici ed intellettuali. E ancora una volta è attraverso la vita e l'opera di un letterato e poeta, Giuseppe Cerretesi, che questi legami emergono con maggior chiarezza. Cerretesi, come si è visto, aveva frequentato gli stessi ambienti massonici di Crudeli nella Firenze degli anni '30 ed era stato implicato direttamente nelle indagini dell'Inquisizione. Era però riuscito a scampare all'arresto ed aveva iniziato un periodo di peregrinazioni protrattesi di fatto per tutta la vita anche a causa di crescenti contrasti con i famigliari.

La prima attestazione di attività letteraria, dopo le vicende del processo e l'esilio in Inghilterra e nelle Fiandre, fu la traduzione delle *Epistole morali* di Pope, apparsa a Milano nel 1756 con dedica al marchese Giorgio Clerici, condottiero e poi ambasciatore imperiale. Le epistole del poeta inglese venivano definite un'«offerta filosofica»[49] al potente patrizio milanese e a Maria Teresa e fornivano il sostrato ai tre *Idilli* risalenti al periodo milanese.

Nel primo, *Il pregio dell'amicizia* (1760), il poeta rielaborò il tema dell'amicizia e del «social nodo» già accennato un ventennio prima da Crudeli. L'opera si apriva con una dedica al governatore Karl Joseph von Firmian. Non senza echi massonici, l'amicizia veniva assurta a «primo elemento della vita civile» e ad «essenza sublimata della virtù».

L'intreccio virtù-amicizia-felicità venne ripreso con maggior ampiezza nel secondo idillio, *Il tempio della felicità* (1760), dedicato alla contessa Teresa Simonetta Castelbarco, sorella del libero muratore conte Giuseppe. Qui, attraverso la metafora del tempio, Cerretesi spiegava come la felicità non de-

---

49 *Le quattro epistole morali del sig. Pope poeta inglese, esposte in versi sdruccioli da Giuseppe Cerretesi*, Nella stamperia Malatesta, Milano, 1756.

rivasse da altro se non dalla virtù e dall'osservanza di «quelle leggi naturali, che il Cielo / scolpì nel cuor d'ognun» per cui «l'uomo ami l'altr'uomo come se stesso».[50] Il ricorso all'immagine del tempio, di ascendenza massonica, ben evidenziava l'idea di progressiva costruzione del carattere virtuoso e della felicità, che parevano 'diritti' raggiungibili da tutti. Era il tema dell'uguaglianza—intesa però più come stato naturale originario e qualità morale che non come principio politico da cui partire per abbattere le divisioni della società *Ancien Régime*—la parte forse più originale di questo secondo testo.

Chiudeva il ciclo *Il tesoro della povertà* (1761), dedicato a Vittoria Serbelloni Ottoboni, nel cui vivace salotto milanese si riuniva il gruppo dei fratelli Verri che presto avrebbe dato vita a *Il Caffè* e che aveva assunto come precettore per i priori figli Giuseppe Parini. Nel testo il poeta, non senza echi biografici - si trovava cronicamente in difficoltà economiche a causa degli urti con la famiglia—sosteneva come la vera virtù, e dunque la felicità, consistesse nell'essere «del poco contento».[51]

Come ben mostra l'opera di Cerretesi, nonostante il processo intentato da Gabriele Verri, in Lombardia, gli afflati latomistici non erano sopiti e, intorno al 1776, si ha notizia di una nuova loggia in area lombarda: la *San Paolo Celeste* di Cremona che, aperta da ufficiali della guarnigione, divenne ben presto un centro di irradiazione dei Lumi e operò fino al 1785, quando per volontà imperiale confluì ne *La Concordia* di Milano. Il cambiamento di rotta fu dovuto alla maestranza di Giambattista Biffi. Egli, dopo studi a Pavia, si trasferì a Milano dove divenne amico dei Verri e di Cesare Beccaria ed entrò a far parte dell'Accademia dei Pugni. Nel 1762, tuttavia, fu richiamato dalla famiglia a Cremona, ma rimase in contatto epistolare con Beccaria. Biffi fu uno dei primi estimatori in Italia di scrittori inglesi come Pope, Hume, Swift (che leggeva in lingua originale), tuttavia la sua cultura «simile a quella degli altri membri dell'Accademia dei pugni [è] ispirata soprattutto ai francesi»[52]: così nella sua biblioteca si trovavano Montesquieu, Voltaire, Buffon, D'Alembert, Diderot, ma soprattutto Rousseau ed il Fratello Hélvetius, del quale tradusse l'*Esprit*. Tra i membri della loggia nel periodo della sua maestranza figurano i letterati Carlo Castone Rezzonico

---

50   Giuseppe Cerretesi, *Il tempio della felicità*, Mazzucchelli, Milano, 1760.

51   Giuseppe Cerretesi, *Il tesoro della povertà*, Mazzucchelli, Milano, 1761.

52   Franco Venturi, *Un amico di Beccaria e Verri: Giambattista Biffi*, in «Giornale Storico della Letteratura Italiana», CXXXIV, 1957, n.1, pp.66-67: 44-45 (poi in Id., *Settecento riformatore. Da Muratori a Beccaria*, Einaudi, Torino,1969).

della Torre e Giovanni Pindemonte, e Lorenzo Manini, editore italiano di eminenti Fratelli come Francesco Algarotti e Benjamin Franklin.

Intanto Giuseppe II, salito al trono imperiale, aveva intrapreso una politica marcatamente filomassonica, volta a proteggere «la corrente laica e razionalista della libera muratoria»[53] e culminata con un decreto dell'11 dicembre 1785, nel quale «Sua Maestà si era "compiaciuta di graziosissimamente risolvere e ordinare che queste società si abbiano a prendere sotto la protezione e tutela dello stato", essendo i massoni "tanti rispettabili uomini noti a Sua Maestà", utili "al prossimo e alle scienze"».[54] L'intento dell'Imperatore, naturalmente, era anche quello di utilizzare la Massoneria per i propri fini politici, precorrendo in questo l'azione di Napoleone Bonaparte.[55] La politica giuseppina, in ogni caso, favorì un nuovo fiorire della Libera Muratoria anche a Milano e dal 1783 si ha notizia della loggia *La Concordia*, che contò tra le sue file diversi esponenti dell'aristocrazia cittadina, nonché artisti come il pittore Andrea Appiani e uomini di lettere come Aurelio de' Giorgi Bertola e Adelmo Fugazza o di scienza come Jean Pierre Frank, professore di Medicina all'Università di Pavia e Gregorio Fontana, professore di Calcolo sublime nella medesima Università. L'Università di Pavia sembra essere stata, in epoca giuseppina e napoleonica, un importante centro di aggregazione massonica, Fratelli erano infatti docenti importanti come Bertola, Frank, Fontana, Samuel August David Tissot (professore di Medicina clinica) e poi Vincenzo Monti, Ugo Foscolo, Gian Domenico Romagnosi e Lorenzo Mascheroni. Münter stesso la elesse a meta del suo viaggio massonico e durante la sua visita volle incontrare, oltre ai sopracitati Fratelli, il gruppo dei giansenisti capeggiato da Pietro Tamburini e Giuseppe Zola. Eppure, nessuna loggia risulta essere stata operante in quegli anni. Ad oggi resta solo una lettera del Fratello Giovanni Viazzoli, funzionario statale affiliato a *La Concordia*, scritta il 28 ottobre 1784 ad Antonio Reina, rappresentante della loggia milanese presso la Gran Loggia Nazionale di Vienna, nella quale si esprime il desiderio di fondare una loggia nella città ticinese, con l'appoggio del Fratello Bertola. L'esito di questo progetto rimane tuttavia ignoto.

---

53   Carlo Francovich, *Storia della Massoneria in Italia*, op. cit., p. 355.

54   Questo il testo del decreto, che aveva validità in tutti i territori imperiali, come diffuso a Trieste dal governatore Pompeo Brigido, massone anch'egli, in *Codice ossia Collezione sistematica di tutte le leggi e ordinanze emanate sotto il regno di S.M. Imperiale Giuseppe II, Milano, 1789* – Biblioteca Civica di Trieste, n. 13271.

55   Carlo Francovich, *Storia della Massoneria in Italia*, op. cit., p. 362.

1.8 Reti massoniche, culturali e commerciali: il porto franco di Trieste

L a prima loggia triestina fu innalzata nel 1773, con il titolo distintivo *Alla Concordia*, per opera dell'ufficiale di guarnigione Walz, insieme a Matteo Hochkoffler e al tenente de Courten. Membri ne furono il giudice G. M. Stefani, i commercianti Giuseppe Weber, Cesare Pellegrini, Anastasio Papaleca, Sebastiano Fels, Giovanni Blachenay, Ignazio Hagenauer, l'ufficiale Saint Eloi e Jacoviti. La bolla di fondazione fu quindi richiesta alla Loggia Provinciale di Praga, che la concesse solo nel 1775, dopo l'espulsione di Hochkoffler, Saint Eloi e Jacoviti. Lo stesso governatore di Trieste, Karl von Zinzendorf era libero muratore, così come lo sarebbe stato il suo successore, Pompeo Brigido.[56]

Poco o nulla si sa della loggia nel decennio successivo, fino al 1784, quando venerabile divenne François Emanuel Jospeh Baraux e la loggia cambiò nome in *De l'harmonie et concorde universelle*. Aderì quindi alla Federazione eclettica (*Eklektischer Bund*), sorta dalle rovine della Stretta Obbedienza a Francoforte, dopo il convegno di Wilhelmsbad. Con la concessione da parte di Giuseppe II della sua personale protezione alla massoneria e sembra su consiglio del Gran Maestro Francesco di Brunswick, la loggia triestina passò alla Federazione delle Logge austriache (*Oesterreischischer Logenbund*). La notizia dell'adesione della loggia triestina alla Federazione austriaca fu riportata anche sul *Journal für Freymauer*.[57]

Fu questo il periodo che vide la maggior espansione della massoneria in Trieste, soprattutto ad opera della singolare figura di Baraux, commerciante originario di Anversa che giunse a Trieste nel 1782 quale membro della Compagnia delle Indie austriaca.[58] Nel 1789 divenne infine console degli Stati Generali delle Province Unite per il Litorale austriaco. Baraux era un uomo dai molteplici interessi, a tutt'oggi testimoniati dalla sua biblioteca. Egli sviluppò persino una propria linea di pensiero, vicina alle idee di Montesquieu per la critica del lusso eccessivo, l'elogio della meritocrazia e

---

56 Su Zinzendorf e i suoi rapporti con la realtà massonica austriaca e tedesca vedere Pierre-Yves Beaurepaire, *L'espace des francs-maçons: une sociabilité européenne au 18e siècle*, Presses universitaires de Rennes, Rennes, 2003, pp.151-179.

57 *Journal für Freymauer als Manuskript gedruckt für Brüder und Meister des Ordens—II Jahrgang, I. Vierteljahr—5875*, p. 218.

58 Antonio Trampus, *Tradizione storica e rinnovamento politico. La cultura nel Litorale Austriaco e nell'Istria tra Settecento e Ottocento*, Del Bianco, Udine, 2008, pp. 273-313.

l'ammirazione per la monarchia inglese. Baraux compilò anche un trattato *Del commercio e dell'industria*, edito nel 1828, ma steso nel 1816, nel quale definì il commercio come principio generatore della civiltà che «sviluppa il genio, infonde attività nello spirito, rende le nazioni sagge e colte, le fa inventare e perfezionare le arti» , il commercio inoltre era visto come strumento della modernità e dell'uguaglianza, essendo atto ad eliminare «quell'eccedente ineguaglianza, frutto dell'oppressione e del potere de' tempi feudali». In questa visione dunque Trieste, sede del commercio, era la città ideale anche per uno sviluppo culturale e politico.

In generale, le logge italiane settecentesche mostrano come l'ambiente massonico si configurasse quale uno spazio di confronto e dialogo del tutto innovativo nel panorama dell'*Ancien Régime*. Nel caso triestino tali aspetti emergono con ancora maggiore evidenza. Dagli elenchi degli affiliati tra il 1773 e il 1793 si evince come le logge fossero un luogo nel quale convivevano e convergevano le aspirazioni delle emergenti classi borghesi fatte di commercianti e professionisti, quelle degli intellettuali, e quelle della nobiltà e degli alti quadri dello stato.[59] A Trieste, infatti, i consueti caratteri della sociabilità massonica settecentesca si univano alla peculiare dimensione del porto-franco, crocevia di incontri e scambi e luogo di sospensione dell'imperio, dove anche il controllo del potere politico veniva continuamente messo in discussione in nome delle esigenze del commercio.

1.9 1805: la nascita del Grande Oriente d'Italia

Questo rapido viaggio offre un quadro del variegato panorama della Massoneria negli Stati italiani settecenteschi. Come si è visto, la Massoneria ebbe quasi ovunque inizi difficoltosi, segnati da denunce, processi, delazioni, che, tuttavia, nella maggioranza dei casi si risolsero con un nulla di fatto e la lasciarono libera di diffondersi e prosperare. Un altro carattere che sembra accomunare le diverse Muratorie italiane è il forte legame che si stabilì, fin da subito, con il ceto intellettuale vicino a quelle istanze di rinnovamento che oggi chiamiamo Illuminismo: Crudeli e Cerretesi a Firenze, Goldoni a Venezia, Biffi a Milano, Bertola a Pavia, Filangieri e Jerocades a Napoli. Alla fine del secolo, quindi, dopo iniziali difficoltà e persecuzioni, la Massoneria era un'associazione ormai diffusa in tutta la Penisola, alla quale avevano progressivamente aderito nobili, funzionari, intellettuali e bor-

---

59 Attilio Tamaro, *Documenti di storia triestina del secolo XVIII*, in «Atti e memorie della società istriana di archeologia e storia patria», XLI, 1, 1929, pp. 191-192.

ghesi, era una costante insomma nel panorama sociale e culturale italiano. Il periodo rivoluzionario segnò invece una stagione di grandi difficoltà: la Massoneria francese, come si è visto, negli anni più duri del Terrore era entrata addirittura in sonno, mentre negli Stati italiani iniziò una nuova stagione di persecuzioni e divieti, dovuti alla propaganda antimassonica, che vedeva i liberi muratori come gli ispiratori dei temuti giacobini. Nel 1793 l'Imperatore Leopoldo promulgò un editto che bandì nuovamente al Massoneria dai territori imperiali, ma pochi anni più tardi con la discesa di Napoleone lo scenario cambiò radicalmente.

Fu infatti fondato nel 1805, in concomitanza con la creazione del Regno d'Italia, il Grande Oriente d'Italia, che non a caso è stato definito «figlio dell'Europa francese».[60] La nuova Obbedienza nacque il 16 marzo 1805, come Supremo Consiglio di Sovrani Grandi Ispettori Generali del 33° Grado e al vertice fu posto il viceré d'Italia, nonché figlio adottivo di Napoleone, Eugenio de Beauharnais. Il 20 marzo fu rifondato come ordine, col titolo di Gran Loggia Generale Scozzese, cambiato di nuovo il 20 giugno in Grande Oriente d'Italia. La nascita del Grande Oriente e la volontà di Napoleone di sfruttare la rete delle logge massoniche per fini politici favorì un'ampia diffusione di queste ultime in tutto il territorio italiano.

---

60 Giuseppe Giarrizzo, *La massoneria lombarda*, op. cit., p. 384: «Il Grande Oriente d'Italia è figlio [...] dell'Europa francese». Gian Mario Cazzaniga, *Nascita del Grande Oriente d'Italia*, in Gian Mario Cazzaniga (a cura di), *La Massoneria, Storia d'Italia*, op. cit., pp. 545-558.

2. LA MASSONERIA ITALIANA DAL SETTECENTO ALL'UNITÀ

Protagonisti, metamorfosi, interpretazioni

Luca G. Manenti

2.1 Introduzione

G li storici che si sono interrogati sull'inizio del risorgimento italiano hanno indicato tra le date più antiche il 1713, anno della stipula della Pace di Utrecht e dell'acquisto del titolo regale da parte della dinastia sabauda, e il 1748 della Pace di Aquisgrana, a partire dalla quale la penisola conobbe un lungo intervallo di pace e di riforme improntate ai principi dell'illuminismo.[61] Un valore altamente periodizzante è stato da altri attribuito all'arrivo in Italia dell'esercito di Bonaparte nel 1796.[62] Il lasso di tempo racchiuso tra la discesa del generale corso e il tentativo fallito di Gioacchino Murat nel 1815 d'unificare politicamente il paese ha coinciso, in effetti, con una fase di modernizzazione, incubatrice d'una volontà d'indipendenza.[63] La linea di continuità tra la stagione francese e il processo unitario è stata sostenuta in un'ottica escatologica dalla storiografia conservatrice, che vi ha scorto il segno nefasto dell'intervento massonico. Uno stuolo di reazionari ha ascritto all'opera dei fratelli la burrasca rivoluzionaria, la svolta napoleonica e il movimento nazionale italiano, postulando un unicum temporale esteso dal 1789 alla proclamazione del regno di Vittorio Emanuele II nel 1861. In una serie di romanzi anti-risorgimentali usciti nella prima metà dell'Ottocento, il gesuita Antonio Bresciani indicò i mali dell'umanità nella riforma luterana e nella rivoluzione francese, descrivendo la mazziniana Giovine Italia come una setta luciferina e pseudo-massonica, dominata da protestanti ed ebrei.[64]

---

61   Luigi Salvatorelli, *Pensiero e azione del Risorgimento*, Einaudi, Torino,1963, pp. 34-35

62   Alberto Mario Banti, *Il Risorgimento italiano*, Laterza, Roma-Bari, 2005.

63   Antonino De Francesco, *Prima dell'Unità. Dalla Massoneria italiana alla Carboneria*, in Massimo Rizzardini, Andrea Vento (a cura di), *All'Oriente d'Italia. Le fondamenta segrete del rapporto fra Stato e Massoneria*, Rubbettino, Soveria Mannelli, 2013, pp. 15-30, qui p. 16.

64   Paolo Orvieto, *Buoni e cattivi del risorgimento. I romanzi di Garibaldi e Bresciani a con-*

A spezzare il filo temporale che teneva insieme il 1789 e il 1861 sono stati gli assertori dell'eclissi della libera muratoria durante la restaurazione e delle radici squisitamente endogene dell'esito unitario. Costoro tendevano a magnificare le glorie patrie e a sminuire o negare qualsiasi apporto esterno, sebbene su un punto le loro teorie fossero verosimili: assodato che l'universo ideologico rivoluzionario diede la possibilità d'iniziare il processo di costruzione della nazione, tale processo si basò comunque su una gamma di miti e memorie attinte dalla tradizione culturale autoctona, elaborata nella penisola dalla prima età moderna.[65]

Nel 1925, in significativa concomitanza con la promulgazione delle leggi fasciste contro le associazioni segrete, che s'abbatterono in primo luogo sulle logge, Alessandro Luzio pubblicò *La massoneria e il Risorgimento italiano*, teorizzando l'inabissamento della libera muratoria nell'epoca risorgimentale e la sua sostituzione con la più battagliera carboneria.[66] Nel medesimo anno Giuseppe Leti diede alle stampe un saggio che, come quello di Luzio, era tanto documentato quanto fazioso, però in senso opposto. Egli tentò di dimostrare la derivazione dal ceppo libero-muratorio della carboneria e di tutte le altre sette risorgimentali, esaltando in tal modo il ruolo della fratellanza nel processo unitario: «D'altra parte i maggiori esponenti della *massoneria*, nella impossibilità d'ostacolare la reazione, piuttosto che traviarsi, si restrinsero nel chiuso de' *templi*, e diedero il *via* alle altre *società segrete* perché tenessero il campo, mentre quella si selezionò, si venne rinnovando e preparando a maggiori cimenti».[67] Adottando come termine *a quo* dell'analisi la seconda metà del XVIII secolo, nelle prossime pagine studieremo il ruolo giocato dalla massoneria italiana fino all'unità, ne ripercorreremo le metamorfosi tra storia delle istituzioni e delle idee, analizzando le genealogie, le caratteristiche precipue, i debiti e i retaggi stranieri delle logge e delle società segrete del periodo.

fronto, Salerno Editrice, Roma, 2011.

65   Antonino De Francesco, *The Antiquity of the Italian Nation. The Cultural Origins of a Political Myth in Modern Italy, 1796-1943*, Oxford University Press, Oxford, 2013, p. 15.

66   Alessandro Luzio, *La massoneria e il Risorgimento italiano*, 2 vv., Zanichelli, Bologna, 1925.

67   Giuseppi Leti, *Carboneria e massoneria nel risorgimento italiano*, Res Gestae, Milano, 2016, p. 80, corsivi nel testo.

2.2 Dal dispotismo illuminato a Napoleone

Nel 1952 Carlo Francovich diede conto dei divergenti giudizi degli storici sull'azione della massoneria settecentesca: spiritualmente e politicamente estranea all'illuminismo per alcuni, primattrice del movimento secondo altri. Le due tesi sarebbero state, secondo lui, contemporaneamente giuste e sbagliate, opinione che, a decenni di distanza, mantiene una relativa validità.[68]

La libera muratoria italiana ebbe ruoli differenti per importanza da zona a zona nell'età del dispotismo illuminato, caratterizzato da un'alleanza tra sovrani e intellettuali al fine di rendere più efficiente la macchina amministrativa dello stato e procurare la maggior felicità al maggior numero possibile di persone. Le riforme discese da quel patto ricossero i successi più rilevanti in Lombardia e in Toscana, giunsero in ritardo a Napoli e nello Stato pontificio, trovarono poco spazio altrove ed entrarono in crisi verso il 1775, in anticipo rispetto alla fine dell'antico regime.[69] La massoneria fu, in simile contesto, di volta in volta ispiratrice o strumento dei regnanti erettisi a paladini di un processo di disciplinamento sociale e di secolarizzazione all'interno dei propri domini: un nodo non facilmente districabile fra ragion di stato e sincere adesioni ai valori libero-muratori. Il sostrato comune fra massoneria e illuminismo si condensò da una parte nell'idea del primato della ragione quale mezzo per il raggiungimento della verità, dall'altra nell'obiettivo condiviso di restituire al genere umano le conoscenze sottrattegli dai poteri ecclesiastico e civile.[70]

Nel ventennio 1770-90 le logge italiane possedevano un'impronta aristocratica e contavano personaggi in vista delle corti, ufficiali militari, docenti universitari, ecclesiastici d'orientamento giansenista.[71] Seppure in assenza di guerre guerreggiate, la penisola rimaneva il campo di scontro fra le grandi potenze, situazione che si rifletteva nelle dinamiche di relazione fra le officine del territorio, teatro dei conflitti tra filo-inglesi e filo-francesi e tra

---

68   Carlo Francovich, *Albori socialisti nel Risorgimento. Contributo allo studio delle società segrete (1776-1835)*, Le Monnier, Firenze, 1962, p. 1.

69   Stuart J. Woolf, *Il Risorgimento italiano*, Mondadori, Milano, 2010, pp. 140 e 154-162.

70   Giuseppe Giarrizzo, *Massoneria*, in *Enciclopedia delle Scienze Sociali*, v. 5, Treccani, Roma, 1996, pp. 551-559, qui pp. 554-555.

71   Renato Soriga, *Le Società segrete, l'emigrazione politica e i primi moti per l'indipendenza*, scritti raccolti e ordinati da Silio Manfredi, Società Tipografica Modenese, Modena,1942, p. 28.

protestanti hannoveriani e cattolici giacobiti.[72] A raggruppare la maggior parte delle logge erano i due centri di Torino e Napoli, sedi rispettivamente del Gran Priorato d'Italia, sorto nel 1775 e presieduto dal conte Gabriele Asinari di Bernezzo, e la Gran Loggia Nazionale Lo Zelo, guidata negli stessi anni da Francesco d'Aquino, principe di Caramanico e prediletto della regina Maria Carolina.[73]

Asinari agiva in un clima di benevola tolleranza verso la massoneria, circostanza testimoniata dalla ristrutturazione della sala riunioni della prestigiosa Accademia delle scienze della capitale sabauda in uno spazio in cui simboli massonici e monarchici si trovavano frammisti.[74] La situazione iniziò a cambiare nel 1790 con la proibizione ministeriale delle adunanze massoniche, finché nel 1794 Vittorio Amedeo III chiuse definitivamente le officine del regno.[75] Il principe di Caramanico aveva fondato la Gran Loggia nell'intento di rendere indipendenti i fratelli napoletani da Londra e associarli alla Stretta Osservanza tedesca, che si riallacciava alla tradizione templare e proponeva un modello gerarchico incardinato sulle figure dei «superiori incogniti».[76] Entrato in urto con il ministro Bernardo Tanucci, che aveva fatto arrestare dei liberi muratori di basso rango per screditare la regina, d'Aquino era intervenuto in loro favore grazie all'appoggio di alti dignitari massonici europei, facendo liberare gli imprigionati e saldando relazioni con i più influenti circuiti latomistici del continente.[77] Per quanto non debbano essere sopravvalutate le capacità d'intervento politico della libera muratoria del Mezzogiorno, che non perse mai una spiccata fisionomia di spazio di socializzazione e di reciproco soccorso per gli affiliati, indubbiamente essa vi svolse un compito culturale e ideologico più penetrante che in altre parti della penisola, dove pure la fratellanza incise in varie direzioni, contribuendo a creare consenso intorno al governo o, viceversa, a destabilizzare le classi di potere.[78]

---

72 Fabio Martelli, *Massoneria e Illuminismo*, in Santi Fedele, Giovanni Greco (a cura di), *Massoneria ed Europa. 300 anni di storia*, Bonanno, Acireale, 2017, pp. 35-53, qui p. 44.

73 Renato Soriga, *Le Società segrete*, op. cit., pp. 28-29.

74 Federico Navire, *Torino come centro di sviluppo culturale. Un contributo agli studi della civiltà italiana*, Peter Lang, Frankfurt am Main, 2009, pp. 228-229.

75 Antonio Trampus, *La massoneria nell'età moderna*, Laterza, Roma-Bari, 2008, p. 116.

76 Giuseppe Giarrizzo, *Massoneria*, op. cit., p. 554.

77 Antonello Scibilia, *Aquino, Francesco Maria Venanzio d', principe di Caramanico*, in *Dizionario Biografico degli Italiani*, v. 3, Treccani, Roma, 1961, pp. 664-672.

78 Vincenzo Ferrone, *I profeti dell'Illuminismo. Le metamorfosi della ragione nel tardo Sette-

In Lombardia essa fu abilmente controllata dal massone Giuseppe II,[79] figlio del massone Francesco Stefano di Lorena.[80] Con la patente dell'11 dicembre 1785 l'imperatore riorganizzò la massoneria nei territori della sua corona, ponendo un tetto al numero di logge per regione e obbligandole a notificare alle autorità i piè di lista e i calendari delle riunioni. Il provvedimento, conforme alla ristrutturazione in senso accentratore dei territori asburgici perseguita a livello amministrativo e burocratico, diede sostanza alla preoccupazione che le officine potessero esercitare un potere parallelo e potenzialmente ostile a quello istituzionale, come stavano a dimostrare la vicenda degli Illuminati di Baviera e l'esorbitante influenza della Stretta Osservanza.[81] Il progetto di riforma di Giuseppe II ebbe tra i principali fautori il marchese triestino Domenico Piatti, iscritto alla Alla Vera Concordia viennese, per conto della quale viaggiò per la penisola negli anni Ottanta del Settecento nell'intento di creare una confederazione massonica sotto l'egida della Gran Loggia Nazionale di Vienna.[82] Passato per Venezia, dove entrò in contatto con il venerabile Michele Cessa, coordinatore del Rito rettificato fra nord e sud,[83] egli fu poi a Milano, Torino e a Napoli insieme al figlio Antonio, scontando con la morte per mano sanfedista la partecipazione nel 1799 alla Repubblica partenopea.[84]

Nel 1790 salì al trono d'Austria Leopoldo II e, due anni dopo, Francesco II, che soppresse la massoneria in tutti i territori del Sacro Romano Impero a motivo del ruolo di primo piano che si presumeva avesse svolto nella rivoluzione francese.[85] Accusa comprensibile, se si pensa da un lato all'alto numero di liberi muratori protagonisti di quell'esperienza, dall'altro al fatto

---

cento italiano, Laterza, Roma-Bari, 1989, p. 247.

79 Antonio Trampus, Prefazione, in Joseph Lavallée, Viaggio pittoresco e storico nell'Istria e nella Dalmazia, Italo Svevo, Trieste, 2017, pp. I-VII, qui p. III.

80 Fulvio Conti, La massoneria, in «Nuova informazione bibliografica», a. 4, n. 1, 2007, pp. 84-97, qui p. 85.

81 Antonio Trampus, La massoneria nell'età moderna, Laterza, Roma-Bari, 2001, p. 123.

82 Carlo Francovich, Storia della massoneria in Italia. Dalle origini alla Rivoluzione francese, La Nuova Italia, Firenze, 1974, pp. 378-379.

83 Renata Targhetta, La massoneria veneta dalle origini alla chiusura delle logge (1729-1785), Del Bianco, Udine, 1988, p. 83.

84 Elio Predonzani, Domenico e Antonio Piatti, martiri triestini dell'epopea napoletana del 1799, a cura dell'Ufficio stampa e propaganda della Lega Nazionale, Trieste, 1948.

85 Paolo Gastaldi, La Massoneria e l'emancipazione degli ebrei, in «Hiram», n. 4, 2006, pp. 21-53, qui p. 43.

che determinate logge furono il brodo di coltura di un democratismo riassunto nel trinomio libertà-uguaglianza-fraternità.[86] Un decennio prima
della rivoluzione alcune officine si erano tramutate in cellule terroristiche,
dove si addestravano i membri alle tecniche del colpo di stato e alla mani-
polazione dell'opinione pubblica.[87] Un mutamento di pelle che riguardò,
tuttavia, solo determinate cerchie latomistiche, a dimostrazione dell'impossibilità di fornire interpretazioni onnicomprensive sulla realtà massonica europea della fine del XVIII secolo. Per quanto molti massoni fossero
rimasti vittime del Terrore giacobino, è pur vero che il settarismo politico
di certe logge tardo-settecentesche lasciò una duratura eredità ideologi-
co-organizzativa, raccolta da Babeuf come dai «patrioti "anarchistes" del
Triennio giacobino in Italia»,[88] confluendo infine nelle attività sovversive
dei movimenti anti-sistema del secolo successivo.

I fatti d'Oltralpe ebbero forti ripercussioni sull'atteggiamento dei sovrani
della penisola, compresa Maria Carolina, che da fiancheggiatrice divenne
un'accesa rivale della fratellanza. Girato il vento, i massoni italiani si divi-
sero tra chi accettò di contaminarsi vieppiù con la politica e chi scelse di
ripudiare un passato divenuto scomodo.[89] Sconfessarono l'antica militan-
za due testimoni oculari degli avvenimenti parigini: Vittorio Alfieri, autore di una pungente satira sulla massoneria,[90] e Ippolito Pindemonte, che
nell'opera *Abaritte. Storia verissima*, data alle stampe nel 1791, espresse le
sue disillusioni per l'accertata impossibilità di raggiungere la perfettibilità
umana, uno dei principi-guida della libera muratoria di stampo razionalista.[91] Il tour europeo compiuto dal letterato veronese negli anni 1788-91
perse così, retrospettivamente, ogni qualità positiva, risolvendosi in un

---

86   Albert Soboul, *La Franc-maçonnerie et la Révolution française*, Société des Études Ro-
     bespierristes, Paris, 1969.

87   Giuseppe Giarrizzo, *Massoneria e illuminismo nell'Europa del Settecento*, Marsilio, Ve-
     nezia, 1994, pp. 214-215, 240-241, 315-316, 330-331.

88   Eugenio Di Rienzo, *"Illuminismo politico"? Alcuni problemi di metodo sulla storiografia
     politica del Settecento*, in «Studi Storici», a. 36, n. 4, 1995, pp. 977-1010, qui pp. 1009-
     1010.

89   Renato Soriga, *Le Società segrete*, op. cit., p. 41.

90   Vittorio Alfieri, *Satire e poesie minori*, Barbera, Bianchi e comp., Firenze, 1858, *Satira
     decimaquinta. Le imposture*, pp. 113-117.

91   Ilvano Caliaro, Renzo Rabboni, «*A' tuoi verdi anni...*». *Sui viaggi e le memorie di Pinde-
     monte*, in Helmut Meter, Furio Brugnolo (a cura di), *Vie lombarde e venete. Circolazione
     e trasformazione dei saperi letterari nel Sette-Ottocento fra l'Italia settentrionale e l'Europa
     transalpina*, De Gruyter, Berlin-Boston, 2011, pp. 169-189, qui pp. 174-175.

drastico «annullamento del valore iniziatico del "viaggio" della tradizione massonica».[92]

La rivoluzione divenne il bersaglio d'una schiera di reazionari, che vi scorsero lo zampino di pericolosi agenti occulti. Edmund Burke, nelle *Reflections on the Revolution in France* del 1790, incolpò i letterati, in collusione con sovrani e capitalisti, d'aver progettato l'annichilimento del cristianesimo. La letteratura controrivoluzionaria italiana fu rappresentata, tra gli altri, dall'abate siciliano Nicola Spedalieri, che nel testo *De' diritti dell'uomo* del 1791 attaccò deismo e rivoluzione, considerata il frutto del progetto sedizioso dell'Assemblea Nazionale, protesa a distruggere il cattolicesimo e a rovesciare i governi. In area tedescofona circolarono gli articoli del viennese Leopold Alois Hoffman, che si scagliò contro i massoni illuministi. Il maggior successo arrise ad Augustin Barruel, il quale, nei *Mémoires pour servir à l'histoire du jacobinisme*, pubblicati in cinque volumi tra il 1797 e il 1799, evidenziò la contrapposizione fra la massoneria legittimista ante-1789 e la successiva di tendenze giacobine, responsabile del cataclisma rivoluzionario in combutta con enciclopedisti, giansenisti e Illuminati di Weishaupt.[93] Sembrò dargli ragione il tragitto esistenziale del conte savoiardo Joseph de Maistre, promotore nel 1778 di una loggia occultista e alchemica, che immaginò di realizzare una massoneria spiritualista capeggiata da cattolici in grado di riconciliare Roma con i cristiani ortodossi. Allontanatosi dai lavori d'officina in seguito alla rivoluzione, che lesse nei termini d'un castigo divino, egli continuò a considerare l'antico progetto eticamente lodevole,[94] sebbene la prima condanna papale dell'associazione risalisse al 1738. La massoneria, nella visione di Barruel, avrebbe anteveduto e predisposto ogni cosa, per gioire infine di fronte allo spettacolo satanico della violenza giacobina.

La teoria della rivoluzione francese quale prodotto del piano sovversivo di sette radicali, vicine o coincidenti con le logge, fu applicata al risorgimento sia dai conservatori cattolici,[95] sia, per motivi ribaltati, da alcuni fratelli, lesti

---

92   Eros Maria Luzzitelli, *Introduzione all'edizione dei diari dei viaggi d'Ippolito Pindemonte in Europa (1788-1791) ed in Italia (1795-1796)*, in «Memorie. Classe di scienze morali, lettere ed arti», v. 40, f. 4, 1987, p. 6 nota 3.

93   Zeffiro Ciuffoletti, *Il complotto massonico e la Rivoluzione francese*, Edizione Medicea, Firenze, 1989.

94   Massimo Introvigne, *La contro-rivoluzione di Joseph de Maistre*, in http://www.cesnur.org/2011/mi-mai.html.

95   Walter Maturi, *Interpretazioni del Risorgimento. Lezioni di storia della storiografia*, Einaudi, Torino, 1962, p. 332.

nell'accreditare all'ordine ogni evento reputato di natura progressista. Prese così corpo, attraverso affluenti culturali disparati, il mito del sempiterno complotto massonico dietro le quinte della politica e della finanza.[96] Alla rivoluzione avevano guardato con interesse le frange più irrequiete della massoneria meridionale della penisola, che si riorganizzarono segretamente prendendo a modello i club di Parigi.[97] Che le turbolenze francesi e il successivo intervento napoleonico in Italia avessero profondamente mutato la modalità di vivere l'appartenenza alle logge era testimoniato dal caso dell'Accademia Aletina di Napoli, di cui avevano fatto parte uomini fedeli alla corona destinati a prendere posizioni diametralmente opposte nei mesi della Repubblica napoletana del 1799: massoni, riformatori, rivoluzionari e anti-rivoluzionari convissero prima e si combatterono poi.[98]

2.3 Bonapartismo e massoneria

L'irruzione di Napoleone nel 1796 in Italia travolse il sistema d'antico regime e scompaginò il variegato universo massonico. Le truppe inviate dal Direttorio raggiunsero la massima estensione di territori occupati nel 1799, quando furono sloggiate dagli austro-russi. Tornati nel 1800, otto anni dopo i francesi controllavano nuovamente, a esclusione di Sicilia e Sardegna, l'intera penisola. Bonaparte spinse all'estremo le riforme illuministiche iniziate dai sovrani spodestati, riducendo il potere della Chiesa, promuovendo l'avanzata sociale della borghesia e adottando una strategia conciliativa nei confronti dell'aristocrazia. All'atteggiamento predatorio di risorse e opere d'arte, i transalpini alternarono uno sforzo di modernizzazione delle strutture statali ed economiche, introducendo i codici normativi e limitando i privilegi cetuali. Per realizzare trasformazioni tanto incisive ebbero bisogno d'appoggi in loco. Le logge funsero da particelle sociali ottimamente idonee all'uso, cui attingere personale imbevuto dei valori di libertà e uguaglianza che erano stati la bandiera della rivoluzione, presto

---

96 Luca G. Manenti, *Massoneria italiana, ebraismo e movimento dei Giovani Turchi*, in «Rassegna mensile di Israel», v. 78, n. 3, 2012, pp. 161-175, qui p. 171.

97 Dario Ippolito, *Pagano, Francesco Mario*, in *Dizionario Biografico degli Italiani*, v. 80, Treccani, Roma, 2014, pp. 259-263.

98 Anna Lisa Sannino, *Costruire la controrivoluzione. L'associazionismo politico-culturale anti-democratico in Puglia e Basilicata alla fine del Settecento*, in A. Massafra (a cura di), *Patrioti e insorgenti in provincia: il 1799 in Terra di Bari e Basilicata*, Atti del Convegno di Altamura-Matera (14-16 ottobre 1999), Edipuglia, Bari, 2002, pp. 487-527, qui pp. 497-498.

abbandonati dai francesi in nome della ragione politica. In Toscana la massoneria fu combattuta sin dalla nascita dalle autorità civili ed ecclesiastiche, ma fu negli anni a ridosso della rivoluzione che si acutizzarono le persecuzioni, finché l'arrivo delle truppe napoleoniche nel giugno 1796 permise la riapertura dei templi.[99]

A Livorno vide la luce in quell'anno l'officina Les Amis de l'Union Parfaite, germinata da un'omonima loggia situata a Perpignano, la quale, a sua volta, derivava dalla massoneria parigina. Sorta come loggia militare composta da soldati e ufficiali di una mezza-brigata di fanteria, essa riuscì poi a staccarsi dalle strutture dell'esercito e a rendersi indipendente, per subire nel 1800, al ritorno del Granduca, il sequestro degli arredi.[100] Nel giugno 1796 l'*Armée d'Italie* entrò in una Verona già mezza svuotata dall'aristocrazia, che aveva scelto di riparare altrove. La città aveva ospitato fino a poco prima il conte di Lille, fratello del decapitato re di Francia e proclamatosi Luigi XVIII, attorno al quale si era raccolta la nobiltà scaligera. I filo-rivoluzionari erano borghesi o aristocratici illuminati, come gli ufficiali dell'esercito della Serenissima Sebastiano e Leonardo Salimbeni, iscritti alla massoneria. Mantenuta formalmente in essere la sovranità della Repubblica di San Marco, nel 1796 si svolse a Verona un processo contro un gruppo di persone sospettate di giacobinismo, il cui svolgimento fu tacitamente consentito dai francesi, che per opportunità avevano abbandonato nelle mani della giustizia veneta i loro ex alleati. Tra questi vi erano il massone Luigi Campagnola e i fratelli Polfranceschi, di ceppo nobiliare, il più grande dei quali era un tenente d'artiglieria molto probabilmente iniziato.[101]

L'effimera Repubblica napoletana del 1799, che non disdegnò il ricorso alla religione per accaparrarsi le simpatie del popolo, mantenendo la cerimonia della liquefazione del sangue di San Gennaro e facendo benedire dai preti gli alberi della libertà,[102] accolse nelle sue sfere gerarchiche i massoni Carlo Lauberg, gran maestro di un ordine di sua invenzione chiamato Le colonne della democrazia,[103] Francesco Mario Pagano e Domenico Cirillo, fratelli

---

99   Carlo Francovich, *Albori socialisti nel Risorgimento*, op. cit., p. 89.

100 *Ivi,* pp. 90-91.

101 Gian Paolo Romagnani, *Dalle "Pasque veronesi" ai moti agrari del Piemonte*, in «Studi Storici», a. 39, n. 2, 1998, pp. 367-399, qui pp. 381-384.

102 John Robertson, *Enlightenment and Revolution: Naples 1799*, in «Transactions of the Royal Historical Society», v. 10, 2000, pp. 17-44, qui p. 23.

103 Renata De Lorenzo, *Lauberg (Laubert, Lambert), Carlo Giovanni*, in *Dizionario Biografico degli Italiani*, v. 62, Treccani, Roma, 2005, pp. 47-51.

nel periodo pre-repubblicano della loggia Armonia di rito inglese, da cui trassero vivo interesse per la tradizione ermetica.[104] Ambedue salirono sul patibolo nell'ottobre 1799, al ritorno del Borbone. Anche la figura femminile di maggior spicco di quell'esperienza politica, Eleonora de Fonseca Pimentel, che condivise l'amara sorte dei compagni, sarebbe stata, a detta di Benedetto Croce, «ascritta alle società massoniche, nelle quali, a Napoli e altrove, si gettarono i germi delle posteriori "società patriottiche" e delle cospirazioni repubblicane».[105]

Nel Triennio repubblicano la massoneria fu perlopiù orientata alla collaborazione con i francesi, che la sostennero e ne furono sostenuti, ma alcune sue diramazioni avversarono il rinnovato giogo straniero. Ogni velleità d'indipendenza nazionale dei patrioti italiani venne frustrata, amplificando un dissenso che prese forme clandestine. Sorsero così officine anti-bonapartiste e nacquero movimenti variamente allacciati alla galassia massonica. Sebbene la Società dei Raggi con molta probabilità non sia stata, come è stato scritto, una loggia radicale,[106] essa nondimeno rappresentò la goccia di un fiume carsico in cui confluirono vari sodalizi impegnati in una politica d'opposizione ai francesi.[107] L'organizzazione, stando a Carlo Botta, nacque nella Cisalpina del 1798 dalla volontà d'emancipazione degli italiani, desiderosi di «camminare con le proprie gambe, e por mano essi stessi a quello che per opera dei forestieri non potevano sperar di acquistare».[108] Bologna ne fu la sede principale, «e siccome da Bologna, come da centro, queste adunanze si spandevano, a guisa di raggi, tutto all'intorno negli altri paesi d'Italia, così chiamarono questa loro intelligenza Società dei Raggi».[109]

Il salto di qualità organizzativo della massoneria peninsulare coincise con il secondo e più duraturo periodo francese. Nel 1805 fu fondato a Milano, capitale del Regno Italico, il Grande Oriente d'Italia. La gran maestranza fu affidata al principe Eugenio di Beauharnais, coadiuvato da Pietro Calepio

---

104 John Robertson, *Enlightenment and Revolution: Naples 1799*, op. cit., pp. 33, 38.

105 Benedetto Croce, *La Rivoluzione napoletana del 1799. Biografie, racconti, ricerche*, Laterza, Bari, 1912, p. 24.

106 Derek Beales, Eugenio F. Biagini, *Il Risorgimento e l'unificazione italiana*, Il Mulino, Bologna, 2005, p. 42.

107 Antonino De Francesco, *L'Italia di Bonaparte. Politica, statualità e nazione nella penisola tra due rivoluzioni, 1796-1821*, Utet, Torino, 2011, pp. 157-158.

108 Carlo Botta, *Storia d'Italia dall'anno 1789 all'anno 1814*, con rettificazioni e note di Luigi Toccagni scritte per questa edizione, v. 3, Giovanni Silvestri, Milano, 1844, p. 50.

109 *Ivi*, p. 51.

e da otto grandi ispettori, tra cui Daniele Felici e Giuseppe Lechi.[110] Calepio, affiliatosi in gioventù alla loggia bergamasca L'Unione, forse istituita dal conte di Cagliostro, sarebbe stato, a detta di un dispaccio della polizia austriaca, «l'alter ego del principe Eugenio nella Gran Maestranza».[111] Come in Francia, la massoneria del neonato Regno divenne un'ossequiosa macchina del consenso nelle mani di Bonaparte, ma fortemente si legò, da allora, all'idea di nazione italiana.

Al fine di raggiungere il controllo totale sulle logge, il regime napoleonico le concentrò in zone progressivamente coincidenti con i confini dello stato, in modo non dissimile dalla prassi applicata da Giuseppe II. La libera muratoria italiana fu pertanto investita nel 1805 da un processo di parziale unificazione, ricevendo il timbro della semi-ufficialità. Poste sotto il controllo indiretto di Napoleone, le officine si trasformarono in docili strumenti della politica imperiale, luogo di fusione degli apparati militari e burocratici franco-italiani e di raccolta di una borghesia in ascesa sociale, affamata di qualifiche e riconoscimenti. Ai lavori di loggia parteciparono intendenti, notabili, intellettuali, artisti, scrittori e persino ecclesiastici, incuranti degli anatemi scagliati dalla Chiesa di Roma contro la massoneria a causa della segretezza e del giuramento di fedeltà imposti agli affiliati. Nella città lombarda sorse anche un Rito di Misraïm di sedicente origine egizia, espressione di una fascinazione orientale risalente a Cagliostro e tornata in auge dopo la spedizione in Egitto di Napoleone, durante la quale, secondo testimonianze prive di riscontri documentali, egli stesso sarebbe stato iniziato.[112]

Giunto sul trono napoletano nel 1806, Giuseppe Bonaparte, dall'anno precedente gran maestro del Grande Oriente e sovrano commendatore del Supremo consiglio di Francia, assunse la gran maestranza del Grande Oriente Napoletano, finché, cinta la corona di Spagna nel 1808, fu sostituito da Murat,[113] che pose a capo delle officine prefetti e commissari con l'intento

---

110 Franco Della Peruta, *Il mondo latomistico della Restaurazione*, in Giampietro Berti, Franco Della Peruta (a cura di),*La nascita della nazione. La Carboneria intrecci veneti, nazionali e internazionali*, Atti del XXVI Convegno di Studi Storici Crespino, Rovigo, Fratta Polesine 8-9-10 novembre 2002, Minelliana, Rovigo, 2004, pp. 9-29, qui p. 10.

111 Carlo Capra, *Calepio (Caleppio), Pietro*, in *Dizionario Biografico degli Italiani*, v. 16, Roma, Treccani, 1973, pp. 676-677, qui p. 677.

112 Aldo Alessandro Mola (a cura di), François Covalleri, *Napoleone imperatore e massone*, Firenze, Nardini, 1986, pp. 85-87.

113 Renata De Lorenzo, *Murat*, Salerno Editore, Roma, 2011.

d'ostacolarne le possibili derive anti-governative[114]. Nelle logge dei territori accorpati all'Impero e poste alle immediate dipendenze del Grande Oriente di Francia, ossia in Piemonte, Liguria, Toscana e Stati pontifici, erano specialmente in uso il Rito scozzese filosofico e il Rito moderno, mentre nel Regno Italico primeggiava il Rito scozzese antico e accettato.[115]

Nel biennio 1810-11 i fratelli italiani afferivano alle tre comunità massoniche di Milano, Napoli e Parigi, per un totale, stando a un calcolo per difetto, di circa ventimila iscritti a duecentocinquanta logge.[116] Come durante il Triennio, alla massoneria della seconda occupazione napoleonica s'affiancarono organizzazioni satelliti, connotate dalla volontà di distruggere la tirannide e sconfiggere gli usurpatori. Si pensi al costume, attestato nelle logge napoletane sin dal 1790 e passato ai settori libero-muratori radicali, di giurare su un pugnale poggiato sulle *Avventure di Telemaco* di Fénelon,[117] testo proto-illuminista del 1699 e considerato dai fratelli un'opera di culto, o, più tardi, a certi rituali carbonari in cui le figure antagonistiche di Cesare, Erode e Giuda metaforizzavano i despoti a capo dei governi restaurati.[118]

2.4 Fratelli e cugini

Dopo il Congresso di Vienna la massoneria andò rafforzandosi nei Paesi Bassi, in Danimarca, Svezia e Svizzera, ma fu duramente repressa in Spagna e in Italia.[119] Nella penisola alcune sue branche si mantennero fedeli all'Austria, memori della protezione accordata all'ordine dai sovrani di Vienna prima della tempesta rivoluzionaria. Esemplare il caso, nella Milano asburgica, del magistrato e venerabile della Reale Loggia Gioseffina

---

114 Zeffiro Ciuffoletti, *La massoneria napoleonica in Italia*, in Zeffiro Ciuffoletti, S. Moravia (a cura di), *La massoneria. La storia, gli uomini, le idee*, Mondadori, Milano, 2004, pp. 121-134, qui pp. 129-130.

115 *Ivi*, p. 126.

116 Luca G. Manenti, *Tra azione politica e cultura esoterica. Massoneria e società segrete nell'Italia dell'800*, in «Prometeo», a. 32, n. 127, 2014, pp. 92-101.

117 Gian Mario Cazzaniga, *Società segrete e massoneria nell'età della restaurazione e del risorgimento*, in Fulvio Conti, Marco Novarino (a cura di), *Massoneria e Unità d'Italia. La Libera Muratoria e la costruzione della nazione*, Il Mulino, Bologna, 2011, pp. 19-45, qui p. 26.

118 R.John Rath, *The Carbonari: Their Origins, Initiation Rite, and Aims*, in «The American Historical Review», v. 69, n. 2, 1964, pp. 353-370, qui p. 365.

119 Aldo Alessandro Mola, *Storia della Massoneria in Italia. Dal 1717 al 2018. Tre secoli di un Ordine iniziatico*, Bompiani, Milano, 2018, pp. 108-109.

Antonio Salvotti,[120] che coniugò sentimento d'italianità e fedeltà all'imperatore,[121] ma si trattò di un'anomalia tutt'altro che indicativa del nuovo corso politico. I governi restaurati della penisola proibirono l'obbedienza, costringendo i fratelli indocili all'espatrio o a forme clandestine di dissenso. Le logge cedettero il passo a società segrete che dispiegarono un'intensa pratica cospirativa, non sempre distinguendosi in modo netto dalla massoneria, da cui mutuarono rituali, codici, metodi organizzativi, talvolta i quadri dirigenti. Comparvero gruppi denominati Ermolaisti, Bersaglieri Americani, Figli di Marte, Fratelli difensori della patria, Pellegrini Bianchi, Spilla Nera, che si mossero nel soffocante clima censorio imposto dagli austriaci vagheggiando la libertà.[122] Un fermento associativo cui fecero da contraltare aggregazioni reazionarie erette in appoggio al ripristinato assolutismo. Andò così crescendo, in un'atmosfera impregnata di gusto romantico per la segretezza, un rigoglioso sottobosco di sette e contro-sette.

Beales e Biagini hanno tentato di porre ordine nella variegata costellazione di gruppuscoli fuorilegge della fase post-congressuale suddividendoli in tre categorie: i seguaci del massone Filippo Buonarroti, l'ex sodale di Gracco Babeuf nella congiura degli Eguali e leader indiscusso fino alla morte nel 1837 di una schiera d'estremisti democratici disposti a partecipare a rischiose attività insurrezionali; i carbonari con un programma moderato, che auspicavano l'adozione della costituzione di Cadice del 1812; i carbonari moderatissimi, che peroravano l'impiego di quella francese del 1814.[123] Tale schema può essere accettato solo riconoscendone l'intento tassonomico e inevitabilmente semplificativo, tanto complicata era allora la trama di combriccole aventi piani politici diversificati, che spaziavano dalla repubblica alla monarchia parlamentare, dallo stato accentrato alla federazione.

Nonostante le persecuzioni, nel Regno delle Due Sicilie resistettero sparuti focolai massonici e schegge staccatesi dalle passate logge napoleoniche. Nel quinquennio 1815-19 furono attive le logge Sapienza Trionfante e la palermitana Architettura Fiorita. In Terra d'Otranto spadroneggiarono dal 1817 i Decisi, guidati dal prete Ciro Annicchiarico, da qualcuno definito

---

120 Alberto Cesare Ambesi, *Storia della Massoneria*, De Vecchi, Milano,1971, pp. 197-198.

121 Stefan Malfèr, *Immagini dell'altro: austriaci e italiani,* in Alberto Mario Banti, Paul Ginsborg (a cura di), *Storia d'Italia. Annali,* v. 22, *Il Risorgimento,* Einaudi. Torino, 2007, pp. 825-856, qui p. 844.

122 Luca G. Manenti, *Tra azione politica e cultura esoterica,* op. cit., p. 94.

123 Derek Beales, Eugenio F. Biagini, *Il Risorgimento e l'unificazione italiana,* op. cit. p. 59.

«massone e giacobino»,[124] il quale, circondato dalla fama di negromante per la facilità con cui sfuggiva alla cattura,[125] conferì alla consorteria, dedita al brigantaggio, un'impronta militaresca e un macabro simbolismo includente teschi, tibie, tiare spezzate dal fulmine.[126] La Puglia e il Salento conobbero un'impressionante proliferazione di sette: Liberi Messapi, Liberi Dauni, Spartani della Peucezia, Cavalieri di Tebe, Seguaci di Coclite, Figli di Focione, Proseliti di Catone, Figli di Bruto.[127]

Il generale inglese Richard Church, a servizio del re di Napoli, il 13 gennaio 1818 scrisse dal quartier generale di Lecce al proprio capitano superiore, offrendo un panorama dettagliato del magma di sodalizi e camarille che aveva il compito di tener d'occhio: «L'aumento del numero del partito chiamato Carbonari coll'addizione di uomini dell'ultima classe del popolo, fu causa poi delle sue ramificazioni e della formazione di sette denominate Filadelfi, Patriotti, Liberi Europei, e per lo più in queste sette nuove furono aggregati generalmente travagliatori, artigiani e la plebe la più indigente delle campagne e delle città, insieme con molti giovani di cattiva educazione, oziosi ed ambiziosi di essere riconosciuti capi di sette misteriose. Furono pure arruolati con i medesimi un numero grande di assassini forestieri nel Regno, senza mezzi di vivere, e moltissimi de' corpi fucilieri reali, gendarmeria reale, e truppe locali di tutte le denominazioni. In queste società infami sono pure state arruolate moltissime persone dalla sola paura, intimorite dalle minaccie [sic] di assassini e capi malfattori».[128]

Nei possedimenti pontifici operarono i Concistoriali, fautori del dominio temporale in chiave anti-austriaca, i Centurioni, sorta di milizia papalina, e i membri della Costituzione latina, originatasi nel 1818 dalla fusione della carboneria con la Società Guelfa.[129] Al ritorno nella città eterna di Pio VII, la celebre statua di Pasquino, sulla quale i romani affiggevano messaggi sati-

---

124 Antonio Lucarelli, *Il brigantaggio politico del Mezzogiorno d'Italia dopo la seconda restaurazione borbonica (1815-1818). Gaetano Vardarelli e Ciro Annicchiarico*, Laterza, Bari, 1942, p. 108.

125 Charles William Heckethorn, *The Secret Societies of All Ages and Countries*, v. 2, George Redway, London, 1897, p. 181.

126 Piero Pieri, *Le società segrete ed i moti degli anni 1820-21 e 1831*, Vallardi, Milano, 1948, p. 77.

127 Luca G. Manenti, *Tra azione politica e cultura esoterica*, op. cit., p. 94.

128 Richard Church, *Brigantaggio e società segrete nelle Puglie (1817-1828)*, G. Barbera, Firenze, 1899, p. 39.

129 Luca G. Manenti, *Tra azione politica e cultura esoterica*, op. cit., pp. 94-95.

rici e di protesta, fu invasa da cartigli in cui venivano associati il passato regime a massoni ed ebrei.[130] A Viterbo, situata nel Patrimonio di San Pietro, nell'aprile del 1815, con Murat ancora in gioco, venne scoperto dalle autorità pontificie un tentativo d'allargare il numero degli aderenti alla loggia Partenopea, comprendente un sacerdote, un curato e una monaca, che, a detta degli inquisitori, era stata sedotta da uno dei religiosi e da lui convertita «al massonismo».[131] In un rapporto confidenziale alla polizia del 1817 l'ex cospiratore Michele Mallio asserì che, insieme a carbonari e guelfi, tramavano a sconvolgere l'Italia «molti Massoni, soprattutto in Roma, Perugia, Fermo, Ferrara, Bologna, ma ora sono inoperosi e rimangono come un venerabile avanzo di antichità per i suoi ammiratori».[132]

Il 13 settembre 1821, a quattordici mesi di distanza dal moto napoletano acceso da un gruppo di soldati iscritti alla vendita di Nola, Pio VII emanò la bolla *Ecclesiam a Jesu Christo*, in cui lanciava un anatema contro le società segrete, accusate di pervertire l'uomo allontanandolo dalla retta via. Il documento era stato ispirato, e ottenuto dopo prolungate pressioni, dal principe di Metternich, il regista del Congresso viennese, che sperava di eliminare la carboneria usando la forza morale della Chiesa a complemento della forza militare austriaca, usata con successo l'anno precedente per reprimere i costituzionalisti napoletani. Dovendo individuare una colpa di tipo spirituale e non semplicemente politica che giustificasse la sanzione pontificia, la bolla denunciava i blasfemi rituali carbonari, che affettavano uno zelo straordinario per la religione cristiana ma sbeffeggiavano Gesù, chiamato, con termine preso a prestito dal linguaggio massonico, il gran maestro della loro società.[133]

Seguì nel 1825 la condanna di Leone XII con la *Quo graviora*, in cui affermò essergli noto che facevano «progressi amplissimi» e giorno per giorno si rinforzavano «alcune società, ceti, adunanze, unioni, congreghe, o combriccole, comunemente dette *de' Liberi Muratori*, o *Francs-Maçons*»,

---

130 Giuseppe Tambara, *La lirica politica del Risorgimento italiano (1815-1870)*, Dante Alighieri, Roma-Milano, 1909, p. 452.

131 Claudio Canonici, *Opposizione e coscienza politica nella Viterbo della Restaurazione*, in «Studi Storici», a. 33, n. 4, 1992, pp. 881-905, qui p. 883.

132 Domenico Spadoni, *Sette, cospirazioni e cospiratori nello Stato pontificio all'indomani della Restaurazione. L'occupazione napoletana la Restaurazione e le sette*, Casa editrice nazionale Roux e Viarengo, Torino-Roma, 1904, pp. CIII-CIV.

133 Alan Reinerman, *Metternich and the Papal Condemnation of the* Carbonari, 1821, in «The Catholic Historical Review», v. 54, n. 1, 1968, pp. 55-69.

usi a ritrovarsi di nascosto, come si addiceva ai delinquenti, giacché, se non avessero operato il male, di certo non avrebbero odiato «a sì alto segno la luce».[134] In novembre vennero giustiziati a Roma Angelo Targhini, capo di una vendita, e Leonida Montanari, che secondo cronache non confermate avrebbe gridato dal patibolo: «Muoio innocente, frammassone, carbonaro e non pentito».[135] La massoneria giocò un ruolo cruciale nei moti verificatesi nel febbraio 1831 in una città delle Legazioni pontificie: Bologna. Stando ai verbali di polizia, alla sommossa parteciparono trentanove fratelli, per la maggior parte notabili appartenenti alle quattro logge cittadine.[136]

La Toscana rimase teatro di una tenue presenza massonica. A Portoferraio, Lucca, Massa e Carrara le officine, pur tra mille difficoltà, non scomparvero completamente dall'orizzonte cittadino, mentre a Livorno furono erette, nell'ordine, una loggia per merito di Pietro Pensa nel 1817, una vendita carbonara nel 1818 e, quindici anni dopo, una famiglia di Veri Italiani, organizzazione promossa a Parigi da Buonarroti e ispirata a un radicale programma sociale di derivazione babuvista.[137] Gli Statuti generali della Società dei Veri Italiani abbandonavano gli equipaggiamenti mistici della massoneria e della carboneria a favore di un'esposizione palese degli intenti, accogliendo la riforma dei meccanismi cospiratori promossa dalla Giovine Italia. I Veri Italiani, tuttavia, si discostavano dall'associazione mazziniana e calcavano sulla necessità di raggiungere un governo democratico in cui vigesse l'uguaglianza perfetta dei cittadini: una parità non solo giuridica, dunque, ma reale e assoluta.[138]

Alcune società segrete adottarono uno schema ideologico ereditato dagli Illuminati di Baviera, gruppo para-massonico fondato a Ingolstadt nel 1776 da Adam Weishaupt. Rappresentata in Italia dal napoletano Costanzo di

---

134 *Bolla del Sommo Pontefice Leone XII colla quale si condannano le Sette segrete e clandestine*, in *Collezione degli Atti emanati dopo la pubblicazione del Concordato 1818. Parte quarta*, Tipografia nella Pietà de' Turchini, Napoli,1829, pp. 79-122, qui pp. 81-82.

135 Roberto de Mattei, *Le società segrete nella Rivoluzione Italiana*, in Massimo Viglione (a cura di) *La rivoluzione italiana. Storia critica del Risorgimento*, Il Minotauro, Roma, 2001, pp. 127-151, qui p. 130.

136 Alessandro Boselli, *Massoneria e sette segrete a Bologna nel Risorgimento*, in Giovanni Greco (a cura di), *Bologna massonica. Le radici, il consolidamento, la trasformazione*, Clueb, Bologna, 2007, pp. 127-142, qui pp. 134-135.

137 Carlo Francovich, *Albori socialisti nel Risorgimento*, op. cit., pp. 139-140.

138 *Ivi*, p. 124.

Costanzo[139] e dal bolognese Alessandro Savioli Corbelli, che tentò d'impiantare a Trento il germe del patriottismo italiano facendo leva sulle logge,[140] la setta professava le idee egualitarie e il naturalismo rousseauniano, fondamenti filosofici che avrebbero dovuto essere lentamente assimilati dagli adepti tramite rivelazioni successive, secondo un paradigma classico di trasmissione dei saperi che connotò i circoli iniziatici dal Settecento in avanti.[141] Le stesse associazioni buonarrotiane contemplavano al primo livello gerarchico la prospettiva della legge agraria, al grado intermedio insegnavano l'ideale repubblicano, all'ultimo esaltavano il tirannicidio e la comunione dei beni. Sparse cellule legate agli Illuminati riuscirono ad attraversare indenni la parentesi francese, costituendo il ceppo da cui sbocciarono i Filadelfi, forti di un ricco patrimonio ideologico all'insegna della ribellione. Il loro nome s'ispirava a una delle sette Chiese d'Asia dell'Apocalisse, considerata da San Bonaventura segnacolo di nuovi tempi e interpretata in tono millenaristico da una lunga schiera di eretici. Riapparsa nell'Inghilterra rivoluzionaria del Seicento, la dicitura «Filadelfi» fu adottata nel 1780 da una loggia francese occultista e rosacrociana, giungendo infine a indicare un ramo del convulso associazionismo risorgimentale.[142]

La Filadelfia si fuse nell'Adelfia, promossa in Italia da Luigi Angeloni[143] e guidata, tra gli altri, dal massone Alessandro de Rege conte di Gifflenga.[144] L'Adelfia confluì nei Sublimi Maestri Perfetti, che in un congresso svoltosi nel 1818 ad Alessandria si proposero come organo referente per tutte le conventicole spuntate nella penisola. Il congresso alessandrino vide la nascita dei Federati, i quali, secondo una relazione anonima giunta all'Imperial Regio Governo della Lombardia nell'aprile 1821, aspiravano alla creazione di una federazione italica suddivisa in tre regni collegati. Vi appartenne Federico Confalonieri, in passato tra gli Italici Puri, iniziato massone nel 1818

139 Gianluca Paolucci, *Illuminismo segreto. Storia culturale degli Illuminati*, Bonanno, Roma, 2016, p. 157.

140 Furio Bacchini, *La vita rocambolesca del conte Alessandro Savioli Corbelli (1742-1811)*, Pendragon, Bologna, 2011, pp. 216-223.

141 Luca G. Manenti, *Tra azione politica e cultura esoterica*, op. cit., p. 95.

142 Giorgio Galli, *Introduzione*, in *Esoterismo e rivoluzione (1789-1870)*, Edizioni Della Lisca, Milano,1992, pp. 7-13, qui pp. 8-9.

143 Armando Saitta, *Momenti e figure della civiltà europea. Saggi storici e storiografici*, v. 2, Edizioni di Storia e Letteratura, Roma, 1991, p. 899.

144 Piero Crociani, *Gifflenga, Alessandro de Rege conte di*, in *Dizionario Biografico degli Italiani*, v. 54, Treccani, Roma, 2000, pp. 637-640.

in Inghilterra su invito del duca di Sussex, fratello di re Giorgio III.[145] I Sublimi Maestri Perfetti si articolavano in sinodi e sottostanti chiese, collegate a logge massoniche che fungevano da centri di reclutamento. Dipendenti da un Gran Firmamento con basi direttive a Parigi e Ginevra, capeggiati in Italia da Michele Gastone e Gaspari Grandi,[146] essi accolsero al proprio interno coloro che avevano raggiunto i più alti gradi in massoneria o in carboneria, i cui debiti simbolici e liturgici verso le logge furono indubbi, per quanto collocati in una sobria cornice narrativa d'impianto cristologico.[147]

Il senso d'appartenenza spirituale all'Italia, che in età napoleonica aveva trovato nei templi massonici un luogo privilegiato d'elaborazione, venne in seguito abbracciato da uomini iscritti alla carboneria, le cui vere origini rimangono coperte da una nebbia infittita da vari miti di fondazione: creata in età arcaica da Filippo di Macedonia, nel medio evo tedesco o francese, nelle isole britanniche da massoni scozzesisti, la leggenda più comune associava il sodalizio alla figura di San Teobaldo, che l'avrebbe fondato in Svizzera per soccorrere viaggiatori e pellegrini.[148] Una linea storiografica non universalmente accettata ha individuato nella carboneria degli albori, oppositrice del cesarismo napoleonico, la *longa manus* degli anglo-borbonici nei loro intrighi per sovvertire il potere dei transalpini, scopo che tentarono di realizzare impugnando, insieme, l'arma del brigantaggio.[149] Alla caduta dei francesi, essa si sarebbe affermata come la principale fautrice di un costituzionalismo che spaziava tra i due poli della repubblica democratica e della monarchia liberale.

La tesi dell'origine borbonica della carboneria è stata sostenuta da Giuseppe Pecchio, alias Androfilo Filoteo, in un *Catechismo italiano* pubblicato nel 1830 nella finta città di Filadelfia, in realtà Lugano. Il testo, che affidava

---

145 Franco Molinari, *Il "fratello" Federico Confalonieri e il "buon cugino" Pellico*, in Aldo Alessandro Mola (a cura di), *Sentieri della libertà e della fratellanza ai tempi di Silvio Pellico*, Bastogi, Foggia,1994, pp. 89-99, qui p. 94.

146 Cesare Spellanzon, *Storia del Risorgimento e dell'Unità d'Italia*, v. 2, *Da dopo i moti del 1820-21 alla elezione di Papa Pio IX (1846)*, Rizzoli, Milano, 1934, p. 220.

147 Carolina Castellano, *Segreto e società segrete*, in Alberto Mario Banti, Antonio Chiavistelli, Luca Mannori, Marco Meriggi (a cura), *Atlante culturale del Risorgimento. Lessico del linguaggio politico dal Settecento all'Unità*, Laterza, Roma-Bari, 2011, pp. 176-186, qui p. 180.

148 R. John Rath, *The Carbonari*, op. cit, pp. 353-354.

149 Angela Valente, *Gioacchino Murat e l'Italia Meridionale*, Einaudi, Torino, 1965, pp. 107-128.

la guida del movimento d'unificazione ai Savoia, aveva la forma del dialogo. Alla domanda se la costituzione fosse opera «dei Carbonari, i quali si sa che sono ribelli, atei e quasi quasi filosofi e filantropi», l'interlocutore rispondeva che essi «vennero alla luce verso il 1807 in Sicilia ed ebbero per padrini una Regina ed un Cardinale». Il rimando era a Maria Carolina d'Asburgo Lorena, moglie di Ferdinando IV, spodestato dai giacobini partenopei nel 1799, e al cardinale Fabrizio Ruffo, che represse la Repubblica con l'ausilio dell'esercito della Santafede. I carbonari, continuava lo scritto, incoraggiati dagli inglesi a combattere il partito francese, «furono nemici di Giuseppe Bonaparte e di Gioachino Murat quando sedevano sul trono di Napoli, come professano di essere nemici di qualunque straniera potenza che pretenda signoreggiare l'Italia».[150]

In un testo risalente al 1848, continuamente riscritto e ripubblicato con aggiunte e correzioni,[151] Atto Vannucci descrisse il mutamento d'identità della carboneria italiana da anti-francese ad anti-borbonica, alla costante ricerca di forme di libertà conculcate dai detentori del potere: «Napoleone che poteva renderci grandi e felici, preferì di avere in noi sudditi malcontenti, anziché amici devoti. [...] Gli amatori di repubblica odiando qualunque dominazione straniera, si ritirarono sui monti dell'Abruzzo e delle Calabrie, ed ivi intenti a cospirare contro i re dettero principio alla setta dei Carbonari, la quale presto divenne potentissima»; tanto potente da esser guardata con crescente simpatia dai rivali dei francesi: «Gl'Inglesi che stavano in Sicilia a difesa di Ferdinando Borbone si rallegrarono appena ebber sentore della mala contentezza che in ogni parte del regno di Napoli nasceva contro i Francesi. Si rallegrarono dei sentimenti che animavano la setta dei Carbonari, e con essi fecero pratiche, e promisero loro una costituzione, se si adoprassero a distruggere i presenti ordini, e a richiamare il re antico».[152] Ripreso possesso del trono, «i Borbone non che dar sostegno e favore a chi avea cooperato al loro ritorno e alla rovina dei loro nemici, non che dare la Costituzione promessa, si mostrarono pronti a punire chi

---

150 Androfilo Filoteo, *Catechismo italiano ad uso delle scuole, dei caffè, delle botteghe, taverne, bettole e bettolini ad anche del casino dei nobili e semminarj*, Filadelfia, 1830, ristampato in Paolo Bernardelli (a cura di) *Giuseppe Pecchio, Scritti politici*, Istituto per la Storia del Risorgimento Italiano, Roma, 1978, pp. 545-566, qui p. 560.

151 Fulvio Conti, *Italia immaginata. Sentimenti, memorie e politica fra Otto e Novecento*, Pacini, Ospedaletto, 2017, pp. 66-79.

152 Atto Vannucci, *I martiri della libertà italiana dal 1794 al 1848*, Le Monnier, Firenze, 1860, pp. 138-139.

di libertà parlasse o pensasse. I Carbonari allora cominciarono a cospirare contro i Borboni di Napoli, come contro gli altri principi cospiravano negli altri stati d'Italia».[153]

Se, secondo un'ulteriore tradizione di studi, la carboneria promanò dalle logge inglesi col supporto degli Illuminati stanziati nel Mezzogiorno, un filone interpretativo allineato sulla tesi di Luzio ha visto un passaggio di consegne netto e definitivo tra la declinante massoneria e la sorgente carboneria, mentre una terza corrente storiografica ha giudicato quest'ultima una costola dell'armata francese stanziata nel sud d'Italia. L'artefice del suo innesto nello spazio della sociabilità meridionale è stato indicato nell'ex giacobino e libero muratore Pierre Joseph Briot, il quale, dissentendo dal suo imperatore, fu un partigiano dell'unificazione della penisola.[154] Sebbene l'origine francese della setta sia solo una delle ipotesi plausibili, il ruolo di Briot rivelerebbe l'osmosi che informò i rapporti tra massoneria e carboneria, tanto che gli iscritti alla prima venivano cooptati nella seconda per votazione, senza le prove sottoposte agli ordinari candidati. Una commistione che nel 1942 fu confermata, ma inserita in un quadro di rapporti capovolti fra potere politico e società iniziatiche, da Ettore Fabietti, il quale affermò che i verbali della commissione istituita da Giuseppe Bonaparte nel 1806 per prevenire i moti reazionari nel Regno di Napoli, conservati negli archivi cosentini, recavano in calce le firme dei membri seguite talvolta dai tre punti massonici a triangolo, talaltra dai punti allineati dei carbonari.[155]

Felice Foresti, buon cugino[156] dal 1817, in un interrogatorio subito tre anni dopo asserì che la carboneria era «una riforma della Massoneria, originata in Napoli in epoca molto remota», mentre nei *Ricordi* specificò la composizione sociale delle vendite: «nobili, moltissimi del ceto medio (cittadini), cioè medici, legali, preti, ingegneri e proprietari; mercadanti e preti formavano la minorità. Fra gli ufficiali della dispersa armata di Napoleone vi era-

---

153 *Ivi*, p. 140.

154 Francesco Mastroberti, *Mimetismo o conversione? Pierre Joseph Briot da giacobino a funzionario napoleonico*, in Luigi Mascilli Migliorini (a cura di), *Nelle Province dell'Impero. Colloquio internazionale in occasione del bicentenario della nascita di Victor Hugo*, Centro di Ricerca Guido Dorso, Annali 2000-2002 (VIII), Edizioni del centro G. Dorso, Avellino, 2007, pp. 133-151.

155 Ettore Fabietti, *I carbonari*, Ispi, Milano, 1942, p. 43.

156 Così si chiamavano fra loro gli iscritti alla carboneria, mentre "vendita" era il nome del gruppo che insieme formavano.

no migliaia di Carbonari .... E la massima parte era di soldati graduati».[157] Chi ha insistito sulle origini autoctone della carboneria italiana ne ha fatto risalire gli inizi alle associazioni di venditori di carbone calabresi e abruzzesi, oppure a una setta semi-massonica sorta nel Settecento su iniziativa della famiglia Pignatelli, o, ancora, promossa dalla regina Maria Carolina al fine di sabotare il regime francese a Napoli.[158]

Le fonti giudiziarie ottocentesche sottolineavano a ogni piè sospinto le parentele tra massoneria e carboneria. Durante un processo a un gruppo di sediziosi svoltosi a Macerata nel 1817, Luigi Domenico Valentini, compromesso nei fatti, affermò, incalzato dai magistrati, che le due organizzazioni avevano un unico traguardo, consistente «nella distruzione di tutti i sovrani, nell'annientamento della religione cattolica, e nella distruzione del pretismo».[159] Valentini millantava, ma simili esternazioni esasperavano i timori dei poteri costituiti, tanto che nel 1824 Francesco IV di Modena emanò un decreto, definito «un vero capolavoro» dalla rivista dei gesuiti «Civiltà Cattolica»,[160] in cui venne espressa una ferma condanna contro le molte congreghe di recente istituzione, ritenute, al di là dei diversi titoli e dei superficiali distinguo, manifestazioni di un'unica massoneria rinnovata: «Che tutte queste sette non sono che emanazioni della preesistente setta dei Franchi Massoni, o liberi Muratori, la quale giudicando che il mondo fosse abbastanza imbevuto del veleno anti-cristiano, e anti-sociale, che essa da tanto tempo andava insinuando di nascosto negli animi, credette giunto il momento di poter finalmente compiere il suo gran progetto di rovesciare ogni Autorità Ecclesiastica e secolare; ed immaginò a tal fine di dare diversi nomi, diversi segni, diversi emblemi a quelli fra i suoi rami subalterni, che destinava ad una attività che poteva compromettere il segreto; affinché se taluno di essi, mal riuscendo nell'intento, provocasse contro di sé la severità delle leggi e l'indegnazione [sic] delle oneste persone, l'effetto se ne limitasse al solo ramo colpito, e non si propagasse alla

---

157 Dino Felisati, *I dannati dello Spielberg. Un'analisi storico-sanitaria*, FrancoAngeli, Milano, 2011, p. 21.

158 R. John Rath, *The Carbonari*, op. cit., p. 355.

159 Gian Pio Mattogno, *La rivoluzione borghese in Italia. Dalla restaurazione ai moti 1831*, All'insegna del Veltro, Parma, 1993, p. 157.

160 «La Civiltà Cattolica», v. X della serie quinta, 1861, *Rivista della stampa italiana, I. Documenti riguardanti il Governo degli Austro-estensi in Modena dal 1814 al 1859, pubblicati per ordine del (Dottor Luigi Farini) Dittatore delle Provincie modenesi—Modena 1860, vol. 2 in 8°*, pp. 194-212, qui p. 202.

gran radice, ascosa tra le più dense tenebre amiche sempre dell'inganno e del delitto».[161]

Nonostante le similitudini e il ricorrente accostamento nelle fonti (e nel «senso comune» della gente, captato da Gioacchino Belli e da lui messo in versi nel 1838: «Chiameli allibberali, o fframmassoni, / O ccarbonari, è ssempre una pappina: / È ssempre canajjaccia ggiacubbina»),[162] massoneria e carboneria non erano la stessa cosa: laboratorio culturale che assunse forme diverse nel tempo e nello spazio la prima, strumento d'intervento politico geograficamente e cronologicamente ben localizzato la seconda.[163] Lo stesso problema della composizione della carboneria ha diviso gli storici: chi l'ha giudicata «l'embrionale organizzazione politica della borghesia costituzionale meridionale», che «pur subendo il fascino del rituale massonico, fu cosa diversa dalla Massoneria»,[164] chi un pollone massonico finalizzato all'accoglimento di appartenenti agli strati popolari precedentemente esclusi dalle officine.[165]

Al di là delle discussioni, è certo che l'incidenza della massoneria all'interno del movimento nazionale e il suo peso nella trama di sette, vendite e conventicole segrete che pullularono nella penisola è stata in larga misura indiretta e ugualmente fondamentale, estrinsecandosi su tre livelli. Primo, la ritualistica: la carboneria è stata giustamente considerata, sotto l'aspetto cerimoniale, una sorta di massoneria rivisitata, protesa a incontrare il gusto delle masse cattoliche attraverso l'enfasi posta sulla figura di Cristo, grande architetto dell'universo.[166] Una rielaborazione insomma, non l'invenzione si badi, del filone culturale del cristianesimo esoterico da sempre interno alla tradizione libero-muratoria.[167] Secondo, la prassi organizzativa: furono

---

161 *Ivi*, p. 203.

162 Giorgio Vigolo (a cura di), *Giuseppe Gioachino Belli, Sonetti*, A. Mondadori, Milano, 1994, p. 554.

163 Anna Maria Isastia, *Massoneria e carboneria*, in Giampietro Berti e Franco Della Peruta (a cura di), *La nascita della nazione. La Carboneria intrecci veneti, nazionali e internazionali*, op.cit., pp. 35-50, qui p. 35.

164 Franco Della Peruta, *La Massoneria in Italia dal Risorgimento alla Grande Guerra (1859-1915). Dalla Restaurazione all'Unità*, in Aldo Alessandro Mola (a cura di), *La Massoneria nella storia d'Italia*, Atanòr, Roma, 1981, pp. 61-67, qui p. 63.

165 Gian Mario Cazzaniga, *Origini ed evoluzioni dei rituali carbonari italiani, in Storia d'Italia. Annali, v. 21: La Massoneria*, a cura di Id., Einaudi, Torino, 2006, pp. 565-566.

166 R.John Rath, *The Carbonari*, op. cit., pp. 359, 365.

167 Gian Mario Cazzaniga, *La religione dei moderni*, Ets, Pisa, 1999, p. 236.

singoli elementi massonici che passarono il testimone a una generazione di *homines novi* che si avvicinava alla politica per mezzo degli strumenti e dei dispositivi simbolici elaborati da coloro che avevano militato nelle logge. Terzo, la formazione sociale: oltre a segni, codici e schemi di riferimento, fu una parte degli stessi fratelli a trasmigrare da spazi associativi in crisi a nuove forme di cospirazione, generando intricati sistemi d'appartenenze successive e talvolta simultanee.[168]

Nonostante le precarie condizioni in cui versavano, le logge superstiti fomentarono i timori dei contro-rivoluzionari. Allo scopo di debellare dal Regno delle Due Sicilie carboneria e massoneria, il principe di Canosa, ministro di polizia di Ferdinando I di Borbone, araldo di una concezione teocratica della società e convinto anti-massone,[169] fondò la Società dei Calderari, legittimista e conservatrice, detta «del contrappeso» perché determinata ad arginare la presenza delle società liberali. Formata da reduci sanfedisti, essa si rese protagonista di episodi di così feroce repressione da indurre gli ambasciatori d'Austria e Russia a chiederne lo scioglimento. Comprendente i tre gradi di amico cavaliere, principe e gran principe, il suo emblema era la caldaia che consuma il carbone, esplicita allusione alla lotta accanita contro la carboneria.[170] Nel 1821 il democratico Orazio De Attellis indicò in Sicilia le scaturigini della società «denominata de' calderaj, che tra lor chiamavansi Cavalieri, ed i quali facean subire agl'iniziandi la filantropica pruova di pugnalar la carne fresca di un animale, e di mangiarne un pezzettino, simboleggiando la virtuosa carneficina a farsi de' carbonari e de' massoni».[171]

2.5 Nei moti e nelle rivoluzioni

Tra il 1819 e il 1820 la languente massoneria fu oggetto di un fallimentare tentativo di riforma da parte di un gruppo di liberali guidati da Francesco Saverio Salfi, in passato consigliere di Murat, professore uni-

---

168 Vincenzo Francia, *Il mito dell'empietà. Chiesa e Massoneria*, Tip. Forense, Napoli, 1946; Antonio Celotti, *La massoneria in Friuli. Prime ricerche sulla sua esistenza e influenza*, Del Bianco, Udine, 2006.

169 Nicola Del Corno, *Italia reazionaria. Uomini e idee dell'antirisorgimento*, Bruno Mondadori, Milano, 2017, pp. 24-45.

170 Piero Pieri, *Le società segrete ed i moti degli anni 1820-21 e 1831*, op. cit., p. 75.

171 Emilio Gin, *Sanfedisti, Carbonari, Magistrati del Re. Il Regno delle Due Sicilie tra Restaurazione e Rivoluzione*, Libreria Dante & Descartes, Napoli, 2003, p. 42.

versitario a Parigi e autore del volume, pubblicato con i tipi del Grande Oriente d'Italia nell'anno massonico 5811 (in realtà 1811), *Della utilità della Franca Massoneria sotto il rapporto filantropico e morale*. Il piano era di sfrondare l'istituzione dalla pletora di decorazioni e formule ampollose che ne appesantivano la struttura, dandole un carattere nazionale e un ruolo direttivo nella battaglia per il raggiungimento dell'unità sotto un sistema monarchico-costituzionale.[172]

Il confuso quadro settario italiano subì una decisiva trasformazione nel 1831 grazie a Giuseppe Mazzini, che fondò la Giovine Italia imprimendovi i tratti di un moderno partito politico di stampo democratico-repubblicano, con un programma pubblico e un'articolazione territoriale ordinata, superando i deludenti schemi del carbonarismo e del giacobinismo.[173] Riflettendo sulle esperienze negative dei moti del 1820-21 e del 1831, dal carattere strettamente elitario, Mazzini giunse alla conclusione che il popolo, attratto nella lotta di liberazione nazionale dalla promessa di un soddisfacimento delle sue esigenze materiali, avrebbe dovuto essere condotto alla realizzazione di un riscatto politico e sociale dal ceto medio, cui spettava il compito di rinunciare ai privilegi per favorire la fusione delle classi.

Egli narrò nelle note biografiche di essere stato maldestramente creato massone, senza averlo richiesto, da Francesco Antonio Passano nell'occasione di un incontro avvenuto nel 1830 nelle carceri savonesi. Iniziazione irrituale, dunque, priva di validità.[174] Mazzini, figlio di padre massone,[175] tenne discorsi alla *Freemason's Tavern* di Londra e accettò tutte le onorificenze ad honorem conferitegli dalle logge italiane,[176] rifiutando tuttavia d'assumere cariche direttive[177]. Il convincimento di Luzio dell'esistenza di «uno stacco completo, un incolmabile abisso tra la M.[assoneria] e Giuseppe Mazzi-

---

172 Franco Della Peruta, *Francesco Saverio Salfi e un progetto di riforma della massoneria italiana nei primi anni della restaurazione*, in *Storia della massoneria, testi e studi 2*, Edi. Ma., Torino, s.d., pp. 61-73.

173 Giovanni Belardelli, *Mazzini*, Il Mulino, Bologna, 2010.

174 Fulvio Conti, *Mazzini massone? Costruzione e fortuna di un mito*, in «Memoria e Ricerca», n. 21, 2006, pp. 157-175.

175 Augusto Comba, *L'influenza di Giuseppe Mazzini nella massoneria italiana*, in «L'Ipotenusa», quinta serie, n. 24, 2011, pp. 3-11.

176 Franco Della Peruta, *I democratici e la rivoluzione italiana*, Milano, Feltrinelli, 1974, p. 262.

177 Aldo Alessandro Mola, *Storia della Massoneria in Italia*, op. cit., p. 151.

ni», era perciò dettato da preconcetto, da profonda idiosincrasia verso la fratellanza.[178]

Moltissimi furono i discepoli massoni del cospiratore ligure, simpatizzante teosofo e uomo dagli eterodossi interessi filosofici.[179] La Giovine Italia riuscì a intercettare le esigenze di vari strati sociali, dalla media borghesia al basso popolo, fornendo un modello per sodalizi concorrenti. Tra questi, i Figliuoli della Giovane Italia di Benedetto Musolino, che, sebbene misconosciuti da Mazzini per l'ateismo e l'accento comunistico che ne colorava i catechismi, rappresentarono una filiazione spuria sia della carboneria, di cui ripresero l'immaginario simbolico comprensivo di teschi e vessilli neri, sia della Giovine Italia, condividendone l'ambizione a conquistare la libertà senza l'aiuto straniero.[180]

All'esperienza mazziniana fece riferimento la Legione Italica di Nicola Fabrizi, creata a Malta nel 1838 ed autoelettasi centro operativo militare della Giovine Italia, ma ostracizzata dal genovese perché propensa a concentrare uomini ed energie al sud piuttosto che al nord; in particolare in Sicilia, ritenuta un terreno rivoluzionario più fertile.[181] Sul solco dell'insegnamento di Mazzini si posero i fratelli Bandiera, che nel 1840 inaugurarono l'Esperia, unitaria, repubblicana ma aperta all'ipotesi monarchica, refrattaria ad affiliare i ceti popolari e innervata da una concezione religiosa della politica.[182] Nella Giovine Italia confluirono gli elementi di maggior spicco tra gli Apofasimeni. Sorti in Belgio negli anni Venti su iniziativa dell'instancabile Buonarroti e diffusi nella penisola da Carlo Bianco di Saint-Jorioz, essi rivendicavano un'Italia unita, indipendente e repubblicana, condividendo pienamente il programma politico di Mazzini, egli stesso accolto col nome di Trasea Peto e il grado di centurione, essendo la struttura del sodalizio calcata sulla gerarchia militare romana.[183]

---

178 Alessandro Luzio, *La Massoneria sotto il Regno Italico e la Restaurazione austriaca*, Cogliati, Milano, 1918, p. 40.

179 Cesare Vetter, Andrea Stefanel, *Giuseppe Mazzini. Felicità, reincarnazionismo e sacralizzazione della politica*, in «Contemporanea», a. XIV, n. 1, 2011, pp. 5-32.

180 Christopher Duggan, *La forza del destino. Storia d'Italia dal 1796 a oggi*, Laterza, Roma-Bari, 2008, p. 159.

181 Franco Della Peruta, *Mazzini e i rivoluzionari italiani. Il "partito d'azione" 1830-1845*, Feltrinelli, Milano, 1974, pp. 278-314.

182 *Ivi*, pp. 371-372.

183 Giorgio Candeloro, *Storia dell'Italia moderna*, v. 2, *Dalla restaurazione alla Rivoluzione nazionale*, Feltrinelli, Milano, 1958, p. 200.

Ampie erano però le divergenze tra Buonarroti e Mazzini, il quale, coerente con una visione mistico-religiosa del popolo come aggregato, rifiutò lo scontro tra classi, sebbene nella Giovine Italia militassero Bianco e La Cecilia, seguaci del verbo egualitario. Il primo, autore nel 1830 di un trattato che fece scuola, *Della guerra nazionale d'insurrezione per bande applicata all'Italia*, membro della giunta centrale della Giovine Italia con lo pseudonimo di Ghino di Tacco, tra i firmatari dell'atto costitutivo, tre anni dopo, della Giovine Europa e, a detta di Mazzini, lucido «terrorista»,[184] prese parte a numerose insurrezioni prima di suicidarsi a Bruxelles nel 1843.[185]

All'arcipelago associazionistico pre-unitario parteciparono le logge Peucezia di Bari, Arena di Verona, Liberati di Occhiobello, Stella folgorante di Venezia,[186] Fermezza di Perugia. Mancò però alla nebulosa massonica comunanza organizzativa, mentre i patrioti in esilio erano spesso accolti in Orienti stranieri, europei o americani. A metà secolo si concentravano a Lima massoni italiani alle dipendenze della Gran Loggia del Perù. Lo stesso Garibaldi era stato iniziato nel 1844 a Montevideo nella loggia L'Asil de la Vertud, venendo poi regolarizzato presso Les Amis de la Patrie all'obbedienza del Grande Oriente parigino. Entrato nel 1835 nella Giovine Europa, il Nizzardo si sarebbe poi allontanato dalle orme di Mazzini per volgersi alle utopie del socialismo umanitario. Prima del rientro in Italia nel 1854, Garibaldi frequentò a New York il massone Antonio Meucci, con cui visitò la loggia Tompkins a Staten Island. A Londra stabilì relazioni con i rivoluzionari Herzen, Kossuth, Pulzsky e con gli esuli anti-bonapartisti francesi.

Il generale intraprese in Italia una folgorante carriera massonica: giunto agli alti livelli del Rito scozzese e della massoneria egizia, insignito del titolo altisonante, creato appositamente per lui e mai più assegnato, di «primo libero muratore italiano», eletto nel 1862 gran maestro del Supremo consiglio del rito scozzese palermitano e assurto nel 1864 alla guida del Grande Oriente d'Italia, l'eroe dei due mondi interpretò la massoneria quale mezzo per agglutinare i dispersi rivoli del democratismo italiano, fonte d'ispirazione per il progetto di lotta per l'indipendenza delle nazionalità oppresse, per la

---

184 Cesare Vetter, *Dittatura rivoluzionaria e dittatura risorgimentale nell'Ottocento italiano: Carlo Bianco di Saint-Jorioz e Benedetto Musolino*, in «Il Risorgimento», a. 49, n. 1-2, 1997, pp. 5-51, qui p. 15.

185 Franco Della Peruta, *Bianco, Carlo Angelo, conte di Saint-Jorioz*, in *Dizionario Biografico degli Italiani*, v. 10, Treccani, Roma, 1968, pp. 226-229.

186 Rosario Francesco Esposito, *La massoneria e l'Italia dal 1800 ai nostri giorni*, Paoline, Roma, 1969, p. 106.

fondazione di istituti d'arbitrato capaci di dirimere pacificamente le frizioni fra stati, per il disarmo generale, per la fratellanza universale.[187] Mazzini e Garibaldi sono solo i più noti esempi di patrioti che spesero parte della vita all'estero, nodi di una rete di esuli che, pieni d'esperienza, portarono linfa ai dibattiti sull'indipendenza italiana e alla creazione di un'ideologia liberale nient'affatto succube dei modelli internazionali.[188]

Fallita la rivolta anti-borbonica di Gerace del 1847, alla quale parteciparono patrioti calabresi sia mazziniani che massoni,[189] la penisola conobbe una reviviscenza libero-muratoria nel 1848, quando più di un fratello salì sulle barricate. L'8 gennaio, quattro giorni prima dello scoppio del moto palermitano, il massone Rosario Bagnasco fece circolare dei proclami in cui preannunciò l'inizio della rivoluzione nel giorno genetliaco di Ferdinando II. In significativa concomitanza con la rivolta vennero edificate la loggia I Rigeneratori del 12 gennaio 1848, una Gran Loggia Nazionale di Sicilia e l'officina napoletana i Partenopei Risorti, titolo che, evocando la resurrezione della massoneria napoletana in quel frangente, indirettamente ne attestava la precedente scomparsa.[190]

Tra i massoni che in agosto impugnarono le armi per difendere Bologna dagli austriaci vi fu Gioacchino Napoleone Pepoli, al comando della Guardia Civica che sconfisse le armate del generale Welden.[191] Il governo formato il 10 marzo 1849 da Pio IX vide la presenza, in qualità di ministro, dell'iniziato Giuseppe Galletti, in seguito divenuto presidente dell'assemblea costituente della Repubblica romana.[192] In *Storia della rivoluzione di Roma*, redatta tra il 1868 e il 1870, il filo-ecclesiastico Giuseppe Spada imputò la rivolta quarantottesca a un complotto d'immense proporzioni, cui avrebbero partecipato «gli illuminati di Germania, i filosofi di Francia ed i liberi muratori di tutto il mondo» insieme «ai carbonari d'Italia sorti nel secolo

---

187 Fulvio Conti, *Il Garibaldi dei massoni. La libera muratoria e il mito dell'eroe (1860-1926)*, in «Contemporanea», a. 11, n. 3, 2008, pp. 359-395.

188 Maurizio Isabella, *Risorgimento in esilio. L'internazionale liberale e l'età delle rivoluzioni*, Laterza, Roma-Bari, 2011.

189 Santi Fedele, *La massoneria italiana tra Otto e Novecento*, Bastogi, Foggia, 2011, pp. 30-31.

190 Rosario Francesco Esposito, *La massoneria e l'Italia dal 1800 ai nostri giorni*, op. cit., p. 103.

191 Alessandro Boselli, *Massoneria e sette segrete a Bologna nel Risorgimento*, op. cit., p. 137.

192 Rosario Francesco Esposito, *La massoneria e l'Italia dal 1800 ai nostri giorni*, op. cit., p. 101.

presente» e ai protestanti inglesi, non esclusi «i deisti, i razionalisti, gli atei, sparsi su tutta la superficie del globo».[193]

L'esperienza romana fu foriera d'appassionate meditazioni intorno al progetto dell'unità di una penisola allargata, includente la costa istriana. Il mazziniano cremonese Marcello Cerioli, appartenente a una famiglia di tradizioni liberali e massoniche, pubblicò nel 1849 *Il Nuovo Misogallo, sogno di ventiquattro ore*, ispiratogli dalla disperata resistenza dei repubblicani di fronte ai soldati francesi che assediavano la città. Nell'opera, l'italianità di Gorizia e dell'Istria veniva rivendicata sulla scorta di alcuni versi danteschi che avrebbero costituito in futuro un topos della propaganda irredentista.[194] Concluso il terremoto quarantottesco, sui fratelli si riabbatté la proscrizione dei regnanti, ma il filo della tradizione latomistica non fu del tutto reciso, poiché negli anni Cinquanta videro la luce le logge Trionfo Ligure di Genova e Amici Veri Virtuosi di Livorno.[195]

I tempi per la rinascita di un centro direttivo della libera muratoria maturarono a fine decennio. Col proposito di dar vita a un organismo massonico per un'Italia unificata sotto il governo di Vittorio Emanuele II, l'8 ottobre 1859, nella fase compresa tra la Seconda guerra d'indipendenza e la spedizione dei Mille, sette fratelli torinesi istituirono nella capitale sabauda la loggia Ausonia. Aggiuntosi Felice Govean, il 20 dicembre successivo il gruppo diede vita al Grande Oriente Italiano.

A unità raggiunta e con la massoneria ormai radicatasi sul territorio nazionale, non mancarono considerazioni sia di fratelli che di profani sul ruolo da essa avuto in passato. Opinioni indicative, queste, della percezione che nel periodo liberale si aveva della libera muratoria e, in misura minore, dell'effettivo operato delle logge nel risorgimento. Nel 1869 Luigi Stallo, le cui opere ebbero l'onore di trovare posto sugli scaffali della libreria di Garibaldi a Caprera,[196] attaccò indispettito quanti andavano ripetendo che, viste «le conquiste del progresso umano operate per mezzo della sacra istituzio-

---

193 Citato in Nicola Del Corno, *L'ossessione continua. Rivoluzione e Risorgimento fra sette e complotti*, in *Risorgimento. Studi e riflessioni storiografiche*, Zeffiro Ciuffoletti, Simone Visciola (a cura di), Centro Editoriale Toscano, Firenze, 2011, pp. 105-129, qui p. 115.

194 Arianna Arisi Rota, *I piccoli cospiratori. Politica ed emozioni nei primi mazziniani*, Il Mulino, Bologna, 2010, pp. 56-57, 163-172.

195 Luca Giuseppe Manenti, *Tra azione politica e cultura esoterica*, op. cit., p. 99.

196 Tiziana Olivari (a cura di), *La biblioteca di Garibaldi a Caprera*, prefazione di Giorgio Montecchi, FrancoAngeli, Milano, 2014, p. 32.

ne massonica», questa non aveva più ragion d'essere, né poteva procurare ulteriori vantaggi alla patria, mentre invece, opinava Stallo, molto ancora le restava da fare, in primis liberare Roma, dove continuavano «a gozzoviglia-re i preti ed il Papa».[197]

Trentotto anni dopo l'irredentista Domenico Lovisato così si rivolgeva all'amico e affiliato Eugenio Popovic: «Sono amico di molti massoni del tuo stampo e di quello del povero Gigi Castellazzo, ma sono nemico acerri-mo dei nuovi, perché sono canaglie: quella massoneria d'un tempo sotto i governi stranieri, tirannici, ecc. era compatibile, ma quella d'oggi che tutto sfrutta, tutto corrompe, no!».[198] Alla fratellanza veniva dunque riconosciu-ta una parte tutt'altro che secondaria nella lotta per l'indipendenza, un me-rito che non mettevano in dubbio né affiliati né detrattori, divisi, semmai, sulla necessità della sua sussistenza nel giovane stato italiano.

2.6 Conclusioni

Ricomposto il mosaico della massoneria italiana nel Sette e primo Otto-cento, quale giudizio trarne? Le discussioni scientifiche a tal riguardo non sono mancate. In una lunga recensione all'opera del 2003 di Fulvio Conti *Storia della massoneria italiana*, Francesco Benigno ha contestato la tesi d'una fragilità organizzativa della libera muratoria nello Stivale dal Congresso di Vienna al 1859, perché incapace di rispondere alla domanda posta a suo tempo da Nello Rosselli: se davvero l'apporto delle logge alla battaglia per l'unificazione fu uguale a zero, come mai appena raggiunto lo scopo si scoprì che la massoneria era tra le pochissime associazioni con di-ramazioni diffuse su tutta la penisola, l'unica in grado d'aggregare le dispa-rate anime ideologiche del movimento patriottico?[199]

La critica coglieva nel segno, sebbene Conti si fosse altrove espresso in maniera più sfumata sulla questione. Usando l'efficace formula «rifonda-zione nella continuità», egli ha riconosciuto da una parte che nel 1859 vi fu un'effettiva ricostituzione dell'ordine in Italia, dall'altra che, per quanto labili, delle correnti massoniche rimasero intatte dalla restaurazione all'u-nità.[200] A questa condivisibile constatazione possiamo aggiungerne altre.

---

197 Luigi Stallo, *Della Franco-Massoneria nei suoi benefici rapporti coll'umanità*, Stabilimen-to degli Artisti Tipografi, Genova, 1869, pp. 5-6, 48.

198 Luca G. Manenti, *Massoneria e irredentismo. Geografia dell'associazionismo patriottico in Italia tra Otto e Novecento*, Isrml FVG, Trieste, 2015, pp. 232-233.

199 Francesco Benigno, *Massoni per caso*, in «Meridiana», n. 47-48, 2003, pp. 329-330.

200 Fulvio Conti, *Laicismo e democrazia. La massoneria in Toscana dopo l'Unità (1860-*

Nella seconda metà del Settecento e nell'età napoleonica la libera muratoria occupò un posto visibile nella società italiana. In relazione con interlocutori stranieri e politicamente sfaccettata, essa ha riflesso la tormentata gestazione nella penisola di un ideale d'indipendenza, preparando il terreno alla fase dell'unificazione. L'assise viennese dei grandi d'Europa marcò una chiara e parziale cesura. Tra il 1815 e il 1859 la massoneria scomparve sì dalla scena italiana, ma non scomparvero i fratelli. Al ritorno dei sovrani legittimi, sostituita l'influenza austriaca alla francese, essa andò frantumandosi in un pulviscolo di sigle clandestine e si mescolò a gruppi d'intervento: smise d'essere ciò ch'era stata, alcuni suoi rami seccarono, altri germogliarono nuovi frutti. Non esistette più come centro organizzato alla luce del sole, si disperse in una quantità di rivoli, mutò a tal punto che sarebbe assurdo affermarne la sopravvivenza nelle dimensioni istituzionali; piuttosto, persistette negli apparati simbolici e divenne un canale di contagio ideologico, informando di sé le associazioni seguenti e i percorsi biografici d'individui affascinati dalla sua aura misteriosa.

Forti d'un collaudato rodaggio latomistico, i fratelli poterono sia fornire alle nuove leve patriottiche, costrette alla cospirazione, i mezzi rituali per creare quel senso di solidarietà indispensabile per dare un assetto alle instabili società segrete, sempre a rischio di sfilacciarsi per le difficoltà in cui erano obbligate a muoversi; sia prendervi parte in prima persona, spesso ad alti livelli, mutando la casacca, ad esempio, da massonica a carbonara, transitando dall'uno all'altro dei tanti sodalizi cresciuti nell'ombra. Sebbene la foresta di sette e conventicole risorgimentali s'accrescesse continuamente di piante vergini, alcune delle quali niente avevano a che fare con la libera muratoria, questa non venne completamente estirpata. S'adattò e mise in salvo, svanendo a tratti, ricomparendo furtivamente, perdendo coesione ma custodendo un patrimonio di valori che gli unitari assorbirono e riutilizzarono.

La sua pressoché illimitata potenza durante il risorgimento è stata un'invenzione di sovrani, ecclesiastici, sostenitori dell'antico regime e scrittori contro-rivoluzionari impauriti da un pericolo da loro stessi ingigantito. Nel 1860 Garibaldi, massone, capitanò l'impresa dei Mille adottando il motto «Italia e Vittorio Emanuele». Conquistata la Sicilia, sbarcò in Calabria coll'aiuto dei fratelli Sprovieri, massoni, e in settembre entrò a Napoli accompagnato da Liborio Romano, massone.[201] Mazzini non fu un iniziato,

1900), Centro Editoriale Toscano, Firenze, 1990, p. 26.

201 Aldo Alessandro Mola, *Storia della Massoneria in Italia*, op. cit., p. 125.

né lo fu Cavour, né risulta che lo sia stato il re. La massoneria non ha guidato il processo d'indipendenza italiano: lo ha aiutato in modo determinante.

3. Dalla rinascita della massoneria alla Gran Maestranza di Adriano Lemmi (1859-1896)

Demetrio Xoccato

3.1 Introduzione

Con la caduta di Napoleone e il conseguente ritorno dei sovrani sui loro troni, la massoneria conobbe un lungo periodo di silenzio e di oblio: dal momento che molti "fratelli" si erano compromessi con il regime francese, l'avvento della Restaurazione portò alla proibizione e persecuzione di questa associazione, ormai considerata sediziosa.

Il risveglio massonico fu lento e tardo ed ebbe come epicentro il Regno di Sardegna. Unico stato italiano ad aver mantenuto l'assetto monarchico-costituzionale istituito nel 1848, esso non aveva accolto al suo interno più nessuna loggia sino al 1856, anno in cui era sorta, a Genova, la "Trionfo Ligure". Quest'ultima, però,—complici i tradizionali rapporti che legavano la Liguria al Mezzogiorno francese—si era posta sotto l'autorità del Grande Oriente di Francia, snobbando qualsiasi idea di dar vita ad una Obbedienza subalpina.[202]

Poco tempo dopo era nata la "Oriente Ligure" di Chiavari che aveva seguito il medesimo modus operandi, scegliendo di sottostare al Grande Oriente del Perù.[203]

Lo Statuto Albertino, pertanto, pur garantendo il diritto di associazione non era stato di per sé sufficiente a garantire nuova linfa al movimento massonico. Gli esponenti della galassia liberale avrebbero sentito il bisogno di disporre di uno strumento organizzativo e di coordinamento soltanto all'approssimarsi dell'unificazione italiana.

---

202 Luigi Polo Friz, Giovanni Anania, *Rispettabile Madre Loggia Capitolare «Trionfo Ligure» all'Oriente di Genova. Uno sguardo alla Massoneria ligure dall'Unità ad oggi*, Associazione Culturale Trionfo Ligure, Genova, 2004.

203 «Bollettino officiale del Grande Oriente Italiano», n. 10, 1863, pp. 147–148.

È in quest'ottica, infatti, che si deve leggere la fondazione, nell'autunno del 1859, della loggia "Ausonia". La seconda guerra d'indipendenza si era conclusa da due mesi portando in dote al Regno di Sardegna la Lombardia: mentre si stava trattando per trovare una soluzione intorno ai governi provvisori filo-piemontesi che avevano preso le redini degli stati presenti nella Pianura Padana (Parma, Modena e Romagna) e in Toscana, già si profilava all'orizzonte quella che poi sarebbe stata conosciuta come la Spedizione dei Mille.

Nel panorama ancora assai ristretto delle logge esistenti sul finire degli Anni Cinquanta, L' "Ausonia" si differenziò proprio per la vocazione nazionale di cui si faceva portavoce. Sin dal primo verbale, infatti, i 'fratelli' torinesi auspicarono di costruire al più presto un organismo massonico all'interno di una Italia unificata dalla dinastia dei Savoia.[204]

La stessa scelta del nome Ausonia, denominazione di origine greca che indicava l'Italia, contribuiva a rafforzare questa precisa volontà di sostenere il processo di unificazione della Penisola.

L'iniziativa di questi uomini ottenne il benestare del conte Camillo Benso di Cavour che consentì—come si vedrà più avanti—ai suoi più stretti collaboratori di entrare nelle fila di questa loggia, contribuendo a far diventare Torino il centro di aggregazione della futura massoneria italiana.

Questo processo rispondeva a due precise esigenze. Innanzitutto, esisteva un diffuso desiderio di unificazione tra le varie componenti massoniche presenti sul territorio italiano. In secondo luogo, ciò rispondeva ai disegni del mondo moderato subalpino: bisognava sottrarre a repubblicani e democratici questo strumento e, sull'esempio della Francia di Napoleone III, collocare alla sua testa un gruppo di uomini fidati. Il Grande Oriente di Francia, infatti, dal 1852 vedeva all'apice il principe Luciano Murat, cugino dell'imperatore e suo fedelissimo.[205]

Su proposta del giornalista Felice Govean—direttore del giornale la «Gazzetta del Popolo» e scrittore di successo—il 20 dicembre 1859 nasceva, pertanto, il Grande Oriente Italiano. I suoi componenti decisero di adotta-

---

204 Marco Novarino, *Nel nome del grande statista. Le Logge Cavour di Torino dall'Unità d'Italia ai giorni nostri*, Sottosopra, Torino, 2011, p. 1.

205 Fulvio Conti, *La rinascita della massoneria: dalla loggia Ausonia al Grande Oriente d'Italia*, in Fulvio Conti, Marco Novarino (a cura di), *Massoneria e Unità d'Italia. La Libera Muratoria e la costruzione della nazione*, Il Mulino, Bologna, 2011, p. 127.

re un non meglio specificato «Rito Francese». Non è chiaro a cosa si riferissero con questa espressione: non certamente al Rito omonimo composto di sette gradi e sorto nel 1786 né, tantomeno, all'insieme della ritualità di stampo transalpino. Molto probabilmente essi intendevano alludere alla struttura organizzativa dell'Obbedienza francese composta da logge che praticavano i primi tre gradi, riunite in un organismo nazionale—denominato Grande Oriente—retto da un Gran Maestro e da una Giunta designata da una assemblea nazionale.[206]

3.2 I primi anni di vita del Grande Oriente Italiano

Nella fase iniziale, compresa tra la fine del 1859 e i primi mesi del 1860, aderirono a questo progetto molti personaggi eminenti della vita politica e culturale subalpina. Tra tutti spiccavano il conte Livio Zambeccari—che, al pari di Giuseppe Garibaldi, aveva combattuto nell'America Latina. Il già citato Govean e diversi politici di rilievo tra cui Giuseppe La Farina—fondatore della Società Nazionale, organizzazione che riuniva tutti coloro che si riconoscevano nell'azione di Casa Savoia a favore dell'unificazione del territorio nazionale, Michele Coppino, Pier Carlo Boggio, David Levi, Filippo Cordova, Costatino Nigra ambasciatore a Parigi e Giuseppe Toscanelli.

A questo gruppo iniziale si sarebbero poi aggiunti, il 3 dicembre 1861, altri due uomini di rilievo: Pietro Francesco La Chenal—consigliere presso la Corte d'Appello di Cagliari—e Carlo Michele Buscalioni, braccio destro di La Farina nella Società Nazionale nonché direttore del giornale «L'Espero».[207]

Come si può notare osservando il background comune di molte di queste personalità, la neonata organizzazione era una sorta di raggruppamento che fiancheggiava l'azione di Cavour e della Società Nazionale: con la sua azione si voleva accreditare come luogo di coagulo di una classe dirigente che si contrapponeva sia ai reazionari e sia alle velleità di stampo repubblicano e mazziniano.

---

206 Marco Novarino, Giuseppe M. Vatri, *Uomini e logge nella Torino capitale. Dalla fondazione della loggia «Ausonia» alla rinascita del Grande Oriente Italiano (1859–1862)*, L'Età dell'Acquario, Torino, 2009, p. 23.

207 Vittorio Mirano, *Ad memoriam. Discorsi tenuti dal fratello Filippo Delpino, venerabile della rispettabile loggia Ausonia all'Oriente di Torino e gran maestro ad interim del Grande Oriente Italiano*, Tip. Dell'Espero, Torino, 1862; Archivio Storico del Grande Oriente d'Italia (d'ora in avanti ASGOI), *Verbale* del 3 dicembre 1861.

Quasi tutti questi iniziati ebbero cerimonie sbrigative e furono spesso elevati al grado di maestro nella medesima seduta. Questo fu il caso, ad esempio, del già citato La Chenal e di Achille Pagano, incaricati di fondare logge rispettivamente a Cagliari e a Milano. Questo elemento, come si vedrà, costituirà un evento tutt'altro che raro nel corso della storia massonica italiana. Personaggi di primo piano, infatti, fecero carriere rapidissime, dimostrando che esse rispondevano a esigenze strumentali più che a quelle iniziatiche ed esoteriche.[208]

Grazie alla cooptazione di tali figure prestigiose, l'opera di proselitismo che prese il via ad inizio 1861 ebbe immediatamente dei riscontri, con la moltiplicazione di logge e l'iniziazione di molti esponenti del movimento risorgimentale che si riconoscevano nel governo costituzionale di Vittorio Emanuele II. Inoltre, le logge già presenti nel Centro-Nord subirono la forza d'attrazione del centro torinese, entrando così in questo organismo in fase di strutturazione.

Nel giro di due anni, infatti, a Torino si costituirono la "Progresso" e la "Cavour", mentre nel resto della Penisola aderirono la "Concordia Umanitaria" di Bologna, la "Amicizia", "Concordia", "Unione" e "Garibaldi" di Livorno, la "Azione e Fede" di Pisa, la "Concordia" di Firenze, la "Argillana" di Ascoli, la "Valle di Potenza" di Macerata, la "Rigenerazione" di Genova, la "Insubria" di Milano, la "Fratellanza" di Mondovì, la "Vittoria" di Cagliari e la "Lume e verità" di Messina. A queste si affiancavano quattro logge site nel bacino del Mediterraneo (una a Tunisi, due ad Alessandria d'Egitto ed una al Cairo) e una a Roma, chiamata "Fabio Massimo" e che svolgeva le proprie attività in clandestinità.[209]

Per dare una solidità finanziaria alla giovane struttura fu stabilita una quota mensile di una lira da versare al Grande Oriente Italiano. Si trattava di un contributo di modesta entità, se paragonato a ciò che si doveva versare per diventare socio di circoli e club non solo in Piemonte ma anche nel resto della Penisola.[210]

---

208 Fulvio Conti, *Storia della massoneria italiana. Dal Risorgimento al fascismo*, Il Mulino, Bologna, 2003, p. 32.

209 Fulvio Conti, *Massoneria e sfera pubblica nell'Italia liberale, 1859–1914*, in Gian Mario Cazzaniga (a cura di), *Storia d'Italia. Annali. La massoneria*, vol. XXI, Einaudi, Torino, 2006, p. 581.

210 Per il contesto torinese si veda Anthony Cardoza, *Tra casta e classe. Clubs maschili dell'elite torinese, 1840–1914*, in «Quaderni Storici», n. 2, 1991, pp. 357–382. Per la

Nel frattempo, con la proclamazione del Regno d'Italia (14 marzo 1861), la giovane massoneria piemontese sentì la necessità di compiere il passo successivo, dotandosi di un capo che la guidasse con autorevolezza, tanto più che all'orizzonte si profilava un minaccioso concorrente.

Di fronte ad una rinascita massonica di impronta dichiaratamente cavouriana e filosabauda, fu inevitabile che le correnti repubblicane di stampo mazziniano e garibaldino, che avevano contribuito notevolmente al movimento risorgimentale, decidessero di organizzarsi in maniera autonoma. Pertanto, nel 1860 a Palermo era nato un Supremo Consiglio di Rito Scozzese Antico ed Accettato che si pose fin da subito in competizione con l'organizzazione con sede a Torino.

Nell'isola, nel gennaio del 1861, fu iniziato Francesco Crispi, figura di spicco della vita siciliana e una delle personalità che più contrassegneranno la politica italiana alla fine del XIX secolo. L'anno seguente, in qualità di rappresentante dell'organismo siciliano, ricevette l'incarico di reclutare nuovi affiliati nell'Italia centro-settentrionale, cercando, nel contempo, di attirare a sé gli scontenti all'interno dell'Obbedienza avversaria.[211]

Intanto, i filo-cavouriani, confortati dal successo elettorale nelle elezioni per il primo Parlamento italiano, accarezzarono l'idea di offrire la carica di Gran Maestro al grande statista piemontese ma, purtroppo per loro, questo desiderio non si poté realizzare: il 6 giugno 1861 l'uomo di stato moriva improvvisamente, aprendo un grave vuoto.[212]

Con la morte di Cavour, la dirigenza del Grande Oriente Italiano si interrogò su quale persona potesse ricoprire il ruolo più importante dell'organizzazione. I suoi requisiti dovevano essere diversi: anzitutto doveva essere un massone regolarmente iniziato, quindi essere un uomo di stretta osservanza moderata e, infine, doveva rappresentare una figura conosciuta in ambito internazionale in modo da far ottenere i necessari riconoscimenti in ambito massonico. Per concludere, l'elezione doveva avvenire il prima possibile dal momento che la crescita di affiliati e la concorrenza dei palermitani rende-

---

realtà napoletana, invece, si rimanda a Daniela L. Caglioti, *Associazionismo e sociabilità d'élite a Napoli nel XIX secolo*, Liguori, Napoli,1996.

211 Museo Centrale del Risorgimento di Roma (d'ora innanzi MCRR), Carte Crispi, cass. 660, in. 14, lettere del 4 gennaio e 7 aprile 1862.

212 Adolfo Colombo, *Per la storia della Massoneria nel Risorgimento italiano*, in «Rassegna storica del Risorgimento», fasc. I, 1914, p. 69.

vano necessario un direttivo nazionale coeso e saldo.[213]

L'uomo che rispondeva a tutti questi requisiti era Costantino Nigra, ambasciatore italiano nella capitale francese e amico personale dell'imperatore. Accettato l'incarico, egli redasse un manifesto programmatico che prevedeva una rigida disciplina interna, la costituzione di un patrimonio dell'Ordine, il riconoscimento da parte delle Obbedienze straniere e la creazione di logge in Roma e nelle altre terre irredente.[214]

La designazione di Nigra, fortemente voluta da Govean, non fu, però, indolore. Alcune logge, infatti, espressero le loro perplessità sul candidato, rifiutando la scelta di conformarsi ad una linea filogovernativa. Tali disaccordi fecero sì che il diplomatico ottenesse una maggioranza solida ma non schiacciante. Dal canto loro, la "Azione e Fede" di Pisa e la "Amicizia" di Livorno iniziarono una campagna per la convocazione di un'assemblea costituente in cui si discutessero in maniera collegiale programmi, costituzioni e modalità di elezione.[215]

Questo congresso si tenne a Torino tra il 26 dicembre 1861 e il 1° gennaio 1862 e rappresentò il vero momento costitutivo del Grande Oriente Italiano. In tale occasione le 23 logge dell'Obbedienza redassero il primo statuto della massoneria italiana. Esso si faceva portavoce dell'indipendenza e fratellanza tra le nazioni, della tolleranza ed eguaglianza dei culti religiosi nonché del progresso «morale e materiale» delle masse popolari.[216]

Altri principi fondativi, approvati durante l'assise, furono la credenza in un essere supremo (il Grande Architetto dell'Universo), l'elettività delle cariche, l'assoluto divieto di ingerenza dei Riti nella vita dell'organizzazione e l'obbedienza alle leggi dello Stato. Inoltre, ogni loggia avrebbe dovuto versare alla dirigenza una quota annuale di 50 lire mentre ogni iscritto avrebbe dovuto pagare una tassa di una lira.[217]

---

213 Marco Novarino, *Felice Govean. Dalla "Gazzetta del popolo" al Grande Oriente italiano*, in Fulvio Conti, Marco Novarino (a cura di), *Massoneria e Unità d'Italia. La Libera Muratoria e la costruzione della nazione*, Il Mulino, Bologna, 2011, p. 195.

214 Pietro Buscalioni, *La loggia Ausonia ed il primo Grande Oriente italiano*, Brenner, Cosenza, 2001, p. 129.

215 MCRR, Raccolta Nelson Gay, cass. 721, ins. 21 e 22, lettere del 30 ottobre, 12 e 22 novembre 1861.

216 *Costituzioni della Massoneria italiana discusse e votate dalla prima assemblea costituente massonica italiana nelle tenute delli 27, 28, 29, 30 e 31 dicembre 1861*, Valle di Torino, s.e., 5861.

217 *Lux. Sunto del protocollo dei lavori della prima costituente massonica italiana*, Valle di

Altro punto importante fu la riconferma di Nigra. Quest'ultimo, infatti, poco prima dell'adunata aveva rimesso il suo mandato. I motivi che lo avevano spinto a questa rinuncia erano stati essenzialmente due: la campagna contro di lui iniziata sui giornali clericali e i preoccupanti segnali che arrivavano dal mondo massonico francese.

I duri attacchi che provenivano dalla carta stampata rischiavano di compromettere irrimediabilmente la sua carriera diplomatica, mentre la situazione francese, con l'avvicendamento di Gerolamo Bonaparte a Murat—a sua volta sostituito nel gennaio 1862 dal maresciallo Magnan—mostrava quanto scomoda potesse essere questa carica. Pertanto, egli, seppur riconfermato, ribadì le proprie dimissioni.[218]

Con l'addio di Nigra, le redini del Grande Oriente Italiano furono rette da Filippo Cordova, elemento di spicco del liberalismo siciliano e, in quel momento, ministro dell'Agricoltura. Nel marzo del 1862 egli ottenne l'elezione a Gran Maestro effettivo, riuscendo a prevalere, con due voti di scarto (15 contro 13), sul suo sfidante Giuseppe Garibaldi.[219]

La vittoria risicata dimostrava come le logge di orientamento democratico stessero ingrossando le proprie fila in maniera allarmante. La stessa designazione di Garibaldi rappresentava un chiaro segnale in tal senso.

Amareggiato per la sconfitta, il generale decise di cedere alle insistenze del Supremo Consiglio di Palermo, il quale, da tempo, stava facendo pressioni affinché assumesse la guida suprema di quell'associazione: nel giro di una sola seduta, egli ricevette tutti i gradi dal 4° al 33°, venendo così nominato Sovrano Gran Commendatore. Alla fine di marzo, pertanto, le due Obbedienze avevano come leader due esponenti di primissimo piano della vita politica e sociale del paese.

Dotatosi finalmente di una struttura organizzativa, l'organismo massonico piemontese pensò bene di dare vita ad una rivista che rappresentasse la voce ufficiale dell'Obbedienza: nasceva così il «Bollettino officiale del Grande Oriente Italiano». Si trattava della prima pubblicazione massonica in lingua italiana che, pur con alterne vicende e diversi cambi di denominazione, sarebbe stata pubblicata fino ai giorni nostri.

Torino, s.e., 5861.

218 Adolfo Colombo, *Per la storia della Massoneria nel Risorgimento italiano*, op. cit., pp. 73–74.

219 Pietro Buscalioni, *La loggia Ausonia ed il primo Grande Oriente italiano*, op. cit., pp. 190–196.

Il Grande Oriente Italiano rivolse poi il proprio sguardo verso l'esterno. Cordova cercò di inserirsi nel consesso internazionale, entrando in contatto con le altre associazioni massoniche presenti sulla scena europea ed americana. I risultati che ottenne furono più che soddisfacenti, dal momento che la gran parte di esse accolse con favore la giovane istituzione. Risposte positive, infatti, giunsero dai Grandi Orienti di Francia, Belgio, Portogallo, dalla Gran Loggia d'Irlanda, dalla massoneria greca e svizzera così come dal Cile, Perù ed Uruguay.[220]

La Gran Loggia di Amburgo, invece, dopo una prima apertura iniziale troncò ogni relazione. La delusione più grande, però, venne dalla Gran Loggia Unita d'Inghilterra: la più prestigiosa organizzazione massonica, attraverso il suo segretario William G. Clark, si limitò a prendere atto della situazione ed esprimere una simpatia di fondo senza, però, stringere patti di fratellanza.

Ciononostante, il Grande Oriente Italiano ora poteva vantare una buona presenza internazionale e ciò gli garantiva un prestigio che si riverberava a livello nazionale, aiutando il suo radicamento territoriale.

3.3 Il variegato panorama massonico

Nel 1863, a soli tre anni dalla nascita della "Ausonia", l'Obbedienza piemontese poteva contare su ben 68 logge, a dimostrazione di una indubbia vitalità. Di queste, 58 erano sparse sull'intera penisola (10 in Piemonte, 5 in Liguria, 4 in Lombardia, 6 in Emilia-Romagna, 13 in Toscana, 5 in Umbria, 4 nelle Marche, 2 nel Lazio, 2 in Campania, 1 in Puglia, Basilicata e Sardegna, 1 in Sicilia) mentre le restanti 10 erano situate all'estero (Egitto, Impero Ottomano, Grecia, Tunisia e Perù).[221]

Da questi dati si evince una netta prevalenza delle regioni del Centro-Nord, a dimostrazione di una minore capacità di penetrazione nel Mezzogiorno. Qui, d'altra parte, il Grande Oriente Italiano doveva fronteggiare l'ingombrante presenza del Supremo Consiglio di Palermo.

I dati disponibili su questo organismo mostrano che nel 1862 esso aveva alle sue dipendenze 21 logge: la stragrande maggioranza di esse era in Sici-

---

220 Marco Novarino, *All'Oriente di Torino. La rinascita della massoneria italiana tra moderatismo cavouriano e rivoluzionarismo garibaldino*, Chiari, Firenze, 2003, pp. 136–140.

221 *Protocollo dei lavori della terza assemblea costituente mass. italiana tenuta in Firenze li 1, 2, 3, 4, 5, 6, del 6. mese dell'anno 5863 della V. L.*, Tip. dei Franco–Muratori, Torino, 5863.

lia (ben 17), mentre 3 si trovavano in Campania e una in Piemonte.[222]

Quest'ultima era la "Dante Alighieri", sorta nel febbraio 1862 a Torino e divenuta rapidamente un centro di aggregazione degli anti-cavouriani. Essa ebbe una vita piuttosto complessa che si rifletté nelle sue scelte di campo. Inizialmente legatasi all'Obbedienza torinese se ne era poi distaccata, grazie alla fervente opera di Crispi, per entrare nelle fila dei palermitani. Composta da "fratelli" di orientamento democratico—anche se vi era un nutrito gruppo di esuli polacchi e ungheresi[223]—, essa, conobbe una grave crisi interna che la portò dapprima a recidere i legami con i palermitani e poi, nell'ottobre del 1862, a rientrare nel Grande Oriente Italiano. Se ne sarebbe poi riallontanata nuovamente nel maggio del 1863 per poi ritornare, una volta per tutte, sui propri passi.[224]

Nonostante queste articolate vicende, la "Dante Alighieri" rappresentò uno dei nuclei massonici più rilevanti di quegli anni. Qui, infatti, furono iniziati parlamentari e personalità politiche appartenenti alla Sinistra Storica che avrebbero dato un importante contributo alle vicende italiane: Aurelio Saffi, Antonio Mordini, Agostino Depretis, Giuseppe Zanardelli, Mattia Montecchi e Francesco De Luca.[225]

In essa, nel dicembre 1862, fu accolto Lodovico Frapolli. Colonnello garibaldino dotato di carisma e capacità organizzativa, egli avrebbe contribuito grandemente all'affermazione della corrente democratica sui moderati. A riprova del suo valore, già il 10 gennaio 1863 egli veniva eletto all'unanimità Venerabile della "Dante Alighieri".

Ritornando al Supremo Consiglio di Palermo, dal 1862 al 1869 esso riuscì ad avere alle sue dipendenze 126 logge, per lo più nel Mezzogiorno, ma con significative presenze in Liguria e in Toscana. Col 1870, però, il numero si ridusse in maniera significativa: solamente 23 potevano dirsi operative

---

222 Giuseppe Colosi, *A tutti i massoni dell'uno e dell'altro emisfero. Il S. C. G. O. d'Italia e sue dipendenze di rito scozz. ant. ed. acc., sedente in Palermo*, Palermo, s.e., s.d.

223 Sui rapporti tra emigrazione ungherese e massoneria italiana si rimanda a Luigi Polo Friz, *Lodovico frapolli, la loggia massonica Dante Alighieri e l'emigrazione ungherese*, in «Rivista di Studi Ungheresi», fasc. n. 13, 1998, pp. 103–116.

224 Per una dettagliata ricostruzione dell'attività della "Dante Alighieri" si veda Luigi Polo Friz, *La massoneria italiana nel decennio post unitario. Ludovico Frapolli*, FrancoAngeli, Milano, 1998.

225 Pietro Buscalioni, *La loggia Ausonia ed il primo Grande Oriente italiano*, op.cit., pp. 186–188.

mentre delle altre 79 non erano più attive o si erano rese indipendenti e 24 erano in procinto di essere demolite o radiate.[226]

A complicare ulteriormente il quadro vi era la presenza di ulteriori Obbedienze, frutto di iniziative locali e legate a figure carismatiche.

In Sicilia esisteva un organismo chiamato alternativamente Gran Concistoro o Supremo Consiglio Centrale di Sicilia, che faceva capo a Romualdo Trigona-Gravina, principe di Sant'Elia. Esso era composto da un numero assai esiguo di affiliati e nel 1867, dopo una serie di incontri e trattative, il gruppo confluì nel Grande Oriente d'Italia.

Decisamente più numeroso e significativo era il Grande Oriente di Napoli. Sorto nella città partenopea, esso aveva come leader l'ex arciprete di origini calabresi Domenico Angherà, il quale, dopo essersi compromesso nei moti insurrezionali del 1847 ed essere stato iniziato in Sicilia, aveva preso la via dell'esilio rifugiandosi a Malta. Rientrato in Italia aveva fondato la loggia "Sebezia" nel 1861 riuscendo a trasformarla nel primo nucleo di una struttura che accoglieva "fratelli" dispersi e insoddisfatti. Nel 1864 questa istituzione aveva alle sue dipendenze 23 logge: ben 17 di queste erano site in Campania, 5 in Puglia e 1 in Calabria.[227]

Fino al 1878, anno in cui cessò di esistere, il Grande Oriente di Napoli rappresentò un'organizzazione fiorente che, pur con tratti ambigui, riuscì a radunare sotto di sé oltre 50 logge superando anche i confini nazionali e incuneandosi nella comunità italiana in Egitto (dove era presente con 7 officine).[228] Qui il gruppo tentò, senza successo, di dar vita ad un Grande Oriente Egiziano.

La fine di questo organismo fu legata alle sorti di Angherà, il quale, accusato di lucrare su diplomi ed affiliazioni, fu sottoposto ad un processo massonico. Nel corso del dibattito, si appurò che nel periodo compreso tra il 1864 e il 1877 egli aveva incassato circa 140.000 lire per bolle di fondazione e avanzamenti di grado. Di fronte a tali evidenze, Angherà fu radiato e, assie-

---

226 *Le logge della comunione scozzese ed il Supremo Consiglio di Palermo*, «L'Umanitario», 30 aprile 1870.

227 Domenico Angherà, *Memoria storico-critica sulla società dei FF .·. .·. liberi muratori del Grande Oriente Napolitano*, Stamperia del Fibreno, Napoli,1864, p. 164.

228 Luigi Polo Friz, *Logge in Italia dal 1815 al 1870*, in «Massoneria Oggi», fasc. 4, 1998, p. 35.

me a lui furono condannati tutti i dirigenti del gruppo napoletano, sancendone così la dissoluzione.[229]

Questo tripudio di gruppi e gruppuscoli divenne un tema assai dibattuto e diverse voci si levarono a favore di una riunificazione della composita galassia massonica. Si trattava, come ben sapevano Cordova, Govean e Buscalioni, di un compito assai gravoso che si scontrava con numerosi ostacoli.

Il primo problema era di natura rituale. Il Supremo Consiglio di Palermo, il Supremo Consiglio Centrale di Sicilia e il Grande Oriente di Napoli utilizzavano il Rito Scozzese Antico ed Accettato mentre il Grande Oriente Italiano riconosceva solamente i primi tre gradi.

Queste differenti scelte rituali erano direttamente connesse alla seconda contrapposizione. Esse, infatti, rispondevano alle visioni politiche che caratterizzavano le varie Obbedienze. Il Rito Scozzese, infatti, essendo contraddistinto da un ordine gerarchico ferreo e che dava all'affiliato—a seconda del grado—un differente coinvolgimento operativo, rispondeva perfettamente all'esigenza di dotarsi di una struttura in grado, in caso di necessità, di diventare un centro di coordinamento di attività cospirative di stampo repubblicano.

Allo stesso modo, i tre gradi ammessi dai moderati erano funzionali al progetto cavouriano di rendere la massoneria più "orizzontale" e una sorta di "camera di compensazione" in cui i diversi orientamenti politici avrebbero trovato una sintesi in linea con le posizioni assunte dalle istituzioni del giovane Stato.[230]

Mentre la dirigenza filo-cavouriana stava cercando di trovare una soluzione a queste difficoltà, si giunse alle costituenti del 1863-64 che modificarono radicalmente l'essenza stessa dell'Obbedienza con sede a Torino.

3.4 Dal Grande Oriente Italiano al Grande Oriente d'Italia

L a terza e la quarta assemblea, sancirono il definitivo passaggio di consegne tra moderati e democratici. Organizzate a Firenze, pochi mesi prima che questa diventasse la nuova capitale del Regno, esse funsero da vero e proprio spartiacque.

---

229 *Processo e sentenza contro Angherà Domenico, ex 33 ed ex Presidente del Supremo Consiglio del Grande Oriente Napoletano*, Napoli, s.e., 1878.

230 Marco Novarino, *Progresso e Tradizione Libero Muratoria. Storia del Rito Simbolico Italiano (1859–1925)*, Pontecorboli, Firenze, 2009, p. 16.

Innanzitutto, i moderati giunsero all'assise dell'agosto 1863 in una posizione di debolezza. La maggioranza dei membri del Gran Consiglio (a partire da Cordova per finire con Govean e Buscalioni) si era, infatti, dimesso poco prima, nel tentativo di rasserenare gli animi e di recuperare consenso tra gli iscritti.

Inoltre, tema all'ordine del giorno era proprio come giungere ad una unificazione della composita famiglia massonica.

Date le premesse, le riunioni furono caratterizzate da accesi dibattiti che portarono ad una situazione di estrema confusione istituzionale: i piemontesi furono confermati nella gestione amministrativa dell'Ordine ma, al tempo stesso, fu istituita una commissione composta da "fratelli" toscani (Giacomo Alvisi, Giuseppe Dolfi, Neri Fortini, Cesare Lunel e Ettore Papini) con il compito di esaminare la situazione e preparare una nuova costituente cui avrebbero dovuto partecipare delegati di tutte le logge italiane di qualsiasi Rito.[231]

Questa peculiare divisione dei poteri provocò un conflitto per il controllo dell'Obbedienza tra il gruppo fiorentino e quello torinese, capeggiato da Buscalioni.

Quest'ultimo si mosse su due livelli: da una parte diede vita ad una verifica procedurale e metodologica delle risoluzioni prese nel corso dell'adunanza nella speranza di delegittimare i toscani, dall'altra lavorò per ampliare la propria base di consenso relazionandosi con il Supremo Consiglio di Palermo e i massoni che non si riconoscevano nell'azione di Frapolli all'interno della "Dante Alighieri". È in quest'ottica, infatti, che si deve considerare la fondazione della loggia "Tempio di Vesta", sorta proprio allo scopo di accogliere tutti i dissidenti del colonnello.[232]

Emblematico è anche il caso della iniziazione di Celestino Bianchi, strettissimo collaboratore dell'ex presidente del Consiglio Bettino Ricasoli che, secondo alcuni, doveva rappresentare il primo passo per l'ingresso in massoneria dello statista fiorentino e la sua conseguente candidatura a Gran Maestro.[233]

---

231 Carlo E. Patrucco, *Documenti su Garibaldi e la Massoneria nell'ultimo periodo del Risorgimento italiano*, in «Bollettino storico–bibliografico subalpino», n. III, 1914, pp. 41–43.

232 Marco Novarino, *Progresso e Tradizione Libero Muratoria*, op. cit., pp. 20–21.

233 *Relazione alla giunta eletta*, in «Bollettino officiale del Grande Oriente Italiano», n.

La dirigenza cavouriana compì anche alcuni tentativi di recuperare terreno utilizzando il comune sentire anticlericale. Nel gennaio del 1864, ad esempio, il Gran Consiglio decise di far propria l'opera di pressione intrapresa dalle logge "Azione e Fede" di Pisa e "Fede e Lavoro" di Perugia affinché fosse approvato in Parlamento un progetto di legge per la soppressione delle corporazioni religiose.[234]

Questa spinta verso la laicizzazione era un elemento caratterizzante tutti i membri della massoneria italiana a prescindere da proprie visioni del mondo, tanto è vero che la "Insubria" di Milano—loggia che accoglieva tra i suoi membri onorari il prefetto della città, il marchese Salvatore Pes di Villamarina[235]—istituì un concorso in denaro (pari a 150 lire) per un opuscolo divulgativo da dare alle stampe e da far circolare per sensibilizzare l'opinione pubblica al riguardo.

Tutte queste manovre, però, non potevano mutare un panorama che era ormai completamente a favore dei democratici.

La riunione plenaria tenutasi dal 21 al 24 maggio 1864 vide la partecipazione di rappresentanti di gran parte delle logge dell'Obbedienza ma anche del Grande Oriente napoletano e del gruppo guidato da Frapolli. Fra i delegati, vi erano molti nomi noti che rappresentavano praticamente tutte le gradazioni politiche presenti nella galassia massonica. Tra i partecipanti all'assise vi fu anche il rivoluzionario russo Mikhail Bakunin, stabilitosi da poco in città e, in quel momento, impegnato nel tentativo di trasformare la massoneria in uno strumento per la sua propaganda sovversiva e antireligiosa.[236] Questo interesse, di breve durata, dimostra quanta passione e curiosità si fossero venuti a creare attorno al mondo massonico di quegli anni e quante forze si fossero impegnate per strumentalizzarne le attività.

L'assemblea fiorentina si concluse con numerosi risultati. Innanzitutto, essa decretò la fine del Grande Oriente Italiano e la sua trasformazione in Grande Oriente d'Italia. Alla nuova entità sarebbero spettati la gestione amministrativa e le relazioni internazionali, mentre le questioni dogmatiche e liturgiche sarebbero state di pertinenza delle due autorità rituali che lo avrebbero composto: Rito Simbolico e Rito Scozzese Antico ed Accettato.

17–18, 1864, pp. 251–255.

234 ASGOI, *Verbale* del 19 gennaio 1864.

235 ASGOI, *Verbale* del 3 febbraio 1863.

236 Luigi Polo Friz, *Michele Bakunin e la massoneria italiana*, «Rassegna storica del Risorgimento», n. 1, 1989, pp. 41–56.

L'assemblea chiamò a ricoprire il ruolo di Gran Maestro Garibaldi che ottenne un risultato pressoché unanime: 45 voti su 50. Egli, però, detenne la carica solo per pochi mesi perché il Supremo Consiglio di Palermo espresse il proprio disappunto e chiese al generale di compiere una scelta tra le due organizzazioni.[237] Di fronte ai contrasti nati dalla sua designazione, l'8 agosto egli rimise l'incarico e le redini del potere furono poste nelle mani del reggente Francesco De Luca, esponente della Sinistra meridionale e, come già detto, iniziato poco tempo prima nella "Dante Alighieri".

Il passaggio dal Grande Oriente Italiano al Grande Oriente d'Italia fu, in larga misura, il frutto della laboriosa attività del Venerabile Frapolli, il quale non solo era riuscito a stringere importanti rapporti con la commissione fiorentina, ma aveva fornito anche importanti spunti di natura organizzativa e teorica.[238]

Quest'ultimo elaborò un progetto di riforma della massoneria che fornisse solide basi ideologiche, normative e ritualistiche. Questo abbozzo, poi pubblicato, proponeva l'adozione, da parte di tutte le officine, di un Rito Scozzese "semplificato" consistente in soli sette gradi e la formazione, all'interno dell'organizzazione, di due poteri separati, uno amministrativo e uno dogmatico. Il primo, di natura elettiva, si sarebbe occupato della gestione quotidiana della vita libero muratoria. Il secondo, invece, si sarebbe focalizzato sulla fondazione di nuove logge e l'avanzamento dei "fratelli" lungo la scala iniziatica.[239]

Questo programma ebbe vasta eco, non solamente in ambito subalpino, e rappresentò il primo tentativo di dare un ordine coerente e funzionale al composito mondo massonico italiano.

La prima grossa complicazione che De Luca dovette affrontare, in qualità di reggente, fu una scissione, diretta conseguenza delle decisioni prese a Firenze. Un drappello di logge che professavano solamente i tre gradi si riunirono attorno alla figura del filosofo razionalista Ausonio Franchi (alias di padre Cristoforo Bonavino) dando vita, nel luglio del 1864, al Rito Simbolico Milanese.

---

237 MCRR, Carte Garibaldi, cass. 51, ins. 4, lettera del 18 giugno 1864.

238 Aldo Alessandro Mola, Luigi Polo Friz, *I primi vent'anni di Giuseppe Garibaldi in Massoneria*, in «Nuova Antologia», fasc. 2143, 1982, pp. 369–370.

239 Lodovico Frapolli, *Una voce—Une voix*, Tip. Vercellino, Torino,1864.

Questa organizzazione si proponeva un programma di riforme in campo sociale e politico volte a migliorare le condizioni di vita dei ceti subalterni. In tale prospettiva, Franchi auspicava l'apertura dei templi massonici alle classi popolari con la riduzione della gravosità delle quote da versare annualmente.[240] Inoltre, egli era fautore di un drastico ridimensionamento del simbolismo e della ritualità massonica considerata anacronistica, oltre che di una maggiore democrazia interna. Per meglio diffondere il proprio messaggio, il corpo massonico si era dotato di un Bollettino che, pubblicato dal 1865 al 1868, ebbe una buona diffusione.[241]

Nonostante gli auspici di Franchi, De Luca seppe contenere l'emorragia di iscritti. Pertanto, l'Obbedienza rimase sostanzialmente confinata alla Pianura Padana. Pur avendo raccolto una ventina di logge, queste spesso furono dilaniate da conflitti e tensioni interne. I magri risultati avrebbero poi costretto i secessionisti a più miti consigli e, nel 1869, essi sarebbero rientrati nel Grande Oriente d'Italia.[242]

3.5 Il consolidamento organizzativo e strutturale

Le prime uscite ufficiali del reggente sembrarono indicare una depoliticizzazione dell'Ordine. Di fronte ai moti di piazza che colpirono Torino nel settembre 1864 allorché perse il ruolo di capitale del Regno in favore di Firenze, egli produsse un documento in cui negava recisamente ogni coinvolgimento della massoneria—così come suggerito dai giornali cattolici—nel trattato italo-francese all'origine di questa decisione.[243]

Anche quando alcune logge, tra la fine del 1864 e l'inizio del 1865, chiesero che il Grande Oriente d'Italia promuovesse finalmente una campagna per l'abolizione della pena di morte e la soppressione delle corporazioni religiose, egli assunse un profilo decisamente defilato, concedendo la propria approvazione a patto che essa fosse gestita a livello locale e in ambito esclusivamente profano, non coinvolgendo le istituzioni massoniche nazionali.[244]

---

240 *Discorso letto alla L∴ Insubria nella tenuta del 30 maggio 1864 dal F∴ V∴ Ausonio Franchi*, Milano, s.e., 1864, p. 14.

241 Il nome del periodico era «Bollettino officiale del Gran Consiglio Massoneria Italiana al Rito Simbolico Valle di Milano».

242 Carlo Montalbetti, Luigi Polo Friz, *Ausonio Franchi e la massoneria. Il rito simbolico di Milano*, «Il Risorgimento», fasc. 2, 1984, pp. 161–194.

243 *Decreti e disposizioni del Gran Consiglio*, in «Bollettino del Grande Oriente della massoneria in Italia», vol. 1, Tip. Vercellino, Torino,1864, pp. 53–54.

244 Fulvio Conti, *Storia della massoneria italiana*, op. cit., p. 62.

Si giunse, infine, al congresso di Genova (28-30 maggio 1865). In quell'occasione De Luca fu formalmente confermato come leader dell'associazione, ottenendo il titolo ufficiale di Gran Maestro, mentre Garibaldi fu designato Gran Maestro Onorario.

Rafforzato nel suo ruolo, egli accentuò questo processo di distacco dell'istituzione dall'agone politico. Il 10 settembre, infatti, in occasione della tornata elettorale ormai prossima, egli ribadì l'estraneità della massoneria dalle logiche di parte, rivolgendo ai "fratelli" un generico invito a votare i candidati che lavoravano per il «progresso dell'umanità» e che guardavano oltre i piccoli interessi campanilistici.[245]

De Luca, assieme a Frapolli e Garibaldi, decise di riprendere le trattative con il Supremo Consiglio di Palermo e con gli altri gruppi dissidenti. Per la dirigenza democratica, l'unificazione di tutti i "fratelli" all'interno di un unico organismo era una delle priorità principali. In vista dell'assise di Napoli del 1867, l'eroe dei due mondi espresse il suo auspicio che i dissidenti siciliani si fondessero nel Grande Oriente d'Italia. La recalcitrante opposizione di Gian Luigi Bozzoni e Zaccaria Dominici—i quali posero condizioni esplicitamente irricevibili come la supremazia del Rito Scozzese—esasperò il condottiero che in luglio, dopo il congresso, rinunciò a tutti i titoli conferiti dall'Obbedienza meridionale.

Dopo le sue dimissioni, il Supremo Consiglio si trovò in gravi difficoltà e cercò di trovare una figura pubblica altrettanto carismatica. La suprema carica fu offerta a Carlo Cattaneo e a Giuseppe Mazzini—entrambi non iniziati—ma essi declinarono. Eclatante fu il caso del patriota genovese, il quale, dopo aver ricevuto un diploma del 33° grado e una formula di giuramento da restituire firmata, replicò che aveva fatto una sola promessa nella sua vita: quella per l'instaurazione della repubblica.[246] Si ripiegò, pertanto, sul repubblicano Federico Campanella.[247] Quest'ultimo, fedelissimo

---

245 *Decreti e disposizioni del Grande Oriente*, in «Bollettino del Grande Oriente della massoneria in Italia», fasc. X–XI–XII, 1865, pp. 344–346.

246 Alessandro Luzio, *La massoneria e il risorgimento italiano. Saggio storico–critico*, vol. II, Zanichelli, Bologna,1925, p. 34.

247 Federico Campanella (1804–1884). Laureatosi in giurisprudenza nel 1829, si avvicinò a Mazzini, diventandone uomo di fiducia. Nel 1833, costretto a lasciare il regno di Sardegna, si rifugiò in un primo tempo a Marsiglia e, quindi, a Ginevra. Durante l'esilio si impegnò alla riorganizzazione del movimento mazziniano e fu tra i volontari accorsi in sostegno di Milano nel 1848. L'anno seguente partecipò alla fallita insurrezione di Genova e alla difesa di Roma. Dopo la partecipazione alla spedizione

di Mazzini, accettò l'incarico il 20 luglio. Egli si trovò ad affrontare una situazione estremamente disastrata: delle 126 logge ufficialmente iscritte all'Obbedienza solo 23 risultavano pienamente operative.[248]

Tornando alla riunione del Grande Oriente d'Italia del 1867, in essa si esaminarono questioni di natura strettamente politica e sociale, sintomo emblematico di un comune sentire diffuso tra gli aderenti. Alcune logge, ad esempio, ritornarono sul tema di una campagna per l'abolizione della pena di morte e delle corporazioni religiose, mentre altre espressero il desiderio di celebrare il Risorgimento e i suoi eroi realizzando monumenti e lapidi commemorative.[249]

Per quanto concerne la struttura organizzativa dell'Obbedienza, a fronte dell'aumento della durata in carica del Gran Maestro a 5 anni, si decise di ridurre il numero dei membri del Gran Consiglio (da 40 a 24) e di far sì che i due Gran Maestri Aggiunti fossero eletti direttamente dall'assemblea generale, sottraendoli così all'influenza della guida suprema dell'associazione.[250]

Un altro aspetto affrontato fu la questione dell'ammissione delle donne in massoneria. La presenza femminile in Francia e in altri paesi dell'Europa continentale, tra cui la stessa Italia, era stata significativa durante tutto il XVIII secolo. Il gentil sesso era stato accolto in quelle che erano chiamate "logge di adozione", aggregate a quelle maschili, dove ci si dedicava all'esercizio della carità e della beneficenza. In ambito francese queste logge rimasero attive per tutto il Secondo Impero divenendo un luogo in cui si svilupparono sentimenti di indipendenza e di autonomia rapidamente estesisi anche al campo dei diritti civili.[251] L'atteggiamento di De Luca fu di chiusura: a suo parere le donne non si erano ancora liberate dalle pa-

---

dei Mille di Giuseppe Garibaldi nel Sud Italia, fu eletto deputato (1861–1865). Alla morte di Mazzini fu, assieme a Maurizio Quadrio e Aurelio Saffi, il più importante rappresentante del movimento democratico.

248 *Le logge della comunione scozzese ed il Supremo Consiglio di Palermo*, in «L'Umanitario», 30 aprile 1870.

249 Sul ruolo della massoneria italiana all'interno del movimento abolizionista si veda Mario Da Passano, *La pena di morte nel Regno d'Italia, 1859–1889*, in Sergio Vinciguerra (a cura di), *I codici preunitari e il codice Zanardelli: diritto penale dell'Ottocento*, Cedam, Padova,1993, pp. 579–649.

250 *Atti dell'assemblea massonica legislativa e costituente tenutasi in Napoli nel 1867*, in «Bollettino del Grande Oriente della massoneria in Italia», n. 2, 1867, p. 7–62.

251 Beatrice Bisogni, *Le donne e la massoneria*, in Claudio Castellacci (a cura di), *La libera muratoria. Massoneria per problemi*, SugarCo, Milano,1978, pp. 119–125

stoie dell'educazione cattolica e ammetterle sarebbe stato controproducente. Però, egli condivideva l'idea di costituire un comitato per studiare il problema e arrivare a una decisione più ponderata. Questa commissione avrebbe poi esposto i suoi risultati nel 1869, riconfermando il rifiuto di dar vita a logge femminili.[252]

Affrontati tutti questi svariati temi, si passò al rinnovo delle cariche. A sorpresa, con un colpo di coda dei moderati, Cordova fu rieletto Gran Maestro. Si trattò di un risultato di brevissimo respiro perché l'anziano statista non aveva più né forza né salute sufficienti a questo compito. Il testimone passò, pertanto, a Frapolli, in qualità di Primo Gran Maestro Aggiunto.

In questa veste, egli si mosse su più versanti. In primo luogo nell'ottobre 1867 diede alle stampe un volume contenente statuti e regolamenti da applicare all'Ordine che riprendeva in larga misura il suo opuscolo del 1864.[253] Questa pubblicazione forniva alla massoneria italiana, per la prima volta, un corpus uniforme in cui si potevano trovare i criteri di ammissione, i diritti e doveri degli iscritti, nonché i poteri dell'assemblea generale e dei membri del Gran Consiglio, Gran Maestro compreso. Su quest'ultimo aspetto gli statuti delineavano un sistema piramidale in cui gran parte dei poteri erano affidati all'organo collegiale che affiancava il Gran Maestro e all'assemblea plenaria (in grado di determinare le scelte di fondo dell'organizzazione) più che alla guida suprema dell'Obbedienza. Nell'assemblea di Firenze del giugno 1869 esso divenne il testo ufficiale per i "fratelli" del Grande Oriente d'Italia, rimanendo il riferimento base per diverso tempo.

Il 1867 fu caratterizzato anche dal congresso di Ginevra, esperienza che avrebbe sancito la nascita della corrente democratica del movimento pacifista, incarnata dalla Ligue international de la paix et de la liberté. Al consesso internazionale, che acclamò Garibaldi come presidente onorario, il Grande Oriente d'Italia inviò una delegazione. Per quanto assai critici sui risultati dell'assise, i massoni italiani parteciparono anche a quella successiva svoltasi a Berna (1868) assimilando nel proprio bagaglio culturale le proposte di istituire organismi sovranazionali per dirimere le controversie tra gli stati.[254]

---

252 Ulisse Bacci, *Il libro del massone italiano*, Vita Nova, Roma,1922, p. 297.

253 *Statuti generali dell'ordine massonico per l'Italia e le sue colonie pubblicati dal G∴ O∴ della Massoneria in Italia*, Tip. Nazionale del G∴ O∴, Firenze, 1867.

254 Sull'impegno massonico in ambito pacifista si veda Marco Novarino, *La solidarietà al di là dei confini: l'impegno della massoneria a favore della pace e per la libertà e l'emancipa-*

Frapolli si era presentato a Firenze con un bilancio positivo dei due anni di gestione temporanea. Egli poteva vantare di aver incrementato il numero totale di logge a 150 e di averne stabilizzato l'esistenza precaria che era una costante della vita massonica italiana. Basti pensare che delle 77 esistenti nel 1864 nel 1869 solamente 15 di esse erano ancora in vita.[255]

Durante la seduta si affrontò anche il tema spinoso dell'abrogazione della tradizionale invocazione «alla gloria del Grande Architetto dell'Universo». Sull'esempio delle discussioni che stavano avvenendo in Francia e che avrebbero portato, nel 1877, all'esclusione da tutti gli atti ufficiali e dai rituali qualsiasi riferimento religioso, la loggia "Goffredo Mameli" di Sassari propose di eliminare questo richiamo con la formula «in nome della patria universale e del progresso infinito», di evidente ispirazione positivista e materialista.[256] La stragrande maggioranza delle logge (63 a 5) rispose con un secco rifiuto a questa possibilità, confermando così che all'anticlericalismo dei "fratelli" italiani non corrispondeva una irreligiosità di fondo, né, tantomeno, una negazione del sacro. Questa presa di posizione venne ribadita in ulteriori occasioni, sancendo, in questo caso, una netta distanza dalle scelte compiute dai Grandi Orienti di Francia e Belgio.[257]

Il consesso del 1869 si concluse con l'elezione di Frapolli a Gran Maestro: egli smetteva definitivamente i panni del facente funzioni per assumere l'incarico in maniera piena e definitiva.

Intanto, la Chiesa Cattolica, nella figura di papa Pio IX, aveva indetto un concilio ecumenico provocando immediate reazioni da parte del mondo laico e razionalista. Il napoletano Giuseppe Ricciardi si fece promotore di un anti-concilio da tenersi negli stessi giorni nella città partenopea, lanciando un appello affinché tutte le forze anticlericali partecipassero in massa all'evento. Alla fine diedero la loro adesione le associazioni del libero pensiero e numerose logge legate al Supremo Consiglio di Palermo.[258] Da parte

---

zione dei popoli, in «Il Laboratorio», n. 23, 1996, pp. 23–32; Fulvio Conti, *De Genève à la Piave. La franc-maçonnerie italienne et le pacifisme démocratique (1867–1915)*, in Marta Petricioli, Donatella Cherubini, Alessandra Anteghini (eds), *Les Etats–Unis d'Europe. Un project pacifiste*, Peter Lang, Berne, 2003, pp. 231–240.

255 Fulvio Conti, *Storia della massoneria italiana*, op. cit., p. 78.

256 *Ivi.*

257 Per il Belgio si veda John Bartier, *Laïcité et Franc-maçonnerie*, Edition de l'université de Bruxelles, Bruxelles,1981; per la Francia André Combes, *Histoire de la Franc-Maçonnerie au XIXe siècle*, vol. ii, Éditions du Rocher, Monaco, 1999, pp. 138–142.

258 *L'anticoncilio*, «L'Umanitario», 8 dicembre 1869, idem, 28 gennaio 1870; *Elenco delle*

del Grande Oriente d'Italia, invece, l'accoglienza fu assai fredda. Frapolli, infatti, fece pressioni affinché i "fratelli" non si recassero all'assise, venendo criticato per questa sua presa di posizione.

Coerentemente con questa sua linea guardinga, quando, nel 1870, scoppiò la guerra franco-prussiana, egli affermò che compito della massoneria era quello di promuovere la pace e non di sostenere una delle parti in lotta. L'evoluzione del conflitto culminato con la clamorosa sconfitta di Sedan, ebbe, però, conseguenze significative—e impreviste—nel campo massonico.

In primo luogo la guerra costrinse Napoleone III a ritirare, nell'agosto 1870, le truppe imperiali stanziate a Roma e ciò aprì nuove possibilità per proseguire nell'unificazione italiana. Pertanto, il governo italiano diede vita ad una commissione, composta da Agostino Bertani, Benedetto Cairoli, Crispi, Nicola Fabrizi e Urbano Rattazzi, che pianificò e portò a termine la conquista e l'annessione della Città Eterna.

Il Grande Oriente d'Italia, dalle pagine della «Rivista della Massoneria Italiana»—evoluzione del bollettino del Grande Oriente Italiano citato in precedenza e fortemente voluto dal Gran Maestro—sostenne pubblicamente l'ineluttabilità di questa operazione che sanciva la fine del potere temporale del Papa.[259]

Il secondo risultato della guerra franco-prussiana fu che, a pochi giorni di distanza dalla fatidica data del 20 settembre (giorno della presa della città eterna), Frapolli compì un gesto eclatante che sconfessava quanto da lui sostenuto: egli si dimise improvvisamente dalla carica, per recarsi in Francia a difendere—come volontario tra gli uomini di Garibaldi—la repubblica nata sulle ceneri del Secondo Impero.

3.6 Verso l'unificazione della massoneria italiana

Questa decisione mise in grave difficoltà il Grande Oriente d'Italia che si trovò improvvisamente senza una guida e in grave imbarazzo per una scelta squisitamente politica che rischiava di compromettere l'intera istituzione. Il Gran Consiglio, pertanto, si affrettò ad accettare le sue dimissioni e diede alle stampe una lettera di Frapolli in cui l'ex Gran Maestro

---

officine massoniche aderenti e rappresentate all'Anticoncilio, «L'Umanitario», 10 febbraio 1870.

259 Luigi Polo Friz, *La massoneria italiana nel decennio post unitario. Ludovico Frapolli*, op. cit., p. 203.

precisava che la sua scelta era strettamente personale e che non riguardava in alcuna misura la massoneria italiana. Iniziava così un processo di allontanamento del colonnello dall'Obbedienza che, più tardi, lo avrebbe portato ad essere fortemente critico nei confronti dell'organismo di cui era stato leader.[260]

Nel giro di breve tempo, però, la situazione si normalizzò e il deputato Giuseppe Mazzoni assunse le redini dell'Ordine.

Come il suo predecessore, egli apparteneva alla Sinistra democratica e, nel 1849, era stato alla guida—assieme a Francesco Domenico Guerrazzi e Giuseppe Montanelli—del triumvirato che aveva governato la Toscana dopo la cacciata di Leopoldo II di Lorena. Le sue posizioni ideologiche non intransigenti ma aperte al dialogo e i trascorsi patriottici riuscirono a rasserenare gli animi scossi dal traumatico abbandono di Frapolli ponendo anche le basi per la ripresa del dialogo con le disperse forze massoniche italiane.

Il 29 maggio 1871, di fronte ai rappresentanti di 97 logge, si tenne a Firenze un'assemblea che lo incoronò Gran Maestro, chiudendo così il breve periodo di reggenza. Tra i vari temi all'ordine del giorno ci furono l'approvazione del trasferimento della sede dell'Ordine da Firenze a Roma e la conferma della necessità di proseguire le trattative con tutte le componenti massoniche ancora indipendenti dal Grande Oriente d'Italia.[261]

A tale scopo fu nominata una commissione con l'incarico di prendere contatto con i gruppi dissidenti e di convocare un raduno per l'anno seguente a Roma in cui si affrontasse, in maniera definitiva, la questione. I prerequisiti per le logge partecipanti erano: avere almeno un anno di vita, essere in possesso di regolari bolle di fondazione e possedere un elenco degli iscritti.[262]

Il 28 aprile 1872 si inaugurava così, nelle sale del Teatro Argentina di Roma, un raduno che si prefigurava come uno dei più decisivi degli ultimi anni.

Dopo il rientro del gruppo legato al principe di Sant'Elia (1867) e delle logge afferenti al Rito Simbolico di Franchi (1868), si delineava la concreta possibilità di giungere ad una fusione con il Supremo Consiglio di Palermo. I suoi esponenti principali, infatti, la cui autorità si stava rapidamente

---

260 Alessandro Luzio, *La massoneria e il risorgimento italiano*, op.cit., vol. II, pp. 113–121.

261 Ulisse Bacci, *Il libro del massone italiano*, op.cit., p. 308.

262 Fulvio Conti, *Storia della massoneria italiana*, op. cit., p. 88.

sgretolando, si rendevano conto che ormai erano venuti meno gran parte degli ostacoli ideologici e culturali che avevano diviso le due Obbedienze. Per tale motivo, già sul finire del 1870, Campanella aveva offerto la propria disponibilità a partecipare ad una convention che avesse come obiettivo quello di ricomporre i dissidi.[263]

Inoltre, poche settimane prima di questo importante evento, si era spento Mazzini. I "fratelli" gli tributarono imponenti onoranze funebri non solo a Genova, sua città di origine, ma anche nel resto d'Italia. Mazzoni e Campanella chiamarono a raccolta i massoni italiani, dapprima per commemorare l'illustre defunto per sette sedute consecutive e poi a partecipare ad una cerimonia che vide sventolare, per la prima volta, i vessilli massonici nella città che ospitava da secoli il pontefice.[264] L'impressione di questo evento fu tale che la dirigenza stabilì che, da quel momento in poi, il 10 marzo, giorno della morte di Mazzini, sarebbe stato il giorno in cui il Grande Oriente d'Italia avrebbe commemorato i propri defunti.

Si giunse, quindi, a questa importante assemblea costituente sull'onda dell'emozione. Presso il teatro si radunarono, dal 28 aprile al 2 maggio i rappresentati di 153 logge che rappresentavano la quasi totalità del mondo massonico italiano.[265]

Di fronte a questa platea, dopo anni di dissidi, il Supremo Consiglio di Palermo decise di sciogliersi e confluire nel Grande Oriente d'Italia. Si chiudeva così, almeno per il momento, un periodo di divisioni all'interno della galassia massonica: tutte le forze disperse della massoneria erano virtualmente riunite in una sola Obbedienza.

Il secondo elemento fondamentale fu il rinnovato riconoscimento della piena libertà nella scelta dei riti da parte delle logge. D'altra parte, il riassorbimento del gruppo di Franchi era avvenuto proprio grazie alla garanzia che avrebbe ottenuto una dichiarazione di piena eguaglianza tra Rito Scozzese e Rito Simbolico. Contestualmente a ciò vi fu il riconoscimento del diritto ad avere scambi epistolari senza dover richiedere l'autorizzazione da parte

---

263 Federico Campanella, *A tutte le logge e corpi massonici italiani a qualunque rito appartengano*, «L'Umanitario», 24 dicembre 1870.

264 ASGOI, *Verbale* del 15 marzo 1872; *Funerali massonici*, in «L'Umanitario», 24 aprile 1872.

265 *Processi verbali dell'assemblea massonica costituente tenutasi nella valle del Tevere all'Oriente di Roma nei giorni 28, 29, 30 aprile, 1 e 2 maggio 1872*, Tip. Richiedei, Roma, 1872.

dei vertici del Grande Oriente d'Italia. Si ottenne, inoltre, un rafforzamento
dell'organo assembleare che ricevette il potere di eleggere il Gran Maestro e
tutte le figure di supporto della sua giunta (Gran Segretario, Gran Tesoriere, etc.) nonché la facoltà di sciogliere le logge.[266]

Le elezioni videro emergere vittorioso Mazzoni sul suo diretto avversario
Campanella (69 a 48), che fu poi risarcito con il titolo di Gran Maestro
Onorario, mentre Luigi Castellazzo e Luigi Pianciani furono eletti rispettivamente segretario e tesoriere. Depretis fu uno degli altri sconfitti eccellenti dal momento che l'ex ministro delle finanze - e futuro premier - non riuscì
ad ottenere la carica di Gran Maestro Aggiunto.

Già da questo accenno emerge con chiarezza l'elevato tasso di politicizza-
zione che contraddistingueva il Consiglio dell'Ordine: su 28 membri 15
erano parlamentari e 3 lo sarebbero diventati a breve (il riferimento è a Castellazzo, Camillo Finocchiaro Aprile e Corrado Tommasi Crudeli).[267]

Proprio questa stretta connessione con la politica fu il terzo elemento emblematico del raduno del 1872: esso sancì l'inizio di quell'intreccio che
legò le vicende massoniche a quelle della Sinistra democratica italiana.
Le riforme civili e politiche che le forze progressiste si proponevano erano parte integrante del patrimonio del Grande Oriente d'Italia e ciò ebbe
come conseguenza il formarsi di una vera e propria osmosi tra mondo massonico e mondo profano, con continui travasi di idee, progetti e uomini da
un versante all'altro.

La rinnovata compattezza della massoneria sembrò contribuire all'espansione che l'Obbedienza conobbe già a partire dall'anno seguente. Nel
marzo 1873, infatti, risultavano operanti 171 logge, di cui 15 all'estero. Le
regioni a più alta densità massonica erano la Sicilia e la Toscana, mentre
quelle più deboli erano Umbria, Lazio, Abruzzo e Molise.[268]

I dati, però, mostrano che si trattava di una crescita estemporanea poiché
il turnover degli iscritti era molto elevato e le logge stesse conducevano
una vita effimera con costanti demolizioni e nuove erezioni. Castellazzo,
di fronte all'assemblea plenaria del maggio 1874 segnalò che, nel solo anno

---

266 Fulvio Conti, *Storia della massoneria italiana,* op cit., pp. 92–93.

267 *Ivi,* p. 94.

268 *Elenco generale delle logge e corpi massonici appartenenti alla comunione nazionale italiana,* «Rivista della Massoneria Italiana» (d'ora in poi RMI), n. 6, 1873, pp. 3–7.

precedente, il Grande Oriente d'Italia era stato costretto a sospendere 70 officine perché non avevano dato alcun segno di vita.[269]

Nel corso di quell'anno, pertanto, si procedette ad un vero e proprio riordino con l'epurazione dei morosi e il contemporaneo impegno ad un censimento degli iscritti regolari e al consolidamento finanziario. A gestire gran parte dell'operazione fu Ulisse Bacci[270], archivista e direttore della «Rivista della Massoneria Italiana».

Il consesso del 1874 approvò un nuovo statuto che riprendeva le indicazioni del 1872 in merito alla presenza di logge professanti riti massonici differenti. L'Obbedienza fissò definitivamente per iscritto il riconoscimento ufficiale della piena eguaglianza e indipendenza di ciascun percorso di perfezionamento secondo la formula «libertà di riti, unità di governo».[271] Contrariamente alla prassi comune alla maggior parte dei paesi europei, ogni loggia poteva scegliere se appartenere al Rito Simbolico o al Rito Scozzese Antico ed Accettato. Decretato ciò l'autorità designata ne avrebbe gestito la vita rituale, amministrativa e giudiziaria. Soltanto nel 1920, sotto il Gran Maestro Ettore Ferrari, sarebbe stata approvata una riforma—mai divenuta operativa, ma ripresa poi nel dopoguerra—in cui si sottraeva il controllo delle logge agli organismi rituali avocandole al Grande Oriente d'Italia.

Nonostante questi passi avanti nel rafforzamento della stabilità istituzionale nei quindici anni successivi, dal punto di vista numerico, il Grande Oriente d'Italia non fece consistenti passi in avanti. Il saldo tra logge soppresse e nuove fondazioni rimase sostanzialmente in pareggio, mentre la media di iscrizioni si attestò tra le 400 e le 500 all'anno.[272]

L'assemblea del 1874 fu importante anche per ciò che riguarda il movimento cremazionista e le sue connessioni con il mondo massonico italiano.

L'idea di bruciare i cadaveri, infatti, era sorta in ambienti medici di ispirazione positivista e, tra i suoi obiettivi più o meno dichiarati, vi era quello di sottrarre alla Chiesa Cattolica—in nome del progresso e della scienza—uno dei momenti fondamentali della vita di un individuo.

---

269 *Bollettino ufficiale del Grande Oriente d'Italia*, vol. n. 1, Tip. Militare, Roma,1875, p. 14.

270 Ulisse Bacci (1846–1935). Giornalista di idee repubblicane e mazziniane, nel 1872 ottenne la direzione della «Rivista della Massoneria Italiana», incarico che mantenne sino al 1926, anno in cui le pubblicazioni furono sospese per ordine dell'autorità.

271 *Bollettino ufficiale del Grande Oriente d'Italia*, op. cit., n. 1, p. 60.

272 Fulvio Conti, *Massoneria e sfera pubblica nell'Italia liberale*, op. cit., p. 595.

Nel corso di quella assise, pertanto, si discusse il tema e dal dibattito che ne seguì emerse l'impegno dell'Obbedienza per la legalizzazione della pratica crematoria. L'auspicio era quello di trasformare i cimiteri in luoghi che accogliessero tutti, a prescindere dalla religione professata e dalla cerimonia seguita.[273]

Questa stretta osmosi tra movimento cremazionista e massoneria emerge chiaramente analizzando non solo i sostenitori di questa pratica funebre in Italia (si pensi a figure quali Amerigo Borgiotti, Gaetano Pini e Malachia De Cristoforis)[274] ma anche la presenza di "fratelli" tra i primi cremati. Tra le oltre 20.000 persone che, tra il 1876 (anno della prima cremazione ufficiale) e gli anni Venti del XX secolo, scelsero questo modalità vi furono diversi massoni tra cui il futuro Gran Maestro Adriano Lemmi e Andrea Costa, primo deputato socialista della storia d'Italia.[275]

L'attenzione di Mazzoni dopo il 1874 si concentrò nuovamente sugli ultimi gruppuscoli massonici che si ostinavano a rimanere indipendenti come il Supremo Consiglio di Catania, che professava il Rito egiziano di Memphis, o il Supremo Consiglio scozzese di Torino. I risultati che ottenne furono contrastanti: se il primo fu cooptato con successo nel Grande Oriente d'Italia—tanto che, nel 1881, Garibaldi accettò la carica di Gran Jerofante—, i rapporti con il secondo furono notevolmente più complicati. Nel 1875, i due principali esponenti di questo organismo, il garibaldino di origine polacca Alessandro De Milbitz e il medico Timoteo Riboli, accettarono di confluire nell'Obbedienza. L'anno seguente, però, quando si trattò di affrontare il problema del trasferimento della sede a Roma subentrarono dif-

273 *Bollettino ufficiale del Grande Oriente d'Italia*, op. cit., n. 1, pp. 49–50.

274 Malachia De Cristoforis (1832–1915). Appartenente ad una nobile famiglia milanese, si laureò in medicina presso l'università di Pavia nel 1856. Al lavoro presso l'ospedale Maggiore di Milano egli affiancò l'impegno come patriota, partecipando come volontario tra le truppe di Garibaldi (1859 e 1866). Eletto in Parlamento nel 1895, si schierò con Felice Cavallotti e il partito radicale, venendo riconfermato sino al 1904. L'anno seguente fu nominato senatore. Dal 1889 al 1904 fu assessore del comune di Milano, impegnandosi molto in favore delle istituzioni scolastiche.

275 Per una storia dei rapporti tra massoneria e cremazione si rimanda a Anna Maria Isastia, *La laicizzazione della morte a Roma: cremazionisti e massoni tra Ottocento e Novecento*, in «Dimensioni e problemi della ricerca storica», fasc. 2, 1998, pp. 55–96; Eadem, *La massoneria e il progetto di "fare gli italiani"*, in Fulvio Conti, Anna M. Isastia, Fiorenza Tarozzi (a cura di), *La morte laica. Storia della cremazione in Italia (1880–1920)*, vol. I, Scriptorium, Torino, 1998, pp. 179–271; Fulvio Conti, *Aspetti culturali e dimensione associativa*, pp. 1–105.

ficoltà e ripensamenti da parte dei dirigenti torinesi che fecero naufragare l'accordo.[276]

Tra le iniziative di Mazzoni si deve inoltre segnalare la creazione, intorno alla metà degli Anni Settanta, di una loggia destinata specificatamente ad accogliere uomini politici, funzionari statali ed esponenti della cultura in modo da garantire loro una certa riservatezza.

Già ai tempi del Grande Oriente Italiano era stata costituita la loggia "Osiride" che, sotto la guida di Buscalioni, accoglieva i vertici dell'Obbedienza e i principali esponenti della corrente cavouriana. In seguito, Frapolli aveva fondato, nel 1867, la loggia "Universo", con l'intento di accogliere in un solo luogo parlamentari e personalità influenti del Regno.

Mazzoni decise che il ruolo della "Universo" sarebbe stato svolto dalla "Propaganda": questa loggia, pertanto, sarebbe stata per tutta l'età liberale una delle camere di compensazione dell'élite politica ed economica italiana ed avrebbe risposto direttamente al Gran Maestro.[277]

Proprio qui, nel giugno 1877, fu iniziato Lemmi: uomo potente e facoltoso —soprannominato il «banchiere della rivoluzione»—era stato uno stretto collaboratore di Mazzini, il quale più volte ne aveva chiesto il supporto economico per le sue imprese[278]. La ricchezza finanziaria che aveva costruito nel corso degli anni, grazie ai traffici commerciali con l'Oriente, con le costruzioni ferroviarie e con i tabacchi, cui si affiancava la carriera politica nella sinistra democratica italiana, lo rendevano sicuramente una figura di primo piano all'interno del mondo massonico della capitale.

Non stupisce, pertanto, che la sua scalata ai vertici dell'istituzione sia stata rapidissima. Nonostante l'epurazione del 1874, il Grande Oriente d'Italia continuava a soffrire di una cronica carenza di fondi e la situazione rimaneva precaria.

L'assemblea plenaria del 1877, per risolvere questo problema, aveva stabilito poco tempo prima dell'ingresso di Lemmi, l'imposizione di un tributo straordinario di 20 lire per loggia. Cooptato nella commissione finanziaria, egli non esitò ad accollarsi i debiti che i "fratelli" avevano nei confronti dell'Ob-

---

276 MCRR, Carte Garibaldi, cass. 933, in. 7, lettera del 12 febbraio 1877.

277 Marco Novarino, *Grande Oriente d'Italia. Due secoli di presenza liberomuratoria*, Erasmo, Roma, 2006, pp. 35–36.

278 ASGOI, *Verbale* del 13 giugno 1877.

bedienza, guadagnandosi il riconoscimento dei vertici. L'anno seguente fu ricompensato per questa sua azione, venendo cooptato nel Consiglio dell'Ordine e designato come tesoriere, carica che mantenne sino al 1885.[279]

I perduranti problemi organizzativi spinsero il Grande Oriente d'Italia a ritornare sui propri passi, rafforzando nuovamente i poteri del Gran Maestro, restituendogli alcune delle prerogative sottratte nel 1872. Ciò avvenne durante la costituente del 1879 dove, peraltro, si approvò una mozione in cui si segnalava la necessità di un maggiore coinvolgimento della massoneria in favore delle classi lavoratrici e nella lotta alla povertà.[280]

In questi anni, iniziò a porsi anche il problema dei rapporti con il nascente movimento socialista che offriva soluzioni alternative alla questione del riscatto dei ceti popolari ma che, al tempo stesso, aveva punti di contatto con l'universo ideologico e valoriale dei "fratelli" italiani. Non si deve dimenticare, infatti, che nel Grande Oriente d'Italia militavano alcuni socialisti della prima ora.

L'atteggiamento dell'istituzione fu, quindi, ambivalente tanto che, di fronte a richieste delle logge sulla compatibilità tra appartenenza all'Internazionale e affiliazione alla massoneria, i vertici dell'Obbedienza si limitarono a ribadire che l'Ordine accoglieva tutti gli uomini onesti, a prescindere dai propri orientamenti religiosi o politici.[281]

Decisamente più chiara fu la scelta di campo in favore della celebrazione del movimento risorgimentale, esemplificata dai tanti monumenti che furono installati in giro per l'Italia in quegli anni. Un chiaro esempio di questa attività massonica furono il monumento eretto a Mentana nel 1877, a ricordo della fallimentare spedizione garibaldina per la conquista di Roma e quello inaugurato tre anni dopo a Milano per commemorare il medesimo episodio.[282]

La massoneria finì così per ritagliarsi un ruolo di primo piano nel processo di nation-building basato sulla costruzione del mito del Risorgimento e di una liturgia patriottica il cui obiettivo ultimo era legittimare il fragile stato unitario rafforzandone il consenso tra i ceti medi e popolari.[283]

---

279 Ulisse Bacci, *Il libro del massone italiano*, op. cit., pp. 358–359.

280 *Riassunto dell'assemblea*, in «Rivista della Massoneria Italiana», n. 8, 1879, p. 122.

281 ASGOI, *Verbale* dell'8 dicembre 1878.

282 Fulvio Conti, *Storia della massoneria italiana*, op. cit., p. 105.

283 Fulvio Conti, *La massoneria e il mito del Risorgimento*, in «Il Risorgimento», fasc. 3,

Del decennio contrassegnato dalla figura di Mazzoni è possibile avere un quadro sociologico sufficientemente attendibile sulla composizione degli iscritti grazie ad un documento risalente al 1874. Questo elenco offre una istantanea di 45 logge (sulle 134 complessive) con i nominativi di circa 1.900 "fratelli".[284]

Dalla sua analisi emerge come la massoneria italiana fosse un'associazione di estrazione borghese: il 40.5% degli affiliati era composto da impiegati, insegnanti, commercianti e pensionati, cui si affiancavano un 2.4% di ragionieri, geometri, veterinari, ottici ed agrimensori. Dopo questo gruppo abbastanza omogeneo, seguivano, pressoché a pari merito, liberi professionisti (13.9%), possidenti e benestanti (13.6%). Spiccavano per la loro esigua presenza i funzionari pubblici (1.7%) nonché grandi imprenditori e finanzieri (1.4%).[285]

All'opposto, si segnalava la presenza di lavoratori manuali—artigiani, operai, addetti ai servizi—che raggiungevano circa il 20% del totale. Si tratta di un elemento molto interessante che, se sommato al 2.6% di ufficiali marittimi, mostra come la massoneria avesse un certo appeal nei confronti di ceti sociali rimasti sinora economicamente ai margini della vita italiana. Altro elemento di indubbio interesse è l'adesione alla massoneria di un numero ristretto ma abbastanza significativo di appartenenti alle forze armate e di artisti (3.2%).

L'11 maggio del 1880 si spegneva, dopo una breve e violenta malattia, Mazzoni. A succedergli fu chiamato l'anziano patriota—e cospiratore—Giuseppe Petroni. Carbonaro, divenuto un seguace di Mazzini aveva trascorso diciassette anni nelle carceri dello Stato della Chiesa (dal 1853 al 1870).

Sotto la sua direzione il Grande Oriente d'Italia completò il processo di riordinamento iniziato nel 1874. Le logge e i "fratelli" che non erano né attivi né quotizzanti furono definitivamente espulsi dall'organizzazione. In questo modo si rinserravano le fila, eliminando quegli elementi che avevano limitato la capacità di azione e influenza dell'associazione. Altro aspetto che concorse al risanamento finanziario fu la decisione, fortemente voluta

2000, pp. 503–519.

284 Archivio Centrale dello Stato di Roma, *Fondo massoneria*, registro 1874.

285 Jean–pierre Viallet, *Anatomie d'une obédience maçonnique: le Grand Orient d'Italie (1870–1890 circa)*, in «Mélanges de l'Ecole française de Rome. Moyen–Age, Temps modernes», vol. 90, fasc. 1, 1978, pp. 171–237.

da Lemmi, di elevare la tassa di iscrizione a 100 lire (per il momento su base volontaria). Essa fu introdotta il 20 luglio 1880 a brevissima distanza dalla nomina di Mazzoni a Gran Maestro, a riprova di quanto precarie rimanessero le condizioni finanziare dell'Ordine.[286]

L'adozione di questo provvedimento ebbe immediati risultati sulle casse del Grande Oriente d'Italia e contribuì a convincere i massimi dirigenti che si aprivano nuove possibilità di intervento sul tessuto socioeconomico del paese: l'organizzazione poteva ora assumere un ruolo trainante nel panorama nazionale.

In occasione delle elezioni politiche del 1882, le prime a suffragio allargato (i votanti erano ora più di 2 milioni rispetto ai 620.000 iniziali), il Grande Oriente d'Italia si pronunciò in maniera decisa. In primo luogo, invitò i propri iscritti ad assumere il controllo della macchina elettorale, nel timore che l'accresciuto numero di elettori e le nuove modalità di scrutinio dessero luogo a brogli e corruzione. In sostanza, la massoneria si doveva porre come garante del corretto svolgimento delle operazioni di voto.

In secondo luogo, Mazzoni abbandonò le ambiguità del passato uscendo allo scoperto e dando precise indicazioni ai propri membri: i "fratelli" dovevano scegliere esclusivamente i candidati di ispirazione democratica e progressista e contrari al programma trasformista della Sinistra guidata da Depretis.[287]

Questo supporto si muoveva dal presupposto che un successo elettorale delle forze progressiste avrebbe portato alla "modernizzazione" della società civile. In particolare s'immaginava un graduale rafforzamento delle basi sociali dello Stato grazie al coinvolgimento di ceti sociali sinora rimasti ai margini del processo unitario.

Sempre in questa ottica di svecchiamento del paese, di lotta all'ignoranza e diffusione di un sentimento di appartenenza alla nazione italiana, nel corso della riunione annuale del 1881 si discusse nuovamente se fosse il caso o meno di dar vita a logge femminili di adozione. Secondo i fautori di questo progetto, nuovamente cassato, grazie a questa operazione la donna sarebbe stata finalmente strappata alla superstizione diventando una moglie, una madre e una cittadina all'altezza dei nuovi tempi.[288]

---

286 *Circolare n. 14*, in « Rivista della Massoneria Italiana», n. 14–15, 1880, pp. 230–231.

287 *Circolare n. 6*, in « Rivista della Massoneria Italiana», n. 18–19, 1882, pp. 296–297.

288 *Congresso massonico di Milano*, in « Rivista della Massoneria Italiana», n. 4, 1882, p. 52.

La Chiesa Cattolica colse immediatamente il netto cambio di passo della massoneria e la sua accresciuta capacità di incidere sul tessuto sociale.
Non è un caso, infatti, se il 20 aprile 1884 papa Leone XIII emanava l'enciclica *Humanum Genus*. Egli ricordava ai fedeli, per l'ennesima volta, l'azione illegittima che aveva portato alla fine del potere temporale della Chiesa
addossandone la colpa alla "setta" massonica. L'immagine emergente della
massoneria era quindi quella di una oscura e diabolica conventicola colpevole di ogni nefandezza («sinagoga di Satana» fu una delle definizioni
usate nel testo).[289]

Questa pubblicazione diede il via ad un'intensa attività antimassonica
che vide la diffusione di numerosi pamphlet, spesso scritti da ex massoni e caratterizzati dal gusto per il sensazionale e il terrificante. Il francese
Gabriel-Antoine Jogand Pagés—meglio noto come con il suo nome d'arte
Léo Taxil—fu il principale esponente di questo filone anche se non mancarono anche autori italiani (il pensiero va a Domenico Margiotta). Tutti costoro produssero opere di successo in cui le logge venivano descritte
come luoghi in cui la depravazione imperava e dove si compivano immondi
riti satanici. L'impatto che le opere ebbero sull'opinione pubblica fu significativo perché contribuirono a fissare l'immagine stereotipata del massone
potente, dissoluto e mosso da interessi socio-economici antitetici a quelli
nazionali.[290]

Il fenomeno avrebbe raggiunto il suo apice nel settembre 1896 allorché
nella città di Trento si tenne un Congresso Antimassonico. Fu in questo
clima avvelenato che si concluse l'esperienza di Petroni come Gran Maestro: l'assemblea riunitasi a Roma il 16 gennaio del 1885—a cui partecipò
anche Crispi, il quale ottenne un posto nel Consiglio dell'Ordine—sancì il
passaggio di consegne a Lemmi, dopo aver approvato alcune modifiche che
rafforzavano ulteriormente l'autorità del Gran Maestro. Ora, infatti, egli poteva gestire, a proprio insindacabile giudizio, i rapporti con le Obbedienze
straniere e il patrimonio finanziario dell'associazione.[291]

---

289 Aldo Alessandro Mola, *Adriano Lemmi. Gran Maestro della nuova Italia (1885–1896)*,
   Erasmo, Roma, 1985, p. XXV.

290 Per una ricostruzione del movimento antimassonico si veda Luigi Pruneti, *La Sinagoga di Satana. Storia dell'antimassoneria (1725–2002)*, Laterza, Roma–Bari, 2002.

291 *Assemblea costituente,* in « Rivista della Massoneria Italiana», n. 1–2, 1885, p. 1–13.

3.7 L'età di Lemmi

Fin dalla prima circolare (26 gennaio), il nuovo leader del Grande Oriente d'Italia espresse chiaramente quella che sarebbe stato uno dei punti cardini della sua politica: rafforzare l'autorità della massima carica dell'Ordine.[292]

A suo giudizio questa concentrazione del potere era indispensabile poiché ciò avrebbe posto un freno a tutte quelle azioni non concertate e indisciplinate di "fratelli" e singole logge che, nel corso degli anni, avevano danneggiato l'immagine pubblica della massoneria italiana. Depurando la massoneria dei suoi elementi «nocivi e inutili», essa sarebbe ritornata al suo antico splendore[293]. Tutto questo implicava un cambiamento di rotta rilevante e il tramonto definitivo dell'idea radicata in precedenza che si dovesse ampliare il più possibile il numero di aderenti. Ciò che interessava al Gran Maestro, infatti, era trasformare il Grande Oriente d'Italia in un luogo di ritrovo dell'élite italiana più influente e culturalmente più importante.

Non stupisce, pertanto, che, nel 1887, Lemmi riuscisse a far approvare dall'assise nazionale l'obbligo della capitazione di 100 lire per ogni nuovo iscritto in precedenza solamente volontaria: in tal modo si poteva ottenere un primo nucleo patrimoniale che permettesse il finanziamento di attività utili ai suoi disegni. Non si deve dimenticare, infatti, che, come si è detto più sopra, il fondo era supervisionato e gestito direttamente da lui.[294]

La decisione di imporre questo esborso, per quanto rateizzabile, ebbe un'ulteriore conseguenza: l'allontanamento degli elementi più popolari che ancora permanevano nel Grande Oriente d'Italia. La massoneria diventava così socialmente più omogenea e coesa, espressione di una borghesia formatasi nel culto delle vicende risorgimentali, anticlericale, fiduciosa nella modernizzazione e laicizzazione della società italiana.[295]

Nell'ottica del Gran Maestro, il Grande Oriente d'Italia assumeva sempre più i contorni di un gruppo di pressione e con tale idea in mente egli fece inviare, nel febbraio del 1886, un questionario a tutte le logge per raccogliere

---

292 MCRR, Carte Crispi, cass. 660, ins. 15, circolare del 26 gennaio 1885.

293 Ibidem.

294 *Costituzioni generali del Grande Oriente d'Italia discusse ed approvate dall'assemblea costituente del 1887*, Civelli, Roma,1887.

295 Marco Novarino, *Progresso e Tradizione Libero Muratoria*, op. cit., pp. 85–86.

informazioni sulle attività delle organizzazioni cattoliche locali e conoscere in che modo esse si relazionavano con le autorità locali e influivano sulle elezioni politiche e amministrative. Da questa mole di dati egli contava di individuare delle modalità da poter replicare in funzione di un maggiore impegno massonico in ambito "profano". Due anni dopo egli ordinava che ogni loggia si dotasse di cinque commissioni permanenti con compiti specifici: vigilare sulle opere pie, sulle elezioni amministrative, sull'operato dei sindaci, sulle condizioni e sull'indirizzo delle scuole elementari e, infine, individuare di quali servizi abbisognassero i centri urbani.[296]

Coerentemente con il nuovo corso inaugurato, egli, in occasione della tornata elettorale del 1886, si distanziò dal suo predecessore non schierandosi con l'estrema sinistra, ma si collocò sulle posizioni della Sinistra Storica, lasciando ai Venerabili la scelta dei candidati da sostenere.[297]

Lemmi colse un nuovo successo personale nel febbraio del 1887, quando riuscì a risolvere l'annosa divisione che lacerava il Rito Sozzezze, ottenendo finalmente la fusione del Supremo Consiglio di Torino con quello di Roma. Diretta conseguenza di questa operazione fu la sua nomina a Sovrano Gran Commendatore per la durata di nove anni.[298] Non era mai successo prima che un Gran Maestro cumulasse entrambe le cariche e ciò contribuì a far percepire l'azione del banchiere di origini livornesi come una conferma della sua volontà di controllo di tutti i gangli vitali dell'istituzione.

La sua mano ferma provocò malumori che esplosero nel 1886. All'interno della sfera massonica i primi che espressero apertamente il proprio dissenso furono, ancora una volta, i "fratelli" lombardi. Questi ultimi, molto attenti alla questione sociale, avevano sempre accolto all'interno delle proprie fila membri di estrazione piccolo-borghese se non addirittura popolare. A loro avviso, l'imposizione delle 100 lire portava ad una completa alterazione del processo di selezione dei "profani" spostando il focus dal merito e dalle qualità alla mera disponibilità economica.[299]

Inoltre, i dissidenti mettevano in luce uno dei principali difetti delle assemblee generali che si tenevano a Roma: la maggior parte delle logge non ri-

---

296 *Circolare n. 10*, in «Rivista della Massoneria Italiana», n. 1–2, 1888, p. 3.

297 *Notizie della Comunione*, in «Rivista della Massoneria Italiana», n. 1–2, 1886, p. 9–10.

298 MCRR, Carte Crispi, cass. 660, ins. 15, circolare del 12 febbraio 1887.

299 *Ragioni dell'ultimo movimento massonico milanese*, in «Humanitas», n. 1, 1886, p. 2.

uscivano a partecipare alle adunanze e, pertanto, si limitavano a nominare come loro rappresentanti uomini che risiedevano nella capitale e che, spesso, erano strettamente legati ai vertici dell'Obbedienza. Altro elemento che contribuiva ad irritare gli animi era il rinnovato divieto di comunicare tra le logge senza l'esplicita autorizzazione della Giunta.[300]

L'ultima decisione che fece esplodere il conflitto fu il rifiuto di diffondere una circolare che invitava alla creazione, da parte delle logge, di commissioni anticlericali nelle varie regioni del paese. Lemmi, pur condividendo lo spirito dell'iniziativa, riconobbe che tale progetto non teneva sufficientemente conto della complessa e variegata situazione italiana, dal momento in cui esistevano aree in cui l'opera di "apostolato laico" risultava estremamente ostica e controproducente per chi la promuoveva.[301]

Per tutta risposta, un numero significativo di membri delle logge "La Ragione" e "La Cisalpina" di Milano emise un ordine del giorno in cui criticavano apertamente l'operato del Gran Maestro. Lo scontro frontale tra le due opposte fazioni ebbe come naturale conseguenza una scissione. Ai dissidenti provenienti delle logge milanesi si aggiunsero poi la "Scienza e Lavoro" di Firenze, la "Cairoli" di Arezzo, la "Felice Orsini" e "Il Dovere" di Livorno nonché la "Carlo Valle" di Alessandria. Il passato di quest'ultima era un chiaro esempio di come tutto il conflitto si riconducesse più a posizioni politico-ideologiche che a questioni di natura organizzativa. Essa, infatti, era già stata depennata dal Grande Oriente d'Italia perché i suoi dignitari si erano rifiutati di giurare utilizzando la formula del Grande Architetto dell'Universo.[302]

Nel giro di breve tempo vennero costituite altre 8 officine per accogliere ulteriori ribelli. Nel dicembre 1886 nacque, infine, la "G.B. Prandina" che ebbe immediatamente una connotazione particolare: Demetrio Prada la definì «la prima loggia italiana veramente operaia» perché essa si proponeva di accogliere anche ceti popolari fin qui rimasti estranei alla famiglia massonica perché considerati intellettualmente e culturalmente deficitari.[303]

---

300 Marco Novarino, *Progresso e Tradizione Libero Muratoria,* op. cit., pp. 86–87.

301 ASGOI, Lettera del 13 settembre 1885.

302 *La Loggia Carlo A. Valle,* in « Rivista della Massoneria Italiana», n. 6-7, 1886, pp. 52–53.

303 *Parole del fr∴ D∴ Prada,* in «Humanitas», n. 6, 1886, p. 3.

Di fronte a questa scissione il Grande Oriente d'Italia stabilì, a differenza di altre occasioni, di prendere la decisione di ignorare completamente il gruppo e passare sotto silenzio qualsiasi notizia al riguardo.[304]

Il progetto di Lemmi, intanto, subiva un'ulteriore spinta. Crispi, confermato nel consiglio direttivo del Grande Oriente d'Italia nel maggio del 1887, a luglio assumeva l'incarico di presidente del Consiglio. Il fatto che un "fratello" nel 1887 avesse ottenuto la guida del paese, lasciava presagire un'accelerazione di quelle riforme sociali vagheggiate da molti esponenti della massoneria e Lemmi si proponeva proprio di fare pressioni in questa direzione.

In ambito di politica interna, alcuni atti dello statista siciliano sembrarono rispondere alle aspettative. Nel gennaio 1888, ad esempio, il capo del governo fece destituire il sindaco di Roma, Leopoldo Torlonia, perché aveva inviato, a nome della cittadinanza, gli auguri al Papa.[305]

Sul piano della politica estera, invece, la situazione era completamente differente. Crispi era un fervente sostenitore della Triplice Alleanza, in contrasto con il sentimento filofrancese che permeava la maggioranza dei membri dell'Ordine.

La competizione coloniale tra Francia e Italia, esasperatasi con l'occupazione francese della Tunisia, con lui alla guida del paese si trasformò in una tensione crescente e, nel 1888, si prospettò addirittura una guerra. Di fronte a questo possibile scenario, le forze dell'estrema sinistra e i giornali democratici organizzarono numerose manifestazioni in favore della pace.

Lemmi, preoccupato di eventuali colpi di mano da parte dei "fratelli", emanò una circolare che proibiva la partecipazione a questi cortei, generando malumori in diverse logge, cui dovettero porre rimedio i membri più influenti del Consiglio dell'Ordine. Nel dicembre del 1888, ad esempio, i dirigenti del Rito Simbolico trasmisero a tutte le logge di loro pertinenza una comunicazione nel tentativo di rasserenare gli animi.[306]

Un ulteriore elemento che fece molto discutere fu l'entusiastica accoglienza dell'imperatore Guglielmo II. Nel corso della sua visita a Roma in ottobre, infatti, il Grande Oriente d'Italia espose i suoi gonfaloni sulla facciata

---

304 *Tolleranza Mass.*·., in «Humanitas», n. 1, 1886, p. 6.

305 Fulvio Conti, *Storia della massoneria italiana*, op. cit., pp. 123–124.

306 *Notizie massoniche della Comunione*, in «Rivista della Massoneria Italiana», n. 17–18, 1888, pp. 283–284.

della propria sede diramando, al contempo, una circolare in cui si esaltava l'amicizia e l'alleanza che legava il regno d'Italia all'impero tedesco.[307]

Lemmi, consapevole delle voci che si levavano contro il suo acritico sostegno all'azione di Crispi, decise di giocare d'anticipo puntando sulla convocazione di un plebiscito in cui i "fratelli" si esprimessero sul suo operato. Il netto successo di tale iniziativa rafforzò la sua posizione e gli permise di proseguire la propria strategia per far diventare la massoneria il volano del processo di "modernizzazione" e laicizzazione del paese.

All'interno di questo progetto, un posto rilevante spettava al culto del Risorgimento e dei suoi protagonisti.

La ricerca di "santi laici", però, non si limitò agli uomini che avevano contribuito all'unificazione ma si spinse più indietro nel tempo, individuando nel passato remoto alcune figure emblematiche ed eretiche. Tra tutti il filosofo Giordano Bruno era il più famoso e significativo. Il Grande Oriente d'Italia organizzò una imponente manifestazione per festeggiare l'inaugurazione del monumento in suo onore in Campo de' Fiori a Roma. Il 9 giugno 1889 giunsero oltre 3.000 "fratelli" da tutta Italia che sfilarono, con i propri vessilli, per le vie della capitale, indirizzandosi verso la piazza. Si trattava di una clamorosa esibizione di forza che dimostrava il vigore della massoneria italiana lanciando, al tempo stesso, una sfida al Vaticano.[308]

La convinzione delle istituzioni ecclesiastiche di una attività massonica volta a indebolire, se non a distruggere, le fondamenta e i valori cristiani fu rafforzata dall'impegno—di singole logge e poi del Grande Oriente d'Italia—in favore dell'introduzione del divorzio e della preminenza del matrimonio civile su quello religioso. Il culmine di questa azione si ebbe all'inizio degli anni Novanta e vide come protagonisti, nel dibattito pubblico, due massoni, l'avvocato Giuseppe Ceneri e l'ex ministro Tommaso Villa.[309]

---

307 *Notizie massoniche della Comunione*, in «Rivista della Massoneria Italiana», n. 14–15–16, 1888, pp. 248–249.

308 Fulvio Conti, *Storia della massoneria italiana*, op. cit., pp. 127–128.

309 Tommaso Villa (1832–1915). Laureatosi in giurisprudenza, il giovane piemontese collaborò a molti giornali della Sinistra piemontese. Eletto deputato nel 1865, si batté per la revoca della proscrizione di Mazzini e per la scarcerazione di Garibaldi dopo il suo fallito tentativo di occupare Roma. Legato a Benedetto Cairoli, fu chiamato a ricoprire la carica di ministro degli Interni e, successivamente, di ministro di Grazia e giustizia (1879–1881). Presidente della Camera dal 1895 al 1897 e dal 1900 al 1902, nel 1909 divenne senatore.

La comunità massonica si attivò per sostenere il disegno di legge, raccogliendo fondi e promuovendo pubblicazioni e comitati per sensibilizzare l'opinione pubblica in merito. Tutto questo sforzo, però, non approdò a nulla grazie alle numerose iniziative cattoliche in favore dell'indissolubilità del matrimonio (nel 1892 sarebbe poi nato il Comitato per la difesa del matrimonio). Entrambi i tentativi compiuti quell'anno in Parlamento da Villa (12 marzo e 7 dicembre) furono sempre bocciati, a conferma che si trattava di un tema sentito solo da una minoranza del Paese.[310]

La massoneria durante il periodo in cui Lemmi fu Gran Maestro ebbe, anche grazie alla maggiore visibilità, un notevole consolidamento organizzativo. Il numero di logge italiane conobbe un deciso incremento passando dalle 107 del 1885 alle 136 del 1897. A fronte di una diminuzione di quelle situate al di fuori dalla Penisola (con l'esclusione dell'Argentina e dell'Egitto), si assistette ad una omogeneizzazione della disposizione geografica. Molte delle nuove realtà che si vennero a costituire nacquero in aree del paese che sinora erano rimaste escluse dalla penetrazione massonica e la situazione vedeva ora un 33% di logge nel Settentrione, un 29,4% nel Centro, un 19,99% nel Mezzogiorno e il restante 17,7% nelle Isole. Infine, la media di nuovi iscritti nell'ultimo decennio del XIX secolo si aggirava intorno al migliaio l'anno, a riprova del fascino e dell'attrazione esercitata sui ceti urbani.[311]

3.8 La caduta di Lemmi

L'inaugurazione del monumento a Giordano Bruno rappresentò il momento di massima gloria per Lemmi. Da quel momento in avanti, iniziò una fase particolarmente delicata per il capo supremo del Grande Oriente d'Italia. Oggetto da tempo, da parte della carta stampata di orientamento cattolico-tradizionalista, di accuse sul suo passato—di cui si riparlerà più avanti—egli, a partire dal 1889, fu accostato ad alcuni gravi scandali che minarono gravemente il suo prestigio.

Il primo di questi fu che lui aveva guadagnato 340.000 lire alle spalle dei contribuenti grazie ad una speculazione legata ad una fornitura di tabacco per il monopolio statale. Grazie al benestare di Crispi, infatti, egli aveva ot-

---

310 Silvano Montaldo, *Il divorzio: famiglia e nation building nell'Italia liberale*, in «Il Risorgimento», n. 1, 2000, pp. 5–57.

311 Fulvio Conti, *Storia della massoneria italiana*, op. cit., pp. 136–140; Marco Novarino, *Progresso e Tradizione Libero Muratoria*, op. cit., pp. 124–125.

tenuto che la ditta americana, di cui era il rappresentante in Italia, avesse
la commessa e questa, dopo una serie di traffici illegali, aveva fatto pagare il
tabacco al governo italiano un prezzo nettamente superiore[312].

La vicenda, oggetto di interrogazioni parlamentari, ebbe vasta eco sui giornali e gettò un'ombra di discredito sul Grande Oriente d'Italia, dal momento che si diffuse la convinzione che Lemmi avesse fatto uso delle sue relazioni massoniche per coprire il misfatto (oltre a Crispi, nella compagine
governativa appartenevano alle fila dell'Ordine 5 ministri e un sottosegretario).[313]

La notizia che maggiormente danneggiò la sua reputazione fu, però, il coinvolgimento nel caso della Banca Romana.

Questo istituto di credito era una delle sei strutture, a livello nazionale, au-
torizzate alla stampa delle banconote da mettere in circolazione. Compro-
messisi nella speculazione edilizia che aveva coinvolto Roma e le principali
città italiane tra 1889 e 1893, esso si trovò in serie difficoltà economiche.
Per sopperire a questa eccessiva erogazione di credito la banca produsse
65 milioni di lire oltre il limite legale, duplicando i numeri di serie. Successivamente, di questa mole di denaro ben 40 milioni furono prestati a
fondo perduto a deputati e ministri del governo italiano, tra i quali Crispi e
Giovanni Giolitti (nel 1892 alla sua prima esperienza da premier). I risultati della commissione d'inchiesta vennero resi pubblici nel dicembre del
1892 sollevando un enorme polverone cui seguì una inchiesta giudiziaria
che portò ad arresti eccellenti.[314]

Vista messa in dubbio la propria moralità, Lemmi cercò di correre ai ripari e
riguadagnare consenso. Per tale motivo rilanciò l'opera di riorganizzazione
e rafforzamento delle strutture amministrative e di gestione dell'Ordine. Le
costituzioni approvate nel 1893 modificarono la procedura di elezione del
Gran Maestro, attribuendo a tutti i Venerabili a capo delle logge il diritto
di voto. La designazione della guida suprema del Grande Oriente d'Italia
assumeva così i contorni di una scelta democratica, garantendo una legittimità nuova e scarsamente oppugnabile.[315]

---

312 Ferdinando Cordova, *Massoneria e Politica in Italia (1892–1908)*, Laterza, Roma–
    Bari, 1985, pp. 13–15.

313 *Ivi*, p. 45.

314 Enzo Magrì, *I ladri di Roma. 1893 lo scandalo della Banca Romana: politici, giornalisti,
    eroi del Risorgimento all'assalto del denaro pubblico*, Mondadori, Milano, 1993.

315 *Costituzioni generali della massoneria in Italia. Discusse ed approvate dall'assemblea costi-*

Per coadiuvare l'azione del Gran Maestro fu poi istituito un nuovo organo, chiamato Giunta Esecutiva e composto da un numero ristretto di "fratelli", che divenne il vero nucleo direttivo dell'Obbedienza.

La posizione di Lemmi era difficile, ma il colpo di grazia arrivò da colui che più di tutti gli era stato vicino sul piano ideologico e politico, ovverosia Crispi. Dopo le aperture riformiste del governo, infatti, il presidente del consiglio—rientrato in carica dopo una breve parentesi—si attestò su di una linea autoritaria e favorevole ad un rappacificamento con il Vaticano.

La repressione dei Fasci siciliani rappresentò un momento determinante di questa parabola. A partire dal 1891 la Sicilia era stata percorsa da proteste da parte del proletariato urbano e del bracciantato agricolo contro lo strapotere dei latifondisti e l'assenza dello Stato. L'unità, infatti, non aveva sostanzialmente modificato le condizioni socio-economiche di sudditanza di queste classi sociali e la redistribuzione delle terre rimaneva un problema particolarmente sentito.

La tensione si acuì con l'autunno del 1893, quando il movimento organizzò scioperi in tutta l'isola e tentò una insurrezione generalizzata. A seguito delle dimissioni del governo Giolitti, Crispi, riottenuto l'incarico di premier, si occupò della faccenda scegliendo la strada della repressione. Egli autorizzò un intervento militare che, tra il dicembre 1893 e il gennaio 1984, portò ad esecuzioni e arresti di massa.

L'ala democratico-radicale, insofferente per la repressione governativa dei lavoratori in sciopero, espresse il proprio dissenso in maniera sempre più vigorosa costringendo il Gran Maestro a intervenire. Nei primissimi giorni di febbraio del 1894, Lemmi affermò di riporre «intera fiducia» nel "fratello" e «amico» Crispi, proprio mentre stava maturando nello statista meridionale un drastico cambiamento che lo avrebbe portato ad assumere posizioni politiche inedite.[316]

Quel settembre, infatti, il presidente del Consiglio pronunciò a Napoli un discorso che sarebbe rimasto famoso per la dichiarazione che, in nome della comune lotta all'anarchismo, l'autorità civile e quella religiosa (ovverosia il Vaticano) dovevano procedere di comune accordo: in tal modo si sareb-

---

tuente del 1893, Tip. Civelli, Roma, 1893.

316 *Governo Crispi sotto tutela di Adriano Lemmi*, in «La Lega Lombarda», 1–2 febbraio 1894.

bero ricondotte sulla retta via le masse popolari attirate da questi richiami che destabilizzavano l'ordine sociale.[317]

Lemmi e i suoi sodali vissero questo mutamento dell'azione di governo come un vero e proprio tradimento e ciò aprì una profonda ferita all'interno della comunità massonica. Agli occhi di molti, infatti, le parole pronunciate da Crispi costituivano un'aperta sconfessione di tutta l'epopea risorgimentale.

Il Gran Maestro era accusato di essersi legato troppo alle fortune politiche di Crispi, facendo così diventare il Grande Oriente d'Italia una sorta di quinta colonna asservita agli interessi di una fazione. Il governo dell'Ordine, inoltre, aveva abdicato ai quei principi ispiratori che avrebbero dovuto essere il fondamento di tutta la sua azione nella società "profana": la difesa delle libertà civili e della laicità dello Stato.

Al Gran Maestro si poneva ora la difficile questione su come reagire di fronte a questo avvenimento che apriva nuovi orizzonti nella politica italiana. Le logge milanesi chiesero delucidazioni a Lemmi, nel tentativo di spingere il Grande Oriente d'Italia ad assumere una posizione di netta condanna dell'illustre "fratello". Questa richiesta ebbe immediatamente un risvolto "profano", varcando il ristretto ambito massonico e giungendo sui giornali. Non fu solamente la stampa clericale—tradizionalmente molto attenta—a seguire con interesse la vicenda ma anche i più importanti organi d'informazione di orientamento democratico e anticrispino, quali «Il Secolo» e «La Tribuna».

Proprio «Il Secolo», che stava intensificando la propria campagna contro il presidente del Consiglio, riportò con enfasi lo scambio epistolare tra i soggetti coinvolti, sottolineando come la risposta del Gran Maestro fosse stata considerata insoddisfacente e titubante: le logge erano pronte allo scisma.[318]

Mentre gli eventi stavano precipitando, si giunse al congresso nazionale (tenutosi a Milano il 20 settembre). Il capo supremo della massoneria italiana, consapevole del momento difficile, cercò di spostare l'attenzione sui temi di natura economica (estensione della mezzadria, ripartizione delle terre incolte, imposizione di una fiscalità progressiva) o legati alla laicità

---

317 *L'inaugurazione di una lapide a Napoli*, in «La Lega Lombarda», 11–12 settembre 1894.

318 *La massoneria contro Crispi*, in «Il Secolo», 13–14 settembre 1894.

(abolizione delle guarentigie ecclesiastiche, applicazione della legge sull'a-
bolizione delle corporazioni religiose, ampliamento del controllo statale
sugli enti religiosi). Ciononostante, non mancarono alcuni spiacevoli episodi di dissenso, condensati nel grido di «abbasso a Crispi» partito dalla
platea.[319]

Alla fine del congresso, il Grande Oriente d'Italia era chiaramente diviso
in due schieramenti: da una parte vi erano coloro che, pur con dei tentennamenti, continuavano a sostenere lo statista siciliano, dall'altra c'era chi
rifiutava in toto la politica del suo governo e voleva un impegno preciso
dell'Obbedienza in tal senso. Tra questo ultimi spiccava l'avvocato Ono-
rato Barbetta che, nel corso del dibattito, si era spinto a dipingere Crispi
come un uomo machiavellico disposto a tutto per il proprio tornaconto.[320]

Il mese seguente giungevano due notizie a turbare ulteriormente gli
animi: il 28 ottobre le associazioni socialiste venivano sciolte d'imperio
dall'esecutivo e, nei giorni seguenti, il nuovo arcivescovo di Milano, Andrea Carlo Ferrari, era accolto con tutti gli onori dal commissario straordinario della città, il quale lo accompagnò in carrozza per le vie del capoluogo lombardo.[321]

Il 9 dicembre, durante la riunione del Consiglio dell'Ordine, cui parteciparono il Gran Maestro e 25 consiglieri, emersero nuove spaccature.
Se l'opposizione democratica e radicale—incarnata da Giuseppe Mussi,
Federico Rebessi e Felice Massano—premeva per rompere ogni indugio
e spezzare qualsiasi vincolo di solidarietà con il governo, all'interno del
fronte crispino si manifestarono due posizioni differenti: da una parte vi
erano personalità come Giovanni Bovio e Salvatore Barzilai[322] che, pur sostenendo l'azione governativa, riconoscevano le ragioni e le irrequietezze
dei "fratelli", dall'altra vi erano esponenti di primo piano come Alberto

---

319 *Il Congresso massonico italiano*, in «Il Secolo», 22–23 settembre 1894.

320 *Il Congresso massonico e il rapporto tra Stato e Chiesa*, in «La Sera», 26 settembre 1894.

321 Fulvio Conti, *Storia della massoneria italiana*, op. cit., p. 144; Marco Novarino, *Progresso e Tradizione Libero Muratoria*, op. cit., p. 120.

322 Salvatore Barzilai (1860–1939). Nato a Trieste, all'epoca dominio dell'Impero Asburgico, a seguito del suo impegno a favore dell'unificazione di quei territori con il Regno
fu costretto a recarsi in Italia. Oltre ad ricoprire il ruolo di redattore per il periodico «Tribuna», si distinse come avvocato penalista. Entrato in Parlamento nel 1890,
rimase nel raggruppamento repubblicano sino al 1911, per poi lasciarlo a causa del
suo sostegno all'occupazione italiana della Libia. Delegato alla conferenza di pace nel
1919, l'anno seguente divenne senatore.

Fortis che difendevano a spada tratta l'operato di Crispi ed erano disposti addirittura a guidare una scissione.[323]

Lemmi riuscì, ancora una volta, a prevalere e nell'ordine dell'giorno approvato—con una sola defezione—non si fece cenno a Crispi ma ci si limitò ad accennare alla necessità di combattere le ingerenze del Vaticano fino alla completa laicizzazione dello Stato.[324]

Si trattava di una compattezza dalle fondamenta estremamente fragili, tanto più che i quotidiani contribuivano ad alimentare le tensioni. «L'Italia del Popolo», ad esempio, commentando questa controversia, affermava che la massoneria doveva certamente difendere i propri affiliati ma non sostenerli o incoraggiarli quando sbagliavano.[325]

Le elezioni amministrative che si tennero a Milano nel febbraio 1895 rappresentarono un banco di prova per la svolta impressa dal politico siciliano. I liberal-conservatori e i moderati, con la benedizione di Crispi, formarono una lista che includeva anche i cattolici riuscendo a sconfiggere il blocco democratico (composto da radicali, repubblicani e socialisti). Tra le fila di quest'ultimo vi erano ben 42 notabili della massoneria locale (tra cui Pirro Aporti, Giorgio Sinigaglia, Antonio Maffi, Luigi Arienti e i già citati De Cristoforis, Mussi e Barbetta) e la loro débâcle ebbe vasta eco.[326]

La strategia di avvicinamento alla Chiesa Cattolica, dati i risultati elettorali, era risultata vincente e sarebbe certamente continuata con grave scorno dei suoi oppositori. Nel corso della successiva riunione del Consiglio dell'Ordine, fissata per la seconda metà di marzo, si ebbe un nuovo confronto sul tema che si risolse, pur con diversi distinguo, in un rinnovato invito alla prudenza.[327]

La goccia che fece traboccare il vaso fu la sentenza pronunciata dal Supremo Consiglio dei 33 del Rito Scozzese Antico ed Accettato che dichiarò, una volta per tutte, «false e calunniose» le accuse rivolte al Gran Maestro —che ricopriva ancora il ruolo di Sovrano Gran Commendatore—di es-

---

323 ASGOI, *Verbale* del 9 dicembre 1894.

324 *Ibidem*.

325 *La massoneria e Crispi*, in «L'Italia del Popolo», 8–9 dicembre 1894.

326 La lista completa del comitato elettorale democratico fu pubblicata su «L'Italia del Popolo», 4–5 febbraio 1895.

327 ASGOI, *Verbale* del 17 marzo 1895.

sere stato condannato a Marsiglia nel 1844.[328] Si trattava di una vicenda dai contorni poco chiari che era stata portata agli onori della cronaca sin dal 1880, quando alcuni giornali avevano pubblicato una sentenza in cui risultava che un certo Adriano Lemmi, ex negoziante, era stato dichiarato colpevole per furto. Egli si era sempre difeso sostenendo che si trattasse di un omonimo nato a Firenze dato che, in quel periodo, si trovava a Costantinopoli. Nonostante le sue ferme smentite, il caso non era mai stato risolto in maniera soddisfacente e il sospetto era rimasto fornendo, ciclicamente, materiale per gli attacchi dei suoi avversari.[329]

Il documento prodotto dal Supremo Consiglio, che deliberava anche di non sporgere querela presso i tribunali "profani", fu considerato da molti "fratelli" come un atto di presunzione del tutto controproducente.[330]

Il 19 maggio la loggia milanese "Cisalpina-Carlo Cattaneo" inviava agli organi di stampa un comunicato in cui chiedeva a Lemmi di difendersi dalle accuse in tribunale, in modo da fugare definitivamente ogni sospetto. Inoltre, si pretendeva che Crispi fosse espulso dall'Obbedienza «per i suoi violenti metodi di governo» e per le sue collusioni con il Vaticano. In chiusura di questa nota esplosiva, i ribelli affermavano che, non avendo ricevuto alcuna risposta dai vertici in merito, avevano deliberato di non riconoscere più l'autorità del Grande Oriente d'Italia.[331]

Il Gran Maestro dovette correre immediatamente ai ripari, perché la rivolta rischiava di degenerare—già una loggia, "La Ragione", aveva espresso solidarietà alle richieste—e, pertanto, decise di espellere i dissidenti seduta stante: l'unità massonica si rompeva nuovamente a dieci anni esatti dall'ultima scissione.

---

328 *Un giudizio del Supremo Consiglio dei 33.·.*, in « Rivista della Massoneria Italiana», n. 9–11, 1895, p. 167. Si veda, a titolo di confronto, anche *I 33.·. della massoneria scolpano Adriano Lemmi*, in «L'Italia del Popolo», 22–23 maggio 1895 e *Lemmi prosegue a negare*, in «Rivista Antimassonica», maggio 1895, pp. 236–237.

329 Fulvio Conti, voce *Adriano Lemmi*, in *Dizionario biografico degli italiani*, vol. LXIV, Treccani, 2005, http://www.treccani.it/enciclopedia/adriano–lemmi_Dizionario–Biografico/. (20 settembre 2018).

330 Questa era, ad esempio, l'opinione del presidente del Senato Domenico Farini. Domenico Farini, *Diario di fine secolo*, Bardi, Roma, 1961, p. 682.

331 *La massoneria milanese ribelle a Lemmi e a Crispi*, in «L'Italia del Popolo», 19–20 maggio 1895; *Ribellione di massoni milanesi contro Crispi*, in «Il Secolo», 19–20 maggio 1895.

Allorché si riunì il Consiglio dell'Ordine, alcuni chiesero che, stante tutto quello che stava accadendo, il massimo organo del Grande Oriente d'Italia si esprimesse su quale indirizzo politico dovesse seguire la massoneria. A questa domanda si oppose il già citato Fortis, il quale—da sempre sostenitore dell'asse Lemmi-Crispi—si permise di affermare che il Grande Oriente d'Italia non doveva occuparsi di politica. Questa risposta paradossale dimostrava che i *landmarks* erano tirati in ballo soltanto nel momento in cui si doveva difendere l'operato dell'uomo alla guida dell'Obbedienza.[332]

Al di là di questo dibattito, però, il tema principale sul tavolo era la questione milanese. La maggioranza del Consiglio era favorevole ad una mediazione ed auspicava, pertanto, una revoca della sospensione. A tal fine fu proposto di dar vita ad una commissione che avrebbe dovuto recarsi a Milano per risolvere la questione.

Nonostante i tentativi di mediazione la rottura era oramai insanabile. Il 2 settembre si tenne un'assemblea a Milano, cui parteciparono circa 80 "fratelli" da tutta Italia, in cui si discusse della situazione e su come portare a compimento il progetto di una nuova organizzazione massonica. Fu così designata una commissione con il compito di abbozzare il percorso da seguire.[333]

Dei sei membri che la componevano, quattro provenivano da "La Ragione" e tra di essi emerse con particolare rilievo il medico—e neoeletto deputato—De Cristoforis.

Il gruppo inizialmente si diede il nome di Libera Massoneria Milanese per poi mutare la denominazione in Grande Oriente Italiano. Questa trasformazione fu in gran parte frutto dell'intensa attività di De Cristoforis, il quale si pose immediatamente in un'ottica che travalicava il ristretto ambito lombardo per porsi alla testa di un movimento di livello nazionale. Grazie al suo impegno, infatti, il gruppo ottenne adesioni non solamente nelle città lombarde ma anche in Liguria, Toscana e Sicilia. L'apice fu raggiunto nel 1898, anno in cui il Grande Oriente di Francia decise di riconoscerla come unica Obbedienza italiana, levando il supporto sinora fornito al Grande Oriente d'Italia.

Questo drammatico strappo ebbe gravi risvolti anche all'interno dell'Obbedienza italiana perché le critiche contro l'operato di Lemmi ora proveni-

---

332 Marco Novarino, *Progresso e Tradizione Libero Muratoria*, op. cit., p. 122.

333 *Cronaca di Milano. Convegno massonico*, in «L'Italia del Popolo», 1–2 settembre 1895.

vano anche dalle fila di coloro che, sinora, avevano sempre sostenuto Crispi. Emblematica fu la protesta che inscenò Ernesto Nathan per esprimere il proprio dissenso: egli, infatti, si rifiutò di presenziare ai lavori della giunta finché non fosse stata fatta luce sulle accuse a Crispi.[334]

In un clima così infuocato, la presa di distanza di figure di primissimo piano come Nathan e Bovio, convinse il Gran Maestro che ormai tutto era perduto e che era inutile continuare a perseverare. Pertanto, il 28 ottobre Lemmi prese la fatidica decisione di dimettersi.

Immediatamente ci furono tentativi e pressioni per far sì che egli ritornasse sui suoi passi. Trascorsero così quasi due mesi finché, il 23 dicembre 1895, il Gran Maestro Aggiunto Achille Ballori confermò pubblicamente che Lemmi non aveva alcuna intenzione di ritirare le proprie dimissioni. Pertanto, egli avrebbe assunto, come previsto dalle costituzioni, i pieni poteri in vista dell'assemblea generale che s sarebbe tenuta da lì a poco: si chiudeva così uno dei periodi storici più complessi e contraddittori della massoneria italiana.

Nel giugno del 1896 la seduta plenaria del Grande Oriente d'Italia avrebbe individuato in Ernesto Nathan, israelita nato nel Regno Unito, l'uomo giusto per traghettare la principale Obbedienza italiana nel XX secolo.

---

334 ASGOI, Verbale del 21 ottobre 1895.

4. Il Grande Oriente d'Italia durante il periodo liberale, da Nathan a Ferrari

Emanuela Locci

4.1 Introduzione

Il 2 giugno 1896 la Costituente del Grande Oriente d'Italia elegge a stragrande maggioranza Ernesto Nathan alla Grande Maestranza. Nathan, nato a Londra il 5 ottobre 1845 da Moses Meyer[335] e da Sara Levi,[336] visse gli anni della sua fanciullezza e della sua formazione in un clima spiccatamente mazziniano, soprattutto grazie all'opera della madre, che era amica di Mazzini. Nella dimora inglese dei Nathan oltre Mazzini si potevano incontrare molti volti noti della vita politica e intellettuale italiana: Aurelio Saffi, Maurizio Quadrio (che impartirà al giovane Ernesto lezioni di latino e francese e che resterà sempre legato alla famiglia)[337], Federico Campanella, Ergisto Bezzi, Scipione Pistrucci, erano tutti esuli e in precarie condizioni economiche.[338]

Di famiglia ebrea si trasferì in Italia nel 1859, dopo la morte del padre, in Italia collaborò al giornale Unità Italiana. Dopo un breve soggiorno a Lon-

---

335 Il padre, Moses Meyer, nato il 22 aprile 1799 a Rodelheim, presso Francoforte sul Meno, era un agiato mercante e agente di cambio, che dopo aver a lungo soggiornato a Parigi si era stabilito a Londra, dove il 4 luglio 1850 aveva ottenuto la cittadinanzainglese.http://www.treccani.it/enciclopedia/ernesto-nathan_(Dizionario-Biografico)/ (18 novembre 2018).

336 Sara Levi, nata a Pesaro il 7 dicembre 1819, era figlia di Angelo e di Ricca Rosselli. Dopo la prematura morte della madre fu ospitata a Livorno da un parente, Emanuele Rosselli, ricco commerciante con un ufficio di rappresentanza a Londra. Fu probabilmente lui a combinare il matrimonio con Moses Meyer, che fu celebrato il 29 maggio 1836, secondo la tradizione delle comunità ebraiche che favoriva le unioni fra correligionari. La coppia si stabilì a Londra ed ebbe, oltre al quintogenito Ernesto, altri undici figli: David (1839), Henry (1840), Janet (1842), Adolf (1843), Harriet (1847), Joe (1848), Philip (1850), Walter (1852), Alfred (1854), Adah (1856), Beniamino (1859). http://www.treccani.it/enciclopedia/ernesto-nathan_(Dizionario-Biografico)/ (18 novembre 2018).

337 Anna Maria Isastia, *Scritti politici di Ernesto Nathan*, Bastogi, Foggia, 1998, p. 94.

338 *Ivi*, p. 7.

dra dal 1865 al 1870 (intanto nel 1867 aveva sposato Virginia Mieli), fu richiamato nella penisola da Giuseppe Mazzini[339], che lo volle a Roma a dirigere amministrativamente la rivista Roma del popolo. Stabilitosi a Roma, nel 1888 ottiene la cittadinanza italiana e raccoglie intorno a se un folto gruppo di intellettuali.[340] L'anno dopo entra nella vita politica italiana militando nel Partito Repubblicano.[341]

4.2 Carriera politica

Oltre la sua carriera massonica è di rilievo anche quella politica, che lo vide consigliere comunale a Roma, carica dalla quale si dimise nel 1890 in segno di protesta contro la politica di Francesco Crispi.[342] Fu consigliere provinciale di Pesaro e dal 1895 fu rieletto al Campidoglio, carica che tenne fino al 1902. La sua carriera politica culminò con l'elezione alla carica di sindaco della città eterna. Nathan costituisce un esempio straordinario nel panorama politico italiano per il suo altissimo rigore morale, basato essenzialmente su una convinta concezione laica dello stato. Quindi dal 1907 al 1914 Ernesto Nathan fu sindaco di Roma, alla guida di una coalizione di sinistra che comprendeva radicali, repubblicani, socialisti, democratici costituzionali.[343] La sua candidatura era stata appoggiata anche dalla Camera del Lavoro.[344] Furono anni cruciali per la storia recente della città, che vide la realizzazione di numerose iniziative, tra cui l'innovazione della politica edilizia, la crescita dell'istruzione, la partecipazione dei cittadini all'amministrazione cittadina e la tutela dell'igiene pubblica. A Nathan si deve il piano regolatore, l'Istituzione di sedici scuole elementari, la municipalizzazione di alcuni servizi, la bonifica dell'agro pontino dalla malaria.[345]

---

339 Nathan dedicò molte delle sue energie alla diffusione delle opere di Giuseppe Mazzini, con cui la sua famiglia, a partire dalla madre Sara aveva un rapporto molto stretto e importante. Mazzini e i suoi sostenitori furono sempre i benvenuti nelle case della famiglia Nathan, sia in Italia, sia all'estero. La sorella di Nathan, Giannetta accolse nella sua casa Mazzini negli ultimi giorni della sua vita, e qui il patriota italiano morì, assistito in modo amorevole e filiale.

340 Vittorio Gnocchini, *L'Italia dei liberi muratori. Brevi biografie di massoni famosi*, Erasmo editore, Roma, 2005, p. 194.

341 Ernesto Nathan, *Noi massoni*, Bastogi, Foggia, 1993, p. 9.

342 Per un approfondimento sul personaggio si veda http://www.treccani.it/enciclopedia/francesco-crispi/ (18 novembre 2018).

343 Fu eletto sindaco con 60 voti a favore e 12 astenuti, nessun contrario.

344 Giuseppe Schiavone, *Scritti massonici di Ernesto Nathan*, Bastogi, Foggia, 1998, p. 21.

345 Ernesto Nathan, *Noi massoni*, op. cit., p. 11.

Con la fine del suo mandato come primo cittadino di Roma, il governo gli affidò incarichi all'estero, in particolare in Inghilterra e negli Stati Uniti.[346]

4.3 Carriera massonica

Repubblicano, mazziniano, massone,[347] questi sono i cardini della sua formazione personale, intellettuale, politica e massonica. La carriera massonica di Nathan fu molto celere, infatti era stato affiliato da Adriano Lemmi nella loggia "Propaganda Massonica" di Roma il 24 giugno 1887, e avevo ottenuto il diploma di Maestro il 3 febbraio 1893. Nel 1891 il Serenissimo Grande Oriente Spagnolo lo aveva indicato come suo rappresentante e Garante di Amicizia presso il Grande Oriente d'Italia. A tale indicazione l'Obbedienza italiana rispose con una lettera in cui oltre riconoscere Nathan come Garante di Amicizia, Lemmi e Ballori, i firmatari della lettera, si soffermarono sulla speranza che i rapporti tra le due Obbedienze fossero sempre più saldi, in modo da raggiungere la fratellanza massonica, che cancellava ogni differenza e ogni divisione tra gli uomini.[348] Stessi intenti nella lettera che Nathan inviò all'Obbedienza spagnola, come ringraziamento per la designazione.[349]

Nel 1894 lo ritroviamo 1° Gran Sorvegliante e solo cinque anni dopo lo ritroviamo a guidare la più importante comunione massonica italiana.

4.4 La prima Gran Maestranza di Nathan

Al momento della sua elezione a Gran Maestro fu eletto come Gran Maestro Aggiunto Ettore Ferrari, altra figura di primo piano dell'ambiente latomistico italiano. Egli però rinunciò all'incarico perché l'appartenenza repubblicana di entrambi avrebbe potuto imprimere un carattere politico molto spiccato, che poteva diventare un pericolo per la stessa Istituzione.[350] In Nathan il Grande Oriente d'Italia vedeva la persona ideale,

---

346 Anna Maria Isastia, *Scritti politici di Ernesto Nathan*, op. cit., p. 9.

347 Si rimanda a Santi Fedele, *La massoneria italiana tra otto e novecento*, Bastogi, Foggia, 2011, pp. 47-50, per un approfondimento del rapporto tra massoneria e Mazzini.

348 *Notizie massoniche*, in «Rivista della Massoneria Italiana», n.7, anno XXII, 1891, p. 108.

349 *Notizie massoniche*, in « Rivista della Massoneria Italiana», n.7, anno XXII, 1891, p. 109.

350 Fulvio Conti, *Storia della massoneria italiana. Dal risorgimento al fascismo*, il Mulino, Bologna, 2003, p. 149.

al quale sarebbe toccato il difficile compito di traghettare la massoneria italiana nel nuovo secolo, dividendola in modo definitivo da quella pesante eredità che era rappresentata dal sodalizio con Crispi. Innanzitutto era necessario ricomporre i dissidi interni, in un'ottica di unità della Comunione. Gli elementi che avevano aggregato i massoni e che ancora potevano svolgere questa funzione erano la lotta al clericalismo, e le opere per commemorare la fase del Risorgimento italiano. Oltre ciò Nathan fu capace di indicare altri obiettivi: la lotta per la moralizzazione dell'esistenza umana e per ultima, ma non per importanza la battaglia per la trasparenza all'interno dell'Istituzione[351]. Quale sia la sua posizione rispetto al rapporto tra massoneria e società civile è subito chiarito nel suo discorso di insediamento: «è ora, o fratelli, di parlare chiaro ed alto, di ripetere ciò che noi siamo, dove andiamo; è ora che noi, puri di opera e di intendimenti, fughiamo dalla mente degli uomini di buona fede i fantasmi che la malignità cerca di evocare».[352]

Per raggiungere questi obiettivi Nathan fin dall'inizio della maestranza fu molto presente nelle diverse logge che formavano l'Obbedienza, i suoi viaggi[353] sono spesso descritti nell'organo di stampa del Grande Oriente d'Italia, La Rivista della Massoneria Italiana, diretta da Ulisse Bacci.

Tornando ad analizzare la maestranza Nathan si deve sottolineare come il rapporto che il Gran Maestro ha nei confronti del potere politico è di distacco. Infatti, egli mal tollerava l'acquiescenza che l'Obbedienza aveva dimostrato verso il mondo politico, e la sua maestranza si caratterizzò anche per l'imposizione di un allontanamento dalla politica. Questo elemento fu in netta rottura con il passato rappresentato dall'asse Crispi-Lemmi, mentre altri elementi furono in continuità con esso. In particolare la lotta al clericalismo, che Nathan considerò uno dei cardini della sua maestranza è un cardine della massoneria, oltre alla riscoperta della dimensione risorgimentale dell'Istituzione massonica. Questa dimensione così autenticamente patriotica era un modo per restituire alla massoneria italiana un'immagine di piena onestà. L'impegno massonico, nell'Istituzione, come anche nel mondo

---

351 Marco Novarino, *Grande Oriente d'Italia. Due secoli di presenza libero muratoria*, Erasmo, Roma, 2006, p. 48.

352 *Circolare n. 29*, 12 giugno 1896, in «Rivista della Massoneria Italiana», 1896, anno XXVII, pp. 129-130.

353 *Un'ultim'ora. Il Gran Maestro in viaggio*, in «Rivista della Massoneria Italiana», n. 17-20, anno XXVII, 1896, p. 316.

profano, doveva essere espletato con due imperativi: specchiata integrità e disinteresse.[354]

Tornando invece al rapporto potere politico-massoneria è necessario dire che ad esempio per le elezioni politiche del 1897 Nathan con una circolare inviata ai componenti del Consiglio dell'Ordine del 6 febbraio 1897, lasciando i fratelli liberi di partecipare alla vita politica secondo i propri personali convincimenti, chiedeva però onestà e correttezza nella forma. Inoltre esortava i fratelli affinché si adoperassero perché fosse impedita alla reazione (con questo termine indicava i clericali) nei posti chiave del potere, in Parlamento. Queste indicazioni di massima furono poi ulteriormente spiegate nella circolare n. 36 del 13 febbraio 1897, in cui si indicavano chiaramente gli ostacoli da superare: l'ignoranza, la reazione e la corruzione. La massoneria deve però stare attenta a non farsi trascinare nella lotta politica perché se si fa entrare dalla «porta quello che si chiama indirizzo politico, vedrebbe uscire dalla finestra la concordia, la fratellanza, l'unità di intendimenti e di azione. La massoneria deve rimanere indipendente dagli uomini, dalle fazioni e dai governi».[355]

La massoneria in quelli anni veniva attaccata dalla Chiesa cattolica romana, anzi la lotta ai caratteri e alle opere massoniche è uno dei grandi temi della propaganda cattolica che ha corso durante tutto l'Ottocento in maniera strutturata. Per la Chiesa cattolica la questione massonica veniva collegata a quella della perdita del dominio del potere temporale. Infatti, la massoneria era considerata responsabile della rivoluzione italiana di cui la caduta di Roma aveva rappresentato l'acme.[356] Del resto la massoneria non faceva mistero del fatto che tra le sue finalità vi fosse la lotta al clericalismo e alla Chiesa cattolica. Questa lotta era solo il preludio per poter raggiungere l'obiettivo finale che era l'effettivo rinnovamento civile del paese.[357] La Chiesa cattolica non poteva rimanere inerme davanti a quello che considerava un

---

354 Fulvio Conti, *Storia della massoneria italiana,* op. cit., p. 150.

355 Circolare n. 36, 13 febbraio 1897, in «Rivista della Massoneria Italiana», 1897, anno XXVIII, pp. 49-52.

356 La presa di Roma, nota anche come breccia di Porta Pia, fu l'episodio del Risorgimento che sancì l'annessione di Roma al Regno d'Italia. Avvenuta il 20 settembre 1870, decretò la fine dello Stato Pontificio quale entità storico-politica e un momento di profonda rivoluzione nella gestione del potere temporale da parte dei papi. Indicare bibliografia.

357 Giovanni Miccoli, *Leone XIII e la massoneria,* in Gian Mario Cazzaniga (a cura di), *Storia d'Italia, Annali 21, La massoneria,* Giulio Einaudi Editore, Torino, 2006, p. 195.

pressante pericolo. Il Papa Leone XIII decise di sradicare questo pericolo e lo fece raccogliendo intorno a sé dei cardinali, membri della Congregazione degli affari ecclesiastici straordinari, ai quali chiese consiglio circa i mezzi idonei per combattere la massoneria. Prodotto di questo interpello fu l'enciclica *Humanum genus* del 1884, e fu solo la prima di una serie di pronunciamenti e condanne della massoneria in Italia. La massoneria reagì immediatamente e la lotta alla Chiesa cattolica si confermò una delle priorità dell'Istituzione in tutti gli ambiti della società civile. Per entrambe le parti si trattò di una lotta senza quartiere, che mirava alla distruzione dell'avversario. Questa era la situazione che Nathan trovò al momento del suo insediamento, situazione che peggiorò anche in considerazione delle sue origini ebraiche. Infatti, sulla scorta delle campagne antisemite, spesso massoneria e ebraismo venivano associate, con tutto il carico di negatività che questo comportava. Secondo la stampa filo cattolica Nathan era la manifestazione concreta di un nesso che si affermava da anni. Quindi agli albori della maestranza Nathan i clericali intensificarono i loro sforzi nella lotta anti massonica. Questa situazione costrinse personalità come il deputato Giovanni Bovio a prendere le difese dell'Istituzione, anzi Bovio si spinse oltre, accusando la Compagnia di Gesù[358] di essere una setta, molto più potente e pericolosa della massoneria. Lo scontro dialettale è evidente, del resto in Italia la lotta antimassonica stava investendo anche altri ambiti, non solo quello clericale ma anche laici, politici e mediatici. Nell'adunanza del giugno 1896 il gran maestro richiama l'attenzione dei vertici del Grande Oriente d'Italia sugli attacchi che l'Istituzione stava patendo nei due rami del parlamento. Egli propone di scrivere una lettera aperta, da far pubblicare nei maggiori giornali, in cui si spiega quali sono i principi su cui si fonda la massoneria, quali i suoi obiettivi. Frattanto Leone XIII, dopo un accurato lavoro di preparazione e propaganda, nel 1896 promuove il congresso antimassonico internazionale che si tenne a Trento, « posto sotto la protezione di Maria Vergine, di San Michele Arcangelo e di Sant'Agostino »[359], al quale parteciparono circa millecinquecento delegati.[360] Al Congresso furono

---

358 La Compagnia di Gesù è Ordine religioso di chierici regolari, fondato nel sec. XVI da S. Ignazio di Loiola, i cui membri sono chiamati comunemente "gesuiti" dal nome di Gesù. Il titolo di "compagnia" deriva dall'ordinamento che il genio militare dello stesso fondatore impresse al suo ordine. Per approfondimenti vedere http://www.treccani.it/enciclopedia/compagnia-di-gesu_%28Enciclopedia-Italiana%29/ (21 agosto 2018).

359 Marco Novarino, *Progresso e tradizione libero muratoria. Storia del rito simbolico italiano (1859-1925)*, Angelo Pontecorboli Editore, Firenze, 2007, p. 129.

360 Rosario Francesco Esposito, *La massoneria e l'Italia. Dal 1800 ai giorni nostri*, Edizioni

invitati i vertici della fronda antimassonica cattolica, guidata dal principe Guglielmo Alliata, presidente dell'Unione Antimassonica Universale, che era stata fondata nel 1893. Oltre le presenze specifiche non era certo casuale la scelta della città, infatti essa nel periodo 1545-1563 era stato il faro del cattolicesimo nella lotta contro il calvinismo e il luteranesimo. Quindi la città, in un ideale accostamento nella lotta alle eresie, prima rappresentate da dottrine calviniste e luterane, dopo dalle dottrine laiche-massoniche, veniva scelta come baluardo della cattolicità. Questo concetto è ben espresso nelle parole scritte nell'«Osservatore Romano» del 4 agosto 1896: «Nessuna località, meglio di Trento poteva essere più adatta per un congresso anti-massonico. Tre secoli or sono, nella medesima città, un altro consesso di illustri personaggi si radunava a combattere la Massoneria d'allora in poi le idee sovversive contro le idee di Gesù Cristo, fecero strada e nella nuova manifestazione di sette massoniche si è perpetuata la guerra alla Chiesa, depositaria infallibile delle sacrosante verità della nostra fede».

Trento era stata scelta anche perché era in territorio austriaco, dove la massoneria era stata vietata. Il Congresso aveva anche lo scopo di rinforzare la Chiesa, superando attriti interni che ne minavano l'unità. Quattro i temi discussi nel corso della conferenza: la dottrina massonica, l'azione massonica, la preghiera e l'azione antimassonica. Il Congresso fu fortemente sostento dagli ambienti cattolici di tutto il mondo, ne sono testimonianza le adesioni giunte da 568 località, espresse da 1098 associazioni, da 33 cardinali e 209 vescovi.[361] La copertura mediatica dell'evento era per i tempi imponente.

Il Gran Maestro nella circolare n. 32 del settembre 1896 esplicita quale è la posizione della massoneria italiana rispetto al Congresso di Trento. In primis è evidente una critica al Papa che dimentico degli insegnamenti del Vangelo «ingiuria e predica lo sterminio, fino alla radice» di uomini che vogliono solo il pubblico bene. Nathan deplora la condotta di uomini che sotto le vesti religiose, non rifuggono da una guerra disonesta e sleale. I massoni vengono calunniati, insidiati, aggrediti, perché i nemici (la Chiesa) vedono nell'Istituzione una barriera, «un baluardo formidabile contro la vagheggiata restaurazione del suo dominio sui corpi e sulle menti».[362]

Paoline, Roma, 1979, p. 253.

361 Rosario Francesco Esposito, *La massoneria e l'Italia*, op. cit., p. 254.

362 *Circolare n. 32*, 15 settembre 1896, in «Rivista della Massoneria Italiana», 1896, XXVII, pp. 210-211.

Anche la stampa non strettamente clericale si scagliò contro la massoneria, famoso l'articolo che Romualdo Bonfaldini, ex deputato, consigliere di Stato, poi senatore, presidente dell'Associazione della stampa e redattore del «Corriere della Sera», fece pubblicare all'inizio di ottobre 1896. In questo articolo l'autore oltre fare riferimento al Congresso anti massonico di Trento, si rivolge direttamente al Gran Maestro con parole che richiamano la cattiva fama della massoneria, fama costruita su vicende non sempre chiare, portatrice di «influenze che apparvero ostili alla morale del paese».[363] Del resto, secondo l'autore «la massoneria odierna non può essere e non è popolare in Italia, perché il mistero personale di cui si circonda .... Offre troppe occasioni di pensare come all'Istituzione degenerata premano più i vantaggi dei suoi adepti che le ragioni della giustizia».[364]

Nathan rispose all'articolo chiarendo alcuni punti: innanzitutto la massoneria non combatte i principi del cattolicesimo, salvo quelli che si possono identificare con il dogma dell'infallibilità a del potere temporale dei Papi. Il gran maestro torna sulle vecchie accuse che si muovono all'Istituzione su favoritismi, avidità e immoralità e dichiara con fermezza che l'Istituzione fa tutto quanto in suo potere per eliminare i soggetti che possono far parte della sua struttura e che portano avanti affari poco chiari.[365] Più e più volte Nathan fu costretto a tornare pubblicamente su questi argomenti, soprattutto sul tema della contrapposizione tra massoneria e Chiesa, cercando ogni volta di chiarire la posizione dell'Istituzione.[366]

Un tema su cui la massoneria e la Chiesa cattolica si scontravano era quello dell'insegnamento della religione cattolica nella scuola. I massoni volevano che la scuola formasse uomini liberi non legati ad alcun dogma, invece la Chiesa, partendo dall'assunto che il cattolicesimo faceva parte integrante della cultura della società italiana, voleva che la religione fosse insegnata a scuola.[367]

Alla fine del 1896 Nathan, e questo in continuità con la linea portata avanti

---

363 *Una opportuna risposta*, in « Rivista della Massoneria Italiana», n. 17-20, anno XX-VII, 1896, p. 280.

364 *Ibidem*.

365 *Ivi*, p. 282.

366 *Intendiamoci*, in « Rivista della Massoneria Italiana», n. 16-18, anno XXVIII, 1897, pp. 241-244.

367 Marco Novarino, *Progresso e tradizione libero muratoria. Storia del rito simbolico italiano (1859-1925)*, Angelo Pontecorboli Editore, Firenze, 2007, p. 128.

da Lemmi, pose la questione della necessità per l'Istituzione di accrescere
la sua presenza nelle istituzioni e nella burocrazia, in modo da poter avere il
"polso della situazione" su alcuni importanti temi che riguardavano lo Stato e la sua amministrazione.[368] Inoltre la necessità di formare una barriera
contro il clericalismo e la volontà di impedire che i cattolici acquisissero
posti chiave nelle amministrazioni locali, spinsero i massoni a impegnarsi
in modo più deciso in occasione delle elezioni politiche o amministrative.

Oltre questo impegno il Grande Oriente d'Italia fu in prima linea nelle
questioni che riguardavano la libertà e l'autodeterminazione dei popoli,
in particolare nel 1897, aiutò in modo concreto[369], soprattutto attraverso
l'operato di Ettore Ferrari, la lotta per l'indipendenza di Candia dal dominio ottomano. I canali massonici furono molto attivi in questo frangente,
il Grande Oriente di Grecia, inviò una circolare al tutte le Obbedienze del
mondo[370], gli italiani risposero con parole accorate, che richiamavano alla
fratellanza tra i popoli e alla fedeltà al principio della solidarietà tra i popoli
specialmente con quelli che sono oppressi.

Ernesto Nathan dovette affrontare anche un altro problema: quello della
formazione di gruppi dissidenti in seno al Grande Oriente d'Italia. All'O-
riente di Napoli alcune logge, "La Vittoria", e "I figli di Garibaldi", delibera-
rono di ribellarsi al governo dell'Ordine e perciò in base alle Costituzioni,
il Grande Oriente al fine di tutelare l'unità massonica decise di demolire
queste logge[371] e di espellere i fratelli che avevano fomentato i disordini al
loro interno.[372]

Oltre i fatti di Napoli, l'Obbedienza dovette affrontare altre questioni di
unità interna molto importanti, infatti alcune logge di Milano erano in di-
saccordo con la sede di Roma a causa della gestione Lemmi e in particolare sulla questione della vicinanza di quest'ultimo a Crispi che era ritenuto uno dei massimi responsabili dello scandalo della Banca Romana.[373] Il

---

368 Fulvio Conti, *Storia della massoneria italiana*, op. cit., p. 152.

369 Emanuela Locci, *La solidarietà tra popoli e garibaldini. Le spedizioni in terra ottomana*,
in Pierpaolo Merlin (a cura di), *Solidarietà antiche e moderne. Un percorso storico*, Carocci editore, Roma, 2017, p. 106.

370 *Notizie massoniche dalla comunione*, in « Rivista della Massoneria Italiana», n. 4, anno
XXVIII, 1897, p. 60.

371 ASGOI, *Decreto* n. 97, 25 agosto 1897.

372 ASGOI, *Decreto* n. 98, 25 agosto 1897.

373 Lo scandalo della Banca Romana è stato un caso politico-finanziario di rilevanza na-

gruppo dissidente guidato da Malachia de Cristoforis[374] dopo breve tempo si costituì in Obbedienza con il nome di Grande Oriente Italiano[375] e ottenne il riconoscimento internazionale del Grande Oriente di Francia, incassando un successo senza precedenti. Nathan cercò di far rientrare la situazione, cercando di ristabilire i rapporti con le logge milanesi, ma la situazione si aggravò ulteriormente e in breve si aggiunsero alle originarie altre logge dissidenti oltre che in Lombardia anche in Liguria, Toscana e Sicilia. Dopo il riconoscimento francese, a Nathan non rimase che chiudere le relazioni con i francesi del Grande Oriente[376] e radiare dall'Obbedienza le logge dissidenti.[377]

Come abbiamo visto, molti dei problemi che Nathan dovette affrontare erano collegati alla maestranza Lemmi e in particolare al rapporto che il Grande Oriente d'Italia aveva intrattenuto con Crispi. Il 24 aprile 1898 il Consiglio dell'Ordine fu chiamato ad esprimersi rispetto alla richiesta di espulsione di Crispi, presentata da alcune logge. In questo caso Nathan cercò una soluzione di mediazione e propose di considerare Crispi un massone in "sonno", ma alla fine fu approvato un ordine del giorno che proponeva di chiudere la questione con un'assoluzione.

Ma i problemi non erano finiti, se ne profilavano di nuovi all'orizzonte, infatti il 1898 fu un anno particolarmente difficile per l'Italia sia dal punto di vista sociale sia economico. Tale situazione sfociò in tumulti popolari repressi in modo sanguinoso dalle autorità. Il Grande Oriente d'Italia si tenne lontano dagli scontri politici e di piazza ma non mancò di sostenere

---

zionale che fu al centro delle cronache tra il 1892 e il 1894 e che ebbe come elemento centrale la scoperta della attività illecite del governatore della Banca Romana nel decennio precedente. Furono coinvolti presidenti del Consiglio, ministri, parlamentari e giornalisti. Nonostante la gravità delle accuse i processi portarono all'assoluzione degli accusati. Anche per Francesco Crispi, particolarmente implicato nello scandalo, le conseguenze politiche furono minime.

374 Malachia de Cristoforis nacque a Milano nel 1832, da Giovan Battista e da Giovanna Adelaide Rota. è stato un patriota, medico e politico italiano. Fu deputato e poi senatore al Senato del Regno d'Italia. Fu iniziato in Massoneria il 12 agosto 1875 nella Loggia "La Ragione" di Milano, all'Obbedienza del Grande Oriente d'Italia. Pe ulteriori approfondimenti vedere: http://www.treccani.it/enciclopedia/malachia-de-cristoforis_(Dizionario-Biografico)/ (22 agosto 2018).

375 Per approfondimenti su questo periodo si veda Marco Novarino, *Progresso e tradizione libero muratoria. Storia del rito simbolico italiano (1859-1925)*, Angelo Pontecorboli Editore, Firenze, 2007, pp. 122-126.

376 *Lettera Ernesto Nathan* 14 maggio 1898.

377 ASGOI, *Decreto n. 107, 6 maggio 1898.*

i molti indigenti con la distribuzione di viveri e beni di prima necessità. Dopo l'8 maggio 1898 con la proclamazione dello stato d'assedio nelle zone più turbolente si decise per la sospensione dei lavori delle logge che erano situate in queste zone e si chiese ai fratelli massoni di «ricondurre la calma negli animi».[378] Inoltre Nathan chiese ai fratelli di intervenire ove possibile, con l'allestimento di cucine economiche o distribuzione del pane alle classi più bisognose, prima che la fame mietesse le prime vittime, anche considerando il fatto che gli interventi governativi per forza di cose sarebbero stati più lenti.[379] Inoltre si esortavano le logge a formare un comitato di sorveglianza annonaria in modo da sorvegliare sull'andamento dei prezzi dei beni di prima necessità, per impedire speculazioni che possano danneggiare i meno abbienti.[380]

Malgrado gli interventi pratici, i vertici Grande Oriente d'Italia respinsero decisamente la richiesta di sostegno al movimento di protesta, in chiave antigovernativa. Appare chiaro che nell'Italia di fine Ottocento inizio Novecento la linea di condotta seguita da Nathan improntata al distacco dalla politica in realtà si concretizzò con un sostanziale sostegno al governo e alle sue azioni. Ciò non deve stupire se si riflette sul fatto che ad esempio del primo ministero Pelloux facevano parte cinque ministri iniziati alla massoneria (Camillo Finocchiaro-Aprile, Guido Bacelli, Pietro Lacava,[381] Alessandro Fortis e Nunzio Nasi), e un sottosegretario di stato, (Gaspare Colosimo).

Nel 1899 l'assemblea costituente di Roma approvò le nuove Costituzioni, dando nuovamente fiducia a Nathan. L'anno successivo fu rinnovata la Giunta che era composta da: Ettore Ferrari (Gran Maestro Aggiunto), Antonio Cefaly[382] (Gran Segretario), Alessandro Aleggiani (Tesoriere), Fe-

---

378 Fulvio Conti, *Storia della massoneria italiana*, op. cit., p. 157.

379 Circolare 19 gennaio 1898, in «Rivista della Massoneria Italiana», 1898, XXIX, p. 4.

380 *Atti ufficiali della comunione italiana*, in «Rivista della Massoneria Italiana», n. 17-20, anno XXIX, 1898, p. 258.

381 Pietro Lacava nacque a Corleto Perticara, in Basilicata, il 21 ottobre 1835 da Giuseppe Domenico e da Brigida Francolino. Il padre era un avvocato di idee liberali, che ebbe una parte di rilievo nel moto rivoluzionario della Basilicata del 1848 e poi nell'insurrezione lucana del 1860. Fu patriota e uomo politico di primo piano, ricoprendo numerosi incarichi di governo. Per approfondimenti vedere http://www.treccani.it/enciclopedia/pietro-lacava_%28Dizionario-Biografico%29/(20 agosto 2018).

382 Antonio Cefaly nacque a Cortale nel 1850 e fu per diverso tempo un illustre esponente politico della sua città. Nel 1882 fu eletto deputato, nel 1898 fu nominato senatore, svolgendo ruoli importanti in Senato. Non si hanno notizie certe circa la sua inizia-

derico Fabbri (Oratore), Silvano Lemmi (Primo Sorvegliante), Umberto Dalmedico (Secondo Sorvegliante).

Nel 1900, in occasione delle elezioni, dopo aver fatto il punto della situazione della massoneria, Nathan fece inviare alle logge un invito per «costituire al proprio interno una commissione per la organizzazione delle forze liberali in guisa da assicurare loro il predominio nelle amministrazioni delle valli».[383]

I risultati poco esaltanti ottenuti nelle elezioni amministrative del 1902 da parte delle formazioni politiche liberali e democratiche e l'abbandono da parte della Camera della proposta di legge sul divorzio, che era un tema tanto caro alla massoneria, il coinvolgimento in una vicenda giudiziaria che vedeva coinvolto Tullio Murri[384], in cui successivamente riuscì a dimostrare l'assoluta estraneità sua personale e dell'Istituzione, indussero Ernesto Nathan e la sua giunta alle dimissioni, anche per incoraggiare un nuovo corso all'interno dell'Istituzione.

Quindi la prima Grande Maestranza di Nathan terminò a causa delle sue dimissioni nel 1903[385], il Gran Maestro Aggiunto Ettore Ferrari lo sostituirà fino alle elezioni[386], ma la carriera massonica di Nathan non è certo conclusa, lo ritroveremo infatti alla guida della più importante comunione massonica italiana dal 1917 al 1919.

Da un primo bilancio possiamo dire che durante la sua Gran Maestranza, Nathan dotò il Grande Oriente d'Italia di una nuova sede, palazzo Giustiniani[387], sede che ebbe una storia tormentata.[388] Già tre anni prima, nel

---

zione massonica, ma fu membro della loggia Tommaso Campanella nel 1894. Ricoprì numerosi incarichi nel Grande Oriente d'Italia. Nel 1900 smentì l'appartenenza massonica del re Umberto I alla massoneria. morì a Roma nel 1928.

383 Fulvio Conti, *Storia della massoneria italiana*, op. cit., p. 167.

384 Il caso Murri, è stato un fatto di cronaca avvenuto nel 1902, agli inizi dell'età giolittiana, che ebbe vasta risonanza presso l'opinione pubblica e che si concluse con la condanna per complicità di Linda Murri con il fratello Tullio per l'assassinio del marito il conte Francesco Bonmartini.

385 *Circolare n. 45*, 15 novembre 1903, in «Rivista della Massoneria Italiana», 1903, XXXIV, pp. 260-261.

386 *Circolare n. 46*, 23 dicembre 1903, in «Rivista della Massoneria Italiana», 1903, anno XXXIV, pp. 291-292.

387 Ernesto Nathan, *Noi massoni*, op. cit., p. 12.

388 All'inizio del 1926, il regime di Mussolini, dopo aver messo fuorilegge la Massoneria,

1898 il Grande Oriente d'Italia aveva affittato il palazzo che apparteneva alla famiglia Grazioli e ne fece la propria sede il 21 aprile 1901, prendendo appunto il nome "Massoneria di Palazzo Giustiniani". Durante l'inaugurazione egli pronunciò un discorso che aveva come obiettivo illustrare in cosa si concretizzasse la massoneria, quali le sue caratteristiche, i suoi obiettivi. Un particolare accento fu posto sul vincolo di fratellanza che accomuna tutti i massoni del mondo, malgrado le differenze che contraddistinguono le Obbedienze nazionali.[389]

Per quanto riguarda la consistenza numerica dell'Obbedienza, Nathan asserì che il Grande Oriente d'Italia era formato da 182 logge (quelle che però erano effettivamente operative erano 150). La distribuzione geografica era così disposta: 38 logge al nord Italia, 54 nel centro, 26 nel sud della penisola, 22 nelle isole e 36 logge all'estero. Molte logge in questo periodo versavano in precarie condizioni economiche, tanto che fu deciso di abbassare le quote di iscrizione e le tasse. In questo modo, oltre sanare le situazioni di insolvenza delle logge si sarebbero potute creare le condizioni affinché anche uomini delle classi meno abbienti potessero accedere all'Istituzione. In effetti in questo periodo si registrò un aumento sostanziale delle iniziazioni. Purtroppo non sono giunti fino a noi i registri matricolari completi di tutte le logge, (negli archivi sono presenti pochi registri, alcuni dei quali incompleti), per cui non è possibile determinare con esattezza l'effettiva consistenza numerica della comunione italiana. Se si vuole fare un'analisi quantitativa circa la consistenza numerica delle logge o degli affiliati per gli anni della leadership di Nathan in un primo momento potrebbe sembrare che l'obbedienza non sia cresciuta. La situazione è un po' più complessa, infatti anche se il numero totale è pressoché identico al periodo Lemmi, in realtà bisogna considerare che dodici logge si fusero insieme in Orienti come Livorno, Torino, Catania e Siracusa. Per ciò che concerne il numero di affiliati, non ci sono fonti che possano attestarlo, si segnalano però domande di affiliazioni di sacerdoti, nobili, popolani, professionisti, possidenti, scienziati e altre figure.

---

acquisì l'edificio al demanio pubblico e ne concesse l'utilizzo al Senato, dopo la guerra seguì un contenzioso regolato in via bonaria per mezzo secolo, in virtù del quale la parte del palazzo che si affacciava su piazza della Rotonda rimase nella disponibilità della Massoneria. Soltanto nel 1985 il Senato poté disporre di quasi tutto l'edificio, grazie ad un'intesa a seguito della quale la Massoneria trasferì la sua sede alla villa del Vascello sul Gianicolo.

389 Ernesto Nathan, *La massoneria, sua azione, suoi fini*, Stabilimento tipografico Civelli, Roma, 1901, p. 6.

Poco tempo prima della fine della sua maestranza si discusse anche il progetto per garantire lo stato patrimoniale dell'Ordine. Il Gran Maestro mise in rilievo il fatto che era giunto il momento che la massoneria provvedesse alla tutela del proprio patrimonio, per farlo era necessario acquisire una veste giuridica, in modo da potersi difendere in maniera più efficace dalle diffamazioni e calunnie dei suoi nemici. Dopo un certo dibattito la Giunta fu incaricata dal Grande Oriente di formare una Commissione che aveva il compito di studiare in quale modo si poteva ottenere la veste giuridica, senza che questo significhi, per l'Istituzione, rinunciare alla sua tradizione e ai suoi ordinamenti.[390]

Analizzando il periodo della maestranza Nathan spesso ci si imbatte nei suoi discorsi in cui spesso da una definizione di che cosa è la massoneria, egli la considera un'Istituzione in permanente evoluzione. «Essa si muove e cammina con lo spirito dei tempi, non si fossilizza neppure nelle regole e nelle manifestazioni esterne che circoscrivono e distinguono il suo incedere».[391] In particolare ciò che a Nathan interessava trasmettere dentro e fuori la massoneria erano i seguenti punti:

- La massoneria universale intende al perfezionamento morale, intellettuale e materiale dell'umana famiglia. La massoneria è una ma si distingue in Comunioni nazionali, alleate e solidali in tutta la superfice del globo.

- La Comunione italiana è diretta da un'Autorità massonica nazionale. Ha per divisa il motto: libertà, Uguaglianza, fratellanza, e si raccoglie sotto la formula tradizionale cosmopolita A.G.D.G.A.D.U.

- Il numero dei liberi muratori è illimitato. Chiamansi vicendevolmente fratelli: non riconoscono tra loro differenza di origine, di classi, di credenze e di condizioni sociali, e si distinguono l'uno l'altro soltanto pei gradi e gli uffici nell'Ordine. Si debbono reciprocamente insegnamento ed assistenza entro i limiti del giusto e dell'onesto. Contraggono qualsiasi impegno nel sodalizio con la formula della promessa sul proprio onore e sulla propria coscienza.

- Le logge sono governate da un potere unitario che si chiama Grande Oriente d'Italia ed è presieduto da un Gran Maestro.[392]

---

390 *Adunanza del consiglio dell'Ordine,* in «Rivista della Massoneria Italiana», n. 9-12. Anno XXXIV, 1903, pp. 130-132.

391 Giuseppe Schiavone, *Gli scritti massonici,* op. cit., p. 41.

392 *Ivi,* p. 135.

Di importanza fondamenta per Nathan il concetto di patriottismo, concet-
tò che chiarì in un discorso del 21 aprile 1900 «il patriottismo è vissuto
come dimensione sacrale, come fede nella religione civile dell'italianità».
Nello stesso contesto confermò come il patriottismo dovesse essere il noc-
ciolo ideale dell'impegno che la massoneria profondeva nella società civile. Il patriottismo quindi doveva essere al di sopra della politica, ma nello
stesso tempo presente in tutti i partiti. In questo frangente l'azione della
massoneria è centrale: essa deve fare tutto quanto in suo potere per ridare
all'Italia, ai suoi cittadini disillusi o indifferenti, la coscienza e la fede dell'u-
tilità del dibattito. Qui la massoneria ha una doppia funzione patriottica da
un lato e educativa dall'altro. Da qui nasce anche l'accorato appello del gran
maestro di evitare diatribe interne, di cercare di allontanare la massoneria
dalla politica e di unire tutti gli uomini onesti e liberali di qualunque scuola
e di qualunque partito, focalizzandoli su un programma che ha come punti
focali la lotta al clericalismo e alla corruzione.[393] Si richiamava in ogni modo
sia l'unità nazionale sia quella interna dell'Istituzione, anche se quest'ultima aveva delle divisioni che imperversavano nel consiglio direttivo diviso
in due fazioni: da una parte una minoranza radicale-repubblicana, che portava avanti una linea di condotta antiministeriale e composta da Antonio
Maffi, Salvatore Barzilai, Ettore Ferrari, ecc. l'altra fazione più numerosa e
moderata invece propugnava l'idea di una assoluta negazione dell'apertura
alla politica, in vista della preservazione dell'unità interna. Facevano parte
di questa fazione oltre Nathan, Alessandro Fortis, Camillo Finocchiaro-A-
prile, Achille Ballori, Antonio Cefaly. Malgrado queste divisioni interne
però rimanevano nel grande oriente elementi ideologici e storici che fungevano da collante e che erano radicati nell'essere massoni e massoneria. uno
di questi elementi era l'associazione ideale tra massoneria e stato unitario
derivato dalle lotte risorgimentali. Nessuno mise mai in discussione questo
legame, né l'assetto istituzionale o gli orientamenti della politica espressa
dal governo. Né mai nessuno mise in dubbio la monarchia, neanche quando, il 29 luglio 1900, il re Umberto I fu assassinato per mano dell'anarchico
Gaetano Bresci.[394] Il Grande Oriente d'Italia condannò immediatamente il

393 Fulvio Conti, *Storia della massoneria italiana*, op. cit., p. 162.
394 Gaetano Bresci (Coiano, Prato, 1869 - penitenziario di Santo Stefano 1901). Tessi-
tore, emigrato in America, dove si legò con gruppi di anarchici, ritornò in patria nel
giugno 1900 allo scopo d'uccidere il re Umberto I. Il monarca era già scampato a due
attentati, eseguiti dagli anarchici Giovanni Passannante e Pietro Acciarito, ma con
Bresci non ebbe scampo. Condannato all'ergastolo, la versione ufficiale vuole che
si sia tolto la vita l'anno dopo nella sua cella. http://www.treccani.it/enciclopedia/

delitto, che nelle parole di Nathan viene così descritto «un delitto che con la sua selvaggia impotenza, calunnia e deturpa di fango il nome della patria al cospetto del mondo».[395] Oltre al messaggio di mera condanna dell'atto criminale in sé si può notare che la vicenda diede il destro a Nathan per riaffermare con maggiore forza due concetti basilari per la massoneria: patriottismo e fedeltà alla monarchia.

Dal punto di vista internazionale Nathan fu sempre molto attivo nei confronti delle altre obbedienze, specialmente quelle che si trovavano sotto il giogo di soverchianti imperi. Egli anche nel periodo della maestranza Ferrari fu sempre impegnato nel tenere i rapporti con le obbedienze che avevano problemi perché sottoposti a repressione da parte dell'impero asburgico o altri imperi.

Quando nel 1914 scoppiò la Prima Guerra Mondiale Nathan volle fortemente che l'Italia entrasse in guerra al fianco degli Alleati, perché vedeva nell'annientamento dell'impero austro-ungarico il coronamento della vicenda risorgimentale italiana.

Quel che è certo è che Ernesto Nathan lasciò un'impronta decisiva nella Massoneria italiana durante la sua Gran Maestranza, in particolare nel primo mandato.

4.5 Da Ernesto Nathan ad Ettore Ferrari

Con decreto n. 151 Nathan convocò per la domenica 14 febbraio in Assemblea Generale, per l'elezione del suo successore.[396] L'assemblea del Grande Oriente d'Italia che si tenne dal 14 al 17 febbraio 1904 e che vide la partecipazione di 132 logge e di 11 corpi superiori del Rito Scozzese elesse all'unanimità (139 voti) il successore di Nathan: Ettore Ferrari.[397] La proclamazione, fatta dall'ex Gran Maestro, è coperta dagli applausi dell'Assemblea. Su proposta di Ferrari, Nathan è proclamato Gran Maestro Onorario.[398]

Con questa elezione «Dalla mano ferrea di Adriano Lemmi e di Ernesto Nathan il maglietto passava in quella vellutata di Ettore Ferrari».[399] Egli

---

gaetano-bresci/ (18 luglio 2018).

395 Fulvio Conti, *Storia della massoneria italiana*, op. cit., p. 163.

396 *Decreto n. 151*, in «Rivista della Massoneria Italiana», n.17-18, 1903, p. 262.

397 Ettore Passalalpi Ferrari, *Le muse e la politica*, Edimond, Città di Castello, p. 254.

398 *Ivi*, p. 255.

399 Rosario Francesco Esposito, *La massoneria e l'Italia*, op. cit., p. 309.

guiderà la massoneria del Grande Oriente d'Italia dal 1904 fino al 1917, anni che si dimostrarono fondamentali per la storia dell'Obbedienza italiana. Ferrari nacque a Roma il 25 marzo 1845, e fu avviato al mestiere di scultore e all'arte in generale dal padre, Filippo. Nel 1867 prese parte al fallito tentativo insurrezionale che doveva scoppiare a Roma contro il governo papale. Nel giugno del 1877 fu eletto consigliere comunale di Roma, portato dal Circolo di Belle Arti e dal giornale «Il Popolo Romano». Vi rimase, tranne una breve interruzione, fino al 1907. Tra le sue prime iniziative ci fu la proposta per la costruzione del Palazzo delle Esposizioni in Via Nazionale. Deputato nel collegio di Perugia dal 1882 al 1892, Ferrari sedette in Parlamento nei banchi dell'estrema sinistra democratica e da repubblicano convinto rifiutò sempre di incontrare il Re e, coerentemente, nel 1919, rifiutò la nomina a senatore a vita proposta dal Ministro Francesco Saverio Nitti. La fama artistica di Ettore Ferrari è legata in particolare a due monumenti, entrambi a Roma: il Giordano Bruno inaugurato a Campo de' Fiori il 9 giugno 1889 con una grandiosa manifestazione pubblica, e il Giuseppe Mazzini del periodo 1902-1911 sull'Aventino[400], ma inaugurato solo nel 1949.[401]

Tornando alla sua carriera massonica, essa iniziò nell'estate del 1881 su proposta di Ulisse Bacci[402] nella Loggia Rienzi di Roma della quale fu Maestro Venerabile nel 1892. Quattro anni più tardi diventò Gran Segretario con i Gran Maestri Adriano Lemmi e poi Ernesto Nathan al quale rimase sempre amicalmente legato.

Il Gran Maestro Ettore Ferrari aveva un'idea abbastanza diversa, rispetto a quella di Nathan rispetto a quello che doveva essere il ruolo della massoneria in seno alla società civile. Ferrari propugnava l'idea, e fin dal suo ingresso in massoneria si era battuto per raggiungere questo obiettivo, che l'Istituzione svolgesse un ruolo più attivo negli avvenimenti politici nazionali

---

400 https://www.grandeoriente.it/chi-siamo/la-storia/gran-maestri/ettore-ferrari-14021904-25111917-dimissionario/ (7 agosto 2018).

401 Vittorio Gnocchini, *L'Italia dei liberi muratori*, op. cit., p. 120.

402 Ulisse Bacci nacque vicino a Firenze nel 1846, aderì alla massoneria nel 1867 per divenire anche Segretario Generale del Grande Oriente d'Italia. Nel 1872 divenne direttore del periodico «Rivista della Massoneria Italiana». Di orientamento repubblicano, nella pagine della rivista da lui diretta si espresse per una scuola non confessionale e per l'introduzione del divorzio nell'ordinamento italiano. Scrisse alcuni testi di orientamento patriottico e anticlericale e il volume *Il libro del massone italiano*. Morì a Roma nel 1935.

ma anche internazionali. Del resto il suo discorso di insediamento, pronunciato il 14 febbraio 1904, non lasciava dubbi circa i suoi progetti e intendimenti. Egli affermava: «la massoneria non deve tenersi costantemente isolata e nell'ombra, ma scendere a contatto della vita, combattere alla luce del sole le sante battaglie dell'alta sua missione per la tutela della giustizia e per la grande educazione. Nuovi bisogni presentano nuovi problemi; nuovi problemi esigono nuove soluzioni; da nuovi doveri scaturiscono nuovi diritti: la massoneria non può, non deve chiudere gli occhi alla nuova luce, ma fissarla, scrutarla e dirigerla. Non deve cullarsi in teorie astratte, per quanto nobili ed elevate: ma affrontare i problemi dell'attualità in cui siamo concordi, rinvigorirsi nella soluzione degli interessi che alimentano la vita dei popoli».[403] Insomma la massoneria doveva, secondo il nuovo Gran Maestro "sporcarsi le mani" nella costruzione della società in cui operava. Quindi oltre i temi tradizionali dell'anticlericalismo e della laicità della scuola, temi che non verranno abbandonati, il Gran Maestro desiderava da parte dell'Istituzione una maggiore sensibilità e impegno verso i problemi che si collegavano a temi quali: la legislazione sociale e del mondo del lavoro[404], l'Istituzione di un ente che fungesse da arbitro nelle diatribe tra gli Stati, un altro tema caro a Ferrari fu la solidarietà tra i popoli, soprattutto nel caso di paesi dove si lottava per l'indipendenza e l'autodeterminazione, come nel già citato caso greco dell'isola di Candia. Nel 1905 il Grande Oriente d'Italia protestò vivacemente contro la repressione dei moti liberali che stavano avvenendo in Russia, richiamando i massoni all'unità contro il dispotismo.[405] La disastrosa situazione russa era principiata con la guerra contro il Giappone per il possesso della Manciuria. Le continue sconfitte misero a dura prova la Russia e il potere dello Zar fu messo in discussione dalle masse popolari che premevano per la fine della guerra e la diffusione delle libertà civili. Nel gennaio 1905 un corteo guidato da un prete ortodosso si stava recando in modo pacifico verso il palazzo dello Zar per chiedere un incontro e presentare una petizione. L'esercito zarista aprì il fuoco mietendo parecchie vittime. La strage fece crollare la credibilità dello Zar e il malcontento si propagò in molti ambiti della società civile russa.

Queste ondate di proteste ebbero vasta eco sia nelle logge, come era logi-

---

403 Marco Novarino, *Grande Oriente d'Italia*, op. cit., p. 50.

404 Questi punti vengono indicati in modo diffuso nella circolare n. 49, *La parola del Gran Maestro*, in « Rivista della Massoneria Italiana», n. 3-6, 1904, p. 34.

405 *Informazioni, Per la Russia*, in «Rivista Massonica» n. 5-6, 1906, pp. 275-276.

co aspettarsi, ma anche nelle fila della sinistra[406]che mise da parte, almeno momentaneamente, i dissidi interni per concentrarsi sulla lotta per la difesa dei diritti umani.

La massoneria guidata da Ferrari non rimase sorda alle faccende russe e alla fine di gennaio il Gran Maestro e la sua Giunta rispose alla strage russa approvando un comunicato che diceva: «la massoneria italiana, che con l'ideale e con il sangue edificò la libertà della patria e combatté in ogni tempo le battaglie della giustizia e della redenzione umana, alza un grido di degno per la cieca barbarie e le stragi orrende, con cui il despotismo teocratico in Russia risponde al popolo, che inerme chiede il suo diritto; ed invita tutti i centri massonici ed i fratelli di ogni terra a dar voti e a fare opere, perché quel diritto sia riconosciuto, e sulle rovine del privilegio, si affermi ancora una conquista del progresso civile».[407]

La mobilitazione delle logge del Grande Oriente d'Italia non ebbe precedenti nella storia della massoneria, le manifestazioni a favore dei rivoltosi non si limitano a messaggi di solidarietà, ma si portarono avanti azioni che riguardavano il mondo "profano" in cui le logge ebbero comunque un ruolo di rilievo.

Sotto la maestranza Ferrari, quindi, si concretizzò la svolta democratica della massoneria che fu evidente anche nella composizione della nuova Giunta che vedeva la presenza di importanti esponenti del partito radicale come: Adolfo Engel (Gran Maestro Aggiunto), Gustavo Canti (segretario), Rosario Bentivegna (Secondo sorvegliante); un liberale progressista come Alessandro Aleggiani (Tesoriere) e un giolittiano convinto come Giovanni Camera (Oratore), deputato e futuro sottosegretario alle finanze nel governo Giolitti. Faceva parte della Giunta anche Achille de Giovanni (Primo Sorvegliante) che era uscito sconfitto nella contesa elettorale con Ferrari per la Grande Maestranza. La svolta democratica fu evidenziata anche dall'introduzione nelle Costituzioni dell'Obbedienza di una postilla nell'articolo uno in cui si indicava: il principio democratico dell'ordine politico e sociale.[408]

---

406 Fulvio Conti, *Storia della massoneria*, op. cit., p. 173.

407 *La solidarietà di Ettore Ferrari per i rivoluzionari russi del 1905*, in Anna Maria Isastia (a cura di), *Il progetto liberal-democratico di Ettore Ferrari*, Angeli, Milano, 1997, pp. 217-232.

408 Fulvio Conti, *Massoneria e sfera pubblica nell'Italia liberale, 1859-1914*, in Gian Mario Cazzaniga (a cura di), *Storia d'Italia, la massoneria*, op. cit., p. 606.

Questa svolta di linea di condotta ebbe quasi subito degli effetti positivi in ambito massonico. Innanzitutto Ferrari incassò il riavvicinamento della compagine milanese che si era resa protagonista della scissione durante la Maestranza Nathan. Erano infatti svaniti gli elementi che avevano allontanato le due fazioni, per cui si cominciò a concepire l'idea dell'inutilità della compresenza di due Obbedienze separate. Dopo alcuni abboccamenti che non dettero risultati sostanziali si giunse nel novembre 1904 alla firma di un accordo che decretava il rientro in seno al Grande Oriente d'Italia del gruppo dissidente del Grande Oriente Italiano di Malachia De Cristoforis che riportò all'obbedienza originaria 36 logge, di cui 27 costituite in Italia e 9 all'estero. Dopo questo rientro furono ripresi anche i rapporti con i massoni francesi del Grande Oriente di Francia, quindi questi due eventi furono assolutamente positivi per la Maestranza Ferrari: *in primis* attraverso l'opera delle rientrate logge milanesi si accentuava l'ispirazione democratica della comunione massonica italiana e *in secundis*, dal punto di vista internazionale si riprendevano i rapporti con una delle obbedienze più importanti del mondo: il Grande Oriente di Francia. Nello stesso periodo rientrò nelle fila del Grande Oriente d'Italia un piccolo gruppo dissidente siciliano, il Grande Oriente Siculo di Palermo, che portò in dote alcune logge fondate nell'isola. In questo periodo quasi tutta la massoneria italiana era riunita sotto l'egida del Grande Oriente d'Italia.

Mentre il Grande Oriente d'Italia sembrava aver dispiegato le vele verso una crescita in termini di affiliati, di logge, e di popolarità, si trovò a dover affrontare dei problemi imprevisti. Il primo fu lo scandalo che coinvolse il deputato Nunzio Nasi[409]che era stato accusato di peculato per essersi impossessato di ingenti somme di denaro durante i suoi mandati politici e di aver impiegato denari statali per usi personali e a vantaggio del suo collegio elettorale. Per non subire il processo si rifugiò prima a Parigi poi a Londra. Tornato in Italia fu condannato e fu annullata la sua elezione a deputato. Dal punto di vista massonico la situazione non era migliore, i vertici del Grande Oriente erano molto preoccupato del fatto che l'opinione pubblica potesse associare l'immagine la massoneria alla corruzione di uno dei suoi membri, sottopose Nasi ad un processo massonico, giudicandolo colpevole e decretandone l'espulsione. La parabola politica di Nasi comunque non

---

409 Nunzio Nasi nacque a Trapani nel 1850, professore di economia politica fu ordinario all'Università di Palermo. Risulta Maestro massone dal 1893. Dal 1900 fino al 1902 fu presidente della Grande Loggia di Rito Simbolico. Uomo politico di primo piano a livello nazionale, fu ministro della pubblica istruzione nel 1901 nel governo Zanardelli.

si arrestò con questo "incidente di percorso" perché in seguito alle proteste del suo elettorato, che ad ogni tornata elettorale lo votava, fu riabilitato
e riammesso alla Camera dei Deputati nel 1913, eletto sia a Trapani sia a
Palermo, e rieletto nel 1919 e nel 1921, quando aderì alla Democrazia sociale. Nella seduta della Camera del 16 Novembre 1922, in occasione della
discussione sulla fiducia al Governo Mussolini dopo la marcia su Roma,
tenne un acuto discorso, prefigurando la natura antidemocratica e totalita-
ria del Fascismo. Nel 1924 si candidò contro il listone fascista e fu rieletto
nella lista "Democrazia del lavoro". Aderì all'Aventino, e nel 1926 venne dichiarato decaduto dal regime fascista, insieme agli altri deputati antifascisti.
Morì ad Erice nel 1939.

Un altro grave problema da affrontare era quello relativo al rapporto tra
massoneria e partito socialista.[410] In seno a questo partito nel 1904 si con-
cretizzarono le voci contro l'appartenenza massonica e cominciò a prendere corpo la richiesta di dichiarare nel partito l'incompatibilità tra l'appart-
nenza al partito e l'affiliazione alla massoneria. Una parte del partito, quella
più conservatrice, indisse un referendum interno nel 1905 che poneva la
questione e che prevedeva l'espulsione dal partito in caso di appartenenza massonica. Il Gran Maestro conscio della circostanza, procedette con
la costituzione di una commissione che aveva il compito di verificare, in
seno alle singole logge, gli effetti che avrebbe potuto avere un responso positivo del referendum.[411] Dopo la verifica sull'effettiva presenza di membri
socialisti tra le colonne dei suoi templi, informò i vertici dell'Obbedienza,
dichiarando che i membri socialisti affiliati era molto basso, e che quasi tutti
interpellati sulla questione avevano dichiarato che non avrebbero lasciato
la massoneria. Comunque la questione socialismo/massoneria non si risolse in questo frangente ma si ripropose in tutti i congressi socialisti fino ad
arrivare al congresso del 1914.[412]

In effetti i risultati del referendum socialista non diedero torto alle previ-
sioni del Gran Maestro, infatti il numero di votanti fu esiguo (11.776 su
37.921), ciò a significare che la questione non fosse percepita dalla base del
partito. L'unico risultato certo fu il far emergere l'ostilità dei socialisti per
la massoneria, i votanti seppur numericamente ridotti fecero capire chiara-

---

410 Per approfondimenti sul tema socialismo è massoneria vedere Marco Novarino, *Compagni e liberi muratori. Socialismo e massoneria dalla nascita del Psi alla grande guerra*,
Rubbettino, Soveria Mannelli, 2015.

411 Marco Novarino, *Compagni e liberi muratori*, op. cit., p. 69.

412 Marco Novarino, *Massoneria e movimento operaio e socialista*, in Santi Fedele, Giovanni

mente che ritenevano incompatibile socialismo e massoneria.

Anche nel Partito Repubblicano, in cui militavano Ettore Ferrari ed altri importanti esponenti della massoneria si aprì un dibattito sulla falsa riga di quello socialista. Dopo vivaci discussioni si giunse alla conclusione che: «crediamo che l'appartenere alla massoneria non costituisca un atto di incompatibilità o di indegnità per un repubblicano per la semplicissima ragione che siamo convinti che i principi fondamentali e animatori di questa associazione mondiale sono in armonia coi principi democratici e repubblicani».[413]

Di fronte a questi dibattiti che si stavano innescando i ambienti vicini alla massoneria e per rispondere a questo tipo di attacco "politico-laico", e anche per meglio collocare le posizioni massoniche nei confronti della Chiesa cattolica che andava a svolgere un ruolo sempre più importante in seno alla società civile, creando un'alleanza tra clericali e conservatori, alleanza che preoccupava non poco i vertici massonici italiani, che vedevano rafforzarsi le posizioni degli storici "nemici" con l'ausilio di nuovi detrattori, la massoneria non rimase immobile. Su iniziativa di Ettore Ferrari fu creata una Commissione, formata da Ernesto Nathan, Salvatore Barziali[414], Emanuele Paternò di Sessa[415], Agostino Berenini[416] e Dario Cassuto[417] che aveva il compito di redigere un documento che indicasse a tutti i massoni la direzione in cui si doveva concretizzare l'azione massonica. I risultati

---

Greco (a cura di), *Massoneria ed Europa*, op. cit., p. 98.

413 Fulvio Conti, *Storia della massoneria italiana*, op. cit., p. 176.

414 Salvatore Barzilai nacque a Trieste nel 1860, fu avvocato, uomo politico, militante nel partito repubblicano, e Ministro. La sua carriera massonica iniziò nel 1886 nella loggia Universo all'Oriente di Roma.

415 Emanuele Paternò di Sessa nacque a Palermo nel 1847, di nobili origini, diventò un famoso chimico e insegnò prima a Palermo e dopo a Roma. Non si conosce la data esatta della sua iniziazione massonica, fu regolarizzato maestro in una loggia di Palermo nel 1889.

416 Agostino Berenini nacque a Milano nel 1812, fu chirurgo, uomo politico e patriota, amico di Cattaneo, fu tra gli organizzatori delle Cinque giornate di Milano. Nel 1860 fu tra gli uomini che incoraggiarono Garibaldi ad organizzare la spedizione dei Mille. Fu iniziato alla massoneria nel 1866 presso la loggia "Progresso sociale" di Firenze. Eletto deputato nella VII legislatura capeggiò l'estrema sinistra e il partito radicale. Morì nel 1886.

417 Dario Cassuto nato a Livorno nel 1846 fu avvocato e politico e diventò senatore. Fu iniziato alla massoneria nella loggia della sua città natale intitolata a Giordano Bruno, in data incerta. Nel 1899 fu eletto consigliere dell'ordine. Morì nel 1920.

a cui pervenne la Commissione furono indicati in una circolare del Gran Maestro che molto chiaramente indicava il perentorio rifiuto da parte della massoneria di qualsiasi accordo con i cattolici e il divieto per i massoni di stringere con essi accordi politici in occasione delle tornate elettorali, pena l'espulsione dall'Obbedienza. I vertici della massoneria pur riconoscendo la libertà d'azione dei massoni in seno ai partiti politici, vietava che questo si concretizzasse in accordi con i nemici clericali.[418]

Questa posizione anche se ferma, fu quasi subito disattesa in occasione delle elezioni del 1906, quando alcuni massoni di Torino in occasioni delle elezioni comunali si allearono con i cattolici. Questi massoni furono espulsi dell'Ordine, anche se erano in sonno, perché le disposizioni del Gran maestro erano valide per tutti i massoni, anche per coloro che non erano attivi in loggia. Questa decisione, considerata da molte parti troppo rigida ebbe come effetto immediato le dimissioni dalla Giunta di Antonio Cefaly, in segno di protesta. Le dimissioni di per se gravi erano però anche il segnale che all'interno dell'Obbedienza vi era un certo fermento e rivelava il dissenso che albergava nelle logge rispetto alla linea seguita da Ferrari. Infatti quasi subito si fece aspro il dibattito sulla linea politica che il Grande oriente doveva seguire e si decise di sposare la proposta avanzata da tre logge politicizzate (Popolo Sovrano di Torino, Avvenire Sociale di Reggio Calabria e Cisalpina-Carlo Cattaneo di Milano). La proposta consisteva nella modifica parziale del primo articolo delle Costituzioni, il nuovo testo prevedeva la frase: La comunione italiana propugna il principio democratico dell'ordine politico e sociale.

Da ciò si può desumere che nell'Obbedienza fosse netta la preminenza della fronda democratica, che interpretava il volere della maggior parte dei massoni italiani del Grande Oriente, e che con questa revisione si sentì legittimata ad imprimere ancora più fermezza ai suoi propositi. Seguendo questo mandato nel 1906 Ferrari invitò le logge a pronunciarsi su due questioni che erano considerate centrali: il suffragio universale e l'attribuzione degli insegnamenti della scuola primaria allo Stato. Su tutti e due i fronti Ferrari intendeva mobilitare il paese e gli schieramenti politici. Inoltre in questo periodo vi fu un avvicinamento al partito socialista, nella speranza di ricucire i rapporti tra l'Istituzione e il partito. La massoneria decise di occuparsi più da vicino del tema delle associazioni cooperative e di quello delle case popolari, temi cari ai democratici ma anche ai socialisti.

---

418 *La parola del governo dell'Ordine*, in «Rivista Massonica» n. 9, novembre 1905, p. 387.

Quindi la massoneria era impegnata su più fronti, anche nuovi, ma non aveva dimenticato la sua vocazione anticlericale, infatti, dimostrando di non aver abbassato la guardia su questo tema, votò una dura censura nei confronti di un suo esponente di spicco, Alessandro Fortis che in un discorso elettorale aveva dichiarato che ormai in Italia non esisteva più un pericolo clericale. il suo discorso era completamente in contrasto con quanto affermato dal Grande Oriente che era sempre più infastidito dalle coalizioni che vedevano clericali e moderati lavorare fianco a fianco. Questa posizione della maestranza Ferrari, così rigida e poco propensa all'ascolto di voci dissonanti fece nascere nel Grande Oriente una corrente che invocava il ritorno alla «tradizione iniziatica e agli statuti».[419] Questa minoranza rimase inascoltata, infatti le logge furono chiamate ad operare in prima linea, ed i massoni in prima persona, nella costituzione dei "blocchi popolari" cioè alleanze elettorali tra i partiti progressisti, che ebbe come diretta conseguenza la nascita di molte amministrazioni di sinistra.[420] Uno dei risultati più eclatanti della politica bloccarda fu l'elezione di Nathan a Sindaco di Roma nel 1907.

La massoneria e i partiti di sinistra avevano dei punti programmatici in comune che fungevano da legante nel caso di accordi "politici", uno di questi punti era la questione dell'insegnamento laico nelle scuole, in modo che si abbattesse il dilagante analfabetismo. Ovviamente la convergenza su temi come la laicizzazione della scuola e l'anticlericalismo erano considerati argomenti portanti nell'attuazione del rafforzamento dello stato laico.

La battaglia per la scuola laica però non vedeva tutti i massoni italiani concordi con la linea portata avanti dai vertici dell'Obbedienza, infatti, la frangia più conservatrice del Grande Oriente d'Italia, che già aveva mostrato la sua visione nel 1906, cominciò ad organizzare un più ampio movimento di dissenso interno, che poi porterà alla grande crisi massonica del 1908.

4.6 Lo scisma, la nascita della Grande Loggia d'Italia

S intetizzando le dinamiche della scissione del Grande Oriente d'Italia, si deve sottolineare che la scintilla partì proprio dalla questione della laicizzazione della scuola. Leonida Bissolati deputato socialista presentò una mozione alla Camera dei Deputati contro l'insegnamento religioso nelle

---

419 Fulvio Conti, *Storia della massoneria italiana*, op. cit., p. 179.

420 Marco Novarino, *Massoneria e movimento operaio e socialista*, in Santi Fedele, Giovanni Greco (a cura di), *Massoneria ed Europa*, op. cit., p. 101.

scuole elementari. La mozione presentata nel 1907 fu però discussa nel 1908. Poco prima della discussione parlamentare Ferrari decise di scrivere a tutti i parlamentari massoni per invitarli a votare in senso positivo la mozione.[421] Invece la mozione fu bocciata anche grazie al voto di alcuni deputati massoni, e questo avvenne non una ma due volte, infatti un altro deputato, Vittorio Moschini presentò a sua volta una mozione, con lo stesso contenuto sostanziale ma con un tenore meno rigido. La mozione era stata pubblicamente ostacolata da Giovanni Giolitti che era ben conscio del fatto che essa avrebbe avuto delle conseguenze negative nei rapporti con i cattolici. Dal punto di vista politico la bocciatura fu imputata alla scarsa pianificazione politica di Bissolati, che non aveva verificato le reali possibilità di vittoria.

La disapprovazione della mozione determinò un forte sdegno tra le colonne della comunione italiana. Ettore Ferrari, che tanto si era speso in questo frangente decise di prendere dei provvedimenti disciplinari nei confronti di chi non aveva votato la mozione, affossandola di fatto. Infatti i deputati che non avevano votato furono espulsi dalla comunione in base all'articolo 129 delle Costituzioni.[422] Secondo i risultati dell'indagine interna in Parlamento vi erano 38 deputati massoni, di questi 17 votarono sì alla mozione Moschini, 11 votarono contro e 10 risultavano assenti. Questo problema interno si sovrappose ad un altro più antico che si ripresentava ovvero l'unificazione dei Riti, in questo frangente la Grande Loggia del Rito Simbolico era favorevole mentre il Supremo Consiglio dei 33 era contrario. Saverio Fera, che in quel momento era il facente funzioni di Sovrano Gran Commendatore del Rito Scozzese Antico ed Accettato si schierò contro la decisione dell'Ordine di prendere provvedimenti contro i deputati che non avevano seguito le direttive. Questa sua posizione equivalse ad una dichiarazione di guerra contro Ettore Ferrari, la sua Giunta e la sua gestione. Fera sostituì dei membri dimissionari del Consiglio con altri di sua fiducia e assunse la difesa dei deputati. Questa drammatica situazione si consumava proprio alla vigilia di un importante appuntamento massonico: l'Assemblea Generale per l'anno 1908. Tra l'altro in questa sede si fece il bilancio di quella che era la situazione dell'Obbedienza, bilancio assolutamente positivo che vedeva una crescita del Grande Oriente d'Italia che passava da 195 logge del 1904 a 301 nel 1907, di queste 251

---

421 *Penosi doveri*, in «Rivista Massonica» n. 3-6, 1908, pp. 50-52.

422 Marco Novarino, *Progresso e tradizione*, op. cit., p. 175.

appartenevano al Rito Scozzese e 50 a quello Simbolico. 266 logge erano sul territorio italiano mentre 35 erano all'estero. Inoltre erano stati costituiti 71 Triangoli, di cui 65 di Rito Scozzese e 6 di Rito Simbolico Italiano.[423] Dall'analisi dei numeri si può facilmente desumere che il Grande Oriente d'Italia stava attraversando una fase di sviluppo senza precedenti, che comprendeva anche una distribuzione geografica abbastanza omogenea, con la fondazione di logge in territori che fino a quel momento erano rimasti fuori dal circuito massonico. Durante l'Assemblea Generale, si fecero frequenti riferimenti alla situazione di Fera e dei deputati posti sotto inchiesta. Rosario Bentiveglia dichiarò senza mezzi termini che era necessario continuare sulla linea proposta da Ferrari, puntando più in alto: formare un blocco anticlericale politico, in modo da indirizzare il parlamento verso i fini condivisi dalla massoneria, eliminando tutti gli opportunismi politici, sociali e religiosi. Il riferimento a Fera e al suo operato, e a quello dei deputati massoni dissidenti era evidente. Fera reagì a queste critiche con provvedimenti disciplinari di singoli massoni e intere logge, nell'ambito del Rito Scozzese Antico ed accettato. La situazione si fece ancora più aspra quando nel giugno 1908 Ferrari aiutato da Ernesto Nathan riuscì a riprendere la direzione del Supremo Consiglio e a rimettere Achille Ballori (che era precedentemente dimissionario) alla sua guida. Fu la goccia che fece traboccare il vaso, Fera all'inizio di luglio 1908 diffondeva un decreto con cui dichiarava irregolare il Grande Oriente d'Italia e chiedeva a tutte le logge che appartenevano al Rito Scozzese Antico ed Accettato di porsi alle dipendenze del Supremo Consiglio.[424] Come risposta immediata Ferrari riunì la Giunta del Grande Oriente in sessione straordinaria e urgente e decretò l'espulsione dall'Obbedienza di Fera e di tutti i fratelli che avevano deciso di seguirlo.

Da quel momento iniziò la disputa tra la nuova obbedienza fondata da Fera, la Grande Loggia d'Italia e il Grande Oriente d'Italia per il riconoscimento come unica Comunione massonica legittima in Italia, da parte delle obbedienze straniere. Del resto la decisione di lasciare il Grande Oriente d'Italia e fondare un'altra comunione massonica era il risultato di anni di dissidi interni velati, ma sempre vivi, tra una fazione fortemente anticlericale, progressista, che aveva in Ferrari, più che in Nathan il suo campione, e una fazione di minoranza che era liberale ma anche conservatrice.

---

423 *Una circolare del Gran Maestro*, in «Rivista Massonica» n. 7-8, 1908, p. 146.
424 *Informazioni*, in «Rivista Massonica» n. 11-12, 1908, p. 285.

Questa scissione per quanto dolorosa a livello interno e per ciò che riguardava le relazioni e i riconoscimenti internazionali, non fu così disastrosa a livello quantitativo. Nell'agosto 1908 Ferrari fece pubblicare una circolare che descriveva la situazione relativa alla scissione feriana: nove logge avevano lasciato il Grande Oriente d'Italia, la XX settembre di Firenze (Fera era il venerabile), la Anglia di Napoli, la XX settembre di Formia, la Charitas di Misilmeri, e le logge palermitane, Giorgio Washington, Risveglio, Sicilia Risorta, Palermo e Sondesmos. Avevano abbandonato il Supremo Consiglio anche due corpi superiori del rito, il Capitolo di Palermo e l'Areopago di Reggio Calabria.[425] La nuova Obbedienza prendeva sede in Piazza del Gesù, tra i suoi esponenti di spicco ricordiamo oltre lo stesso Saverio Fera, Giovanni Camera, Giovanni Miranda, Leonardo Ricciardi, Francesco Pellicano, Cesare Pastore, Enrico Pegna, Carlo Ferretti, Teofilo Gay, Costantino Gregorio Carelli, Leonardo Bianchi, Giovanni Francica Nava, Giovanni Ameglio, Enrico Presutti.[426] Dopo alcuni mesi furono espulsi anche Dario Cassuto, Raoul Vittorio Palermi[427], Arturo Vecchini, Temistocle Zona, Alessandro Delli Paoli, Giovanni Lavanga.

Il Gran Maestro del Grande Oriente d'Italia, con una certa soddisfazione affermava: il tentativo dei secessionisti è completamente e miseramente fallito[428], ma per molti anni tra le due obbedienze fu un continuo rilanciare le cifre della scissione.

Nel 1909 il Grande Oriente d'Italia con i suoi 15.000 iscritti era una delle comunioni più importanti nel panorama massonico europeo. Inoltre quasi a conferma dell'ottimo stato di salute di cui godeva l'Obbedienza anche grazie all'apertura verso classi sociali più modeste, il Grande Oriente poté acquistare tutto il Palazzo Giustiniani.

---

425 Rosario Francesco Esposito, *La massoneria e l'Italia*, op. cit., p. 323.

426 Alcuni di questi massoni, Francica Nava, Ameglio e Bianchi, tornarono sulle proprie decisioni e rientrarono nelle fila del Grande Oriente d'Italia.

427 Raoul Vittorio Palermi nacque a Firenze il 20 maggio 1864 in una famiglia benestante. Si hanno poche notizie circa la sua gioventù, invece nella seconda parte della sua vita ebbe un ruolo importante in alcune vicende politiche del paese. Iniziato alla massoneria fu uno degli artefici della nascita Gran Loggia d'Italia (GLI). Obbedienza che egli guidò dal 1919 al 1925. http://www.treccani.it/enciclopedia/raoul-vittorio-palermi_(Dizionario-Biografico)/ (7 agosto 2018).

428 Fulvio Conti, *Storia della massoneria*, op. cit., p. 187.

4.7 Massoneria e vita politica

Questa sua nuova vocazione democratica da un lato aveva prodotto uno sviluppo esponenziale di forze e risorse umane, ma dall'altro in pochi si resero conto che una connotazione oltremodo "civile-politica" avrebbe potuto snaturare l'Obbedienza per ciò che riguardava la sua tradizione massonica. Infatti la linea politica tenuta da Ferrari consentirono alla massoneria di avere un ruolo primario nelle decisioni politiche, o comunque una forte influenza nella vita politica, ma nello stesso tempo questa sovraesposizione mediatica fu motivo di contrasti che alla fine indebolirono la Comunione italiana. Ci si riferisce in particolare agli attacchi che l'Istituzione subì da parte dei socialisti, che non avevano ridimensionato la loro visione della massoneria, anzi tutt'altro. I socialisti cominciarono a pensare che la massoneria con la sua caratteristica intrinseca del superamento delle classi sociali, danneggiasse la causa portata avanti dal proletariato e che quindi fosse necessario separare massoneria e socialismo. Questa visione era stata portata avanti per anni, fin dall'inizio del secolo, ma nel Congresso socialista del 1910 fu riproposta la questione dell'incompatibilità, attraverso due ordini del giorno, uno presentato da Gaetano Salvemini.[429] La mozione di Salvemini che invitava tutti i socialisti che non sono massoni a non entrare in massoneria e a quelli che vi appartengono ad uscirne, ebbe 6.606 voti.

La situazione si ripropose due anni dopo con il Congresso del partito che si tenne a Reggio Emilia in cui la questione fu al centro del dibattito. Benito Mussolini appoggiò l'ordine del giorno in cui si dichiarava che l'Istituzione massonica doveva essere contrastata perché «portatrice di quella politica bloccarda che deforma i caratteri specifici dei partiti politici».[430]

---

429 Gaetano Salvemini, storico e uomo politico (Molfetta 1873 - Sorrento 1957). Iscritto al PSI, approfondì le sue riflessioni sul nesso tra socialismo e questione meridionale, criticando la tendenza al protezionismo operaio settentrionale. L'attenzione ai problemi del paese lo condusse a polemizzare con il governo di Giovanni Giolitti. Diresse, con Antonio De Viti De Marco, il settimanale «L'Unità», tramite il quale esercitò una profonda influenza sul dibattito politico. Interventista nel 1915, fu deputato nel 1919. Nel 1925 fondò il quotidiano clandestino antifascista «Non mollare!»: arrestato, espatriò in Francia, dove fu tra i fondatori di Giustizia e Libertà, e poi negli Stati Uniti. Dal 1933 insegnò storia della civiltà italiana alla Harvard University negli USA, di cui assunse la cittadinanza. Rientrato in patria, nel 1948 fu reintegrato nella cattedra di Firenze. http://www.treccani.it/enciclopedia/gaetano-salvemini/ (7 agosto 2018).

430 Marco Novarino, *Grande Oriente d'Italia*, op. cit., p. 55.

In entrambi i Congressi non si raggiunse il numero di consensi necessari
per decretare la validità della decisione, per cui la questione fu rimandata al
Congresso del 1914.

Ma i venti contrari alla massoneria non stavano montando solo in seno al
Partito Socialista, anche all'interno del Partito Repubblicano si prendevano le distanze dall'Istituzione, e lo fece esplicitamente nel 1912 durante il
suo Congresso che si tenne ad Ancona. Secondo l'ala più intransigente la
massoneria era responsabile, con la sua linea bloccarda, che si concretizzava con la tendenza al compromesso tra forze politiche affini, dello smarrimento dell'identità repubblicana. In effetti l'allontanamento ci fu, ma non
la dichiarazione di incompatibilità, tanto che nel 1913 Eugenio Chiesa[431],
deputato repubblicano, fu iniziato in una loggia del Grande Oriente d'Italia. Lo stesso Chiesa cattolica avrebbe giocato un ruolo fondamentale nei
concitati anni dell'esilio del Grande Oriente d'Italia.

La massoneria da questo momento si dovette difendere ufficialmente dai
socialisti, ma non erano gli unici che in questo periodo puntavano pesantemente il dito contro l'Istituzione. Da più parti il Grande Oriente d'Italia fu accusato di scarso patriottismo. Tali accuse, che i vertici massonici
respingevano come infamanti, si riferivano alla questione della guerra in
Tripolitania iniziata nel 1911. In quell'occasione i massoni che operavano
nelle logge italiane dell'Impero Ottomano avevano chiesto ai vertici del
Grande Oriente d'Italia di intervenire con il governo italiano perché si
evitasse un'umiliazione all'Impero. La massoneria italiana si era espressa
dichiarando che l'impresa di Tripoli era indispensabile per l'Italia. Se qualcosa si poteva fare si sarebbe dovuta fare prima, ormai era tardi, erano già
state prese le armi. Intervenire in quel momento sarebbe stato un attentato
contro gli interessi e la dignità dell'Italia. Era evidente per tutti la posizione
patriotica della massoneria italiana, prima venivano gli interessi della Patria, e per esso veniva sacrificato il principio di solidarietà tra fratelli massoni. Il Grande Oriente d'Italia, del resto non aveva mai fatto mistero di essere
favorevole all'intervento italiano in Libia, per una serie di motivi, da quello
economico a quello sociale e legato "all'incivilimento" che l'Italia poteva
portare in questo territorio. Dal punto di vista massonico la presenza dell'I-

---

431 Eugenio Chiesa, fu un uomo politico di primo piano prima dell'avvento del fascismo,
   egli nacque a Milano il 18 novembre 1863, militò fin da giovane nel partito repubblicano. Fu deputato dal 1903 al 1926, anno in cui dovette fuggire dall'Italia a causa della
   persecuzione fascista alla massoneria.

talia fu notevole, furono fondate numerose logge, sia all'Obbedienza del Grande Oriente d'Italia sia della neonata Grande Loggia d'Italia.

Malgrado il Grande Oriente d'Italia fosse impegnato su numerosi fronti, i suoi leader riuscirono ad organizzare una importante manifestazione, il Congresso Internazionale del 1911.[432] Al Congresso parteciparono 2000 massoni provenienti da tutte le regioni italiane, e i delegati di 21 obbedienze straniere, e fu organizzato per il 20 settembre presso il Teatro Nazionale di Roma. Durante il pomeriggio un corteo con 300 vessilli massonici percorse le vie della città, partendo da Palazzo Giustiniani. Gli argomenti al centro del consesso erano: l'azione anticlericale della massoneria; la pubblica beneficenza; la natura e i limiti della solidarietà tra fratelli della massoneria universale; l'unificazione di cerimonie, gesti, segni, parole che riguardassero i primi tre gradi della massoneria in tutto il mondo.[433]

Nel maggio 1912 Ferrari fu riconfermato alla guida della Comunione italiana, e tra le altre questioni, proprio in quella occasione fu riproposto da due logge piemontesi, la Dante Alighieri e la Cavour, il tema dell'appartenenza massonica femminile. Ma anche in questo caso non si andò oltre le parole e i buoni propositi, in realtà la questione non fu affrontata nei modi dovuti e non si fecero passi avanti.[434] Alla Costituente il Gran Maestro presentò un bilancio rispetto alla situazione della Comunione. Anche in quest'occasione il bilancio era più che lusinghiero, si contavano infatti 431 logge e 131 triangoli. La discussione si fece accesa sul tema dell'unificazione dei Riti, lo Scozzese Antico e Accettato e il Simbolico Italiano, ma non si giunse a nessuna decisione definitiva. Oltre la conferma di Ettore Ferrari quale Gran Maestro si procedette all'elezione della nuova Giunta che vedeva Gustavo Canti Gran Maestro Aggiunto, e Alberto Beneduce, Alberto La Pegna, Gino Bandini, Carlo Berlenda, Pellegrino Ascarelli. A Beneduce fu assegnata la delega per tenere i rapporti con la Commissione politica che era stata costituita in seno al Consiglio dell'Ordine e che era composta da Malachia de Cristoforis, Adolfo Engel[435], Giovanni Ciraolo, Giovanni An-

---

432 *Informazioni. Congresso massonico universale*, in «Rivista Massonica» n. 1-4, 1911, pp. 72-77.

433 Rosario Francesco Esposito, *La massoneria e l'Italia*, op. cit., p. 326.

434 Per approfondimenti sull'argomento vedere Emanuela Locci, *Storia della massoneria femminile. Dalle corporazioni alle obbedienze*, BastogiLibri, Roma, 2017, pp. 105-138.

435 Adolfo Engel nacque nel 1851 e fu ingegnere e uomo politico nelle fila dei Radicali. Iniziato alla massoneria nel 1884 nella loggia di Milano, La Ragione, nel corso della

tonio Vanni, Salvatore Barzilai, Agostino Berenini, Mario Chiaraviglio, e Teodoro Mayer.[436]

La nuova Giunta diede un rinnovato impulso alla linea da sempre sostenuta da Ferrari, e guardò con interesse la situazione che si era creata a livello elettorale con la riforma che aveva allargato il suffragio maschile. Il Grande Oriente non minimizzava l'impatto che il nuovo elettorato, composto essenzialmente da operai e contadini, poteva avere sui risultati delle tornate elettorali. Infatti questi nuovi elettori, erano ritenuti dalla massoneria influenzabili dalla Chiesa cattolica. A tale scopo Beneduce stilò un elenco di misure necessarie per contrastare le forze clericali. Innanzitutto era necessaria la diffusione dell'istruzione popolare; la riforma dei tributi, in particolare quelli locali, e da qui si evince la vocazione popolare delle iniziative: era necessario avvicinarsi alla "base". Inoltre si doveva risolvere il problema agricolo, che interessava in particolare in sud Italia, e pensare alle pensioni operaie. Nell'ottobre 1912 Gino Bandini si fece promotore dell'Istituzione di un' apposita struttura organizzativa che aveva il compito di coordinare le attività massoniche in occasione delle elezioni. A tale scopo fu costituito un comitato centrale massonico che avrebbe riunito i numerosi comitati a livello regionale e provinciale. Una vera macchina da guerra, che però non aveva incassato la piena approvazione di Ferrari, preoccupato che la sovraesposizione della massoneria potesse danneggiare l'Istituzione, infatti, in caso di vittoria si sarebbe corso il rischio di indebolire le posizioni dei partiti vicini all'Istituzione e in caso di sconfitta la massoneria sarebbe potuta diventare il capro espiatorio della situazione. I lavori ebbero inizio, anche grazie a Barzilai che si affrettò a rassicurare Ferrari sull'assoluta riservatezza che avrebbe protetto l'operato del Grande Oriente. In questo periodo, così fecondo di iniziative, vedasi l'apporto del Grande Oriente nella creazione della Banca Nazionale delle Casse Rurali, l'Istituzione dovette far fronte alle polemiche dovute alle dimissioni dalla massoneria di Gustavo Fara, eroe di guerra che si era distinto in Eritrea ed in Libia. Non tanto le sue dimissioni, quanto la sua passata appartenenza massonica fecero sollevare la questione, presso alcuni giornali, dell'influenza che la massoneria aveva nell'esercito e nella magistratura. Le parole per descrivere la massoneria erano testualmente queste: Piovra masso-

---

sua carriera massonica rivestì ruoli di primaria importanza, sia nel grande oriente che nel Rito scozzese. Morì a Roma nel 1913.

436 Fulvio Conti, *Storia della massoneria italiana*, op. cit., p. 225.

nica.[437] Paolo Spingardi[438], Ministro della guerra pronunciò parole molto dure nei confronti della massoneria ma non sostenne l'incompatibilità tra cariche politiche e appartenenza massonica.

Il Grande Oriente d'Italia reagì immediatamente a questi attacchi e respinse come assurda e ridicola l'ipotesi che l'appartenenza massonica potesse creare obblighi che contrastassero con i doveri imposti dalla disciplina della gerarchia militare.[439]

Come se la situazione non fosse già di per se ingarbugliata la Comunione massonica italiana dovette affrontare anche l'ostilità dei nazionalisti, in realtà questa animosità non era cosa nuova, ma in questo periodo la situazione peggiorò.[440] Luigi Federzoni[441] leader dei nazionalisti dichiarò che era necessario eliminare definitivamente l'influenza che la massoneria esercitava sulla società civile italiana in generale. I nazionalisti vedevano nell'Istituzione massonica tutto quello che di negativo poteva esistere secondo la loro ideologia: riformismo borghese, umanitarismo cosmopolita, in particolare quest'ultimo secondo la loro visione impediva la riuscita dell'egemonia nazionale. Dal canto suo il Grande Oriente riteneva il nazionalismo un'esagerazione del patriottismo e che come tutte le esagerazioni avrebbe solo danneggiato la nazione. La situazione parve precipitare nel 1913 quando il Grande Oriente d'Italia rifiutò di partecipare ad un contradditorio con i nazionalisti e questi ultimi diedero inizio ad un'inchiesta sulla massone-

---

437 Fulvio Conti, *Storia della massoneria italiana*, op. cit., p. 228.

438 Il conte Paolo Spingardi (Felizzano 1845 - Acqui 1918) fu un Generale, professore alla Scuola di guerra (1886-87), fu anche sottosegretario (1903) e poi (1909-14) per quattro volte ministro della Guerra. Richiamato in servizio nel 1915, ebbe la presidenza della commissione centrale dei prigionieri. Fu anche Deputato (1904), e senatore (1909). http://www.treccani.it/enciclopedia/spingardi-paolo-conte/ (8 agosto 2018).

439 *Informazioni. Adunanza del Grande Oriente*, in «Rivista Massonica», n. 9-10, 1913, pp. 219-223.

440 *La parola del Gran Maestro*, in «Rivista Massonica» n. 15-16, 1913, p. 347.

441 Luigi Federzoni (Bologna 1878 - Roma 1967). Uomo politico e scrittore Leader del movimento nazionalista italiano e fondatore del suo organo, L'idea nazionale (1911), deputato nel 1913, interventista e pluridecorato, nel primo dopoguerra. Contribuì alla fusione dei nazionalisti nel Partito fascista, fu successivamente Ministro delle colonie (fino al 16 giugno 1925), degli interni e di nuovo delle colonie (6 novembre 1926 - 18 dicembre 1928). Senatore dal 1928, ebbe la presidenza del senato dal 1929 al 1939 e dell'Accademia d'Italia dal 1938 al 1943. Nel 1943 si pronunciò contro Mussolini nella seduta del Gran Consiglio del 25 luglio. http://www.interno.gov.it/it/luigi-federzoni (8 agosto 2018).

ria, sulle sue caratteristiche e sui suoi fini. Numerosi personaggi pubblici furono chiamati ad esprimere un parere sull'Istituzione e molti dei giudizi a partire da quello di Benedetto Croce[442], proseguendo poi con Pasquale Villari[443], e Giovanni Amendola[444], non furono positivi.

L'unica voce che si levò in difesa della massoneria fu quella di Ivanoe Bonomi[445], il quale dichiarava apertamente di ritenere gli attacchi alla massoneria assolutamente persecutori. Oltre le singole dichiarazioni, l'inchiesta in se ebbe ben altri significati, infatti i vertici del Grande Oriente si resero conto che se una parte così importante della classe politica, economica e intellettuale aveva questa percezione della massoneria, ossia di conventicola di intrighi, malaffare, clientelismo, mentre ignorava completamente l'apporto che l'Istituzione aveva dato per la formazione dell'identità nazionale, quali i suoi fini, programmi, le sue battaglie in vista dell'uguaglianza tra gli uomini. In questo triste momento per la comunione italiana sembrava che le battaglie portate avanti per il divorzio, l'allargamento del diritto di voto, l'abolizione della pena di morte, non avessero nessun significato.

---

442 Benedetto Cróce (Pescasseroli, 25 febbraio 1866–Napoli, 20 novembre 1952) fu Filosofo e storico e anche se non gli mancarono critici e avversari, appare come la figura di maggior rilievo della vita culturale italiana della prima metà del Novecento. http://www.treccani.it/enciclopedia/benedetto-croce/ (10 agosto 2018).

443 Vìllari Pasquale fu storico e uomo politico (Napoli 1826 - Firenze 1917). Esule a Firenze dopo aver partecipato al moto napoletano del 1848, insegnò storia all'univ. di Pisa (1859). Socio nazionale dei Lincei (1878), deputato (1870-76; 1880-82), senatore (dal 1884), fu ministro della Pubblica istruzione (1891-1892). http://www.treccani.it/enciclopedia/pasquale-villari/ (10 agosto 2018).

444 Giovanni Amendola (Napoli, 15 aprile 1882–Cannes, 7 aprile 1926) è stato un politico, giornalista e accademico italiano. Fu eletto per tre legislature come deputato, successivamente nel periodo fascista fu fortemente critico nei confronti del regime, diventando uno dei più importanti antifascisti in Italia. Fu uno dei promotori dell'Aventino, egli lo concepì come sede della legalità, contrapposta al governo e alla Camera, considerati illegali; e si oppose sia ai vari tentativi, caldeggiati da repubblicani e garibaldini della "Italia Libera", di insurrezione armata, sia ad alleare l'opposizione aventiniana a quella comunista. Dopo il delitto di Giacomo Matteotti, anche Amendola fu minacciato e per due volte percosso, l'ultimo pestaggio del 1925 risultò fatale, infatti Amendola morì dopo due anni a causa delle ferite riportate. http://www.treccani.it/enciclopedia/giovanni-amendola_(Dizionario-Biografico)/(10 agosto 2018).

445 Bonòmi Ivanoe (Mantova 1873 - Roma 1952). Uomo politico italiano Tra i fondatori del Partito socialista riformista (1912), ricoprì numerosi incarichi di governo, ma con l'avvento del fascismo si ritirò dalla vita politica. Vi tornò dopo la liberazione di Roma, divenendo una delle figure chiave della prima età repubblicana. http://www.treccani.it/enciclopedia/ivanoe-bonomi/ (10 agosto 2018).

Uno dei pochi che in questo marasma, anche emozionale, di forte delusione, che vide con il giusto distacco e lucidità le vere ragioni dell'attacco alla massoneria fu Achille Ballori.[446] Egli dichiarò: «senza dubbio si combatte la massoneria perché si sa che essa si occupa di elezioni politiche e quindi la guerra e lo spirito antimassonico che si diffonde e si organizza nell'esercito, nell'armata, nella magistratura, nelle amministrazioni pubbliche per combattere e neutralizzare l'azione politica dell'Ordine. Se è così la lotta non cesserà che ad elezioni avvenute».[447]

Ferrari di pari rafforzò questo concetto e affermò che: «la campagna non ci giunge inattesa alla vigilia dei comizi politici ed amministrativi era prevedibile ed inevitabile».[448]

I discorsi di Ferrari e dei dignitari del Grande Oriente, o le riviste come «l'Acacia» e la «Rivista Massonica» non erano più sufficienti per raggiungere un ampio pubblico e per cercare di ottenerne il consenso, a tale scopo fu deciso di finanziare alcuni giornali che già venivano pubblicati e che erano di corrente progressista. Ma la mossa più rilevante fu quella di fondare nel novembre 1913 un nuovo settimanale «L'Idea democratica»[449] che fu posto sotto la direzione di Gino Bandini, membro della Giunta e del Partito Radicale Italiano e che per circa sei anni fu il più importante mezzo di comunicazione tra il mondo massonico e quello profano.

Gli anni che precedettero il primo conflitto mondiale non furono anni facili per il Grande Oriente d'Italia che doveva combattere su più fronti, contro i socialisti, i nazionalisti, i clericali, tutto ciò mentre la politica dei Blocchi[450],

---

446 Achille Ballori nacque in provincia di Pisa nel 1850, diventato medico fu direttore dell'ospedale di Mantova e degli ospedali riuniti di Roma. Nella capitale, con l'amministrazione di Ernesto Nathan fu assessore all'igiene. Nel 1874 è dotato del grado di Maestro nella loggia Umanità e Progresso di Pisa, mentre nel 1891 fu Venerabile della loggia Rienzi di Roma. Nel 1890 fu eletto primo Gran Sorvegliante, e nel 1893 Gran Maestro Aggiunto. Sei anni dopo diventò Sovrano Gran Commendatore del Rito Scozzese Antico ed Accettato. Nel 1917 era candidato unico alla Grande Maestranza, come successore di Ferrari, ma il 31 ottobre di quell'anno fu ucciso a colpi di pistola nella sede di Palazzo Giustiniani a Roma, da Lorenzo d'Ambrosio.

447 Fulvio Conti, *Storia della massoneria italiana*, op. cit., p. 233.

448 *Ibidem.*

449 Per approfondimenti vedere Anna Maria Isastia, *La Massoneria al contrattacco: "L'Idea democratica" di Gino Bandini (1913-1919)* in «Dimensioni E Problemi Della Ricerca Storica»1/1997, pp. 259-287.

450 Vedere anche Demetrio Xoccato, *La massoneria di fronte alla crisi dei blocchi popolari: la guerra di Libia (1911-1912)*, in «Tetide. Rivista di Studi Mediterranei», n. 1, anno

che la massoneria aveva caldamente appoggiato era in piena crisi.[451]

Con i clericali la lotta era di antica data, ma in questo inizio Novecento non erano le più agguerrite, ma tornarono ad esserlo, quando decisero di organizzare delle associazioni che avevano come unico scopo la lotta alla massoneria. Anche se ebbe breve vita si segnala la fondazione, nel 1913, la Lega Nazionale contro le Associazioni Segrete, fondata dal deputato Romeo Gallenga Stuart e dal Conte Demetrio Baldelli-Mombelli, che aveva proprio come scopo: combattere la massoneria e tutte le associazioni segrete in quanto mantengono il segreto nella loro costituzione e nei loro statuti.

Nulla di più falso visto che entrambi i documenti erano pubblici.[452]

Le elezioni del 1913 videro l'elettorato cattolico in prima fila, anche grazie al patto Gentiloni, che era un accordo stipulato tra i liberali di Giovanni Giolitti e l'Unione Elettorale Cattolica Italiana (UECI), presieduta da Vincenzo Ottorino Gentiloni in vista delle elezioni politiche del 1913. L'accordo segnò l'ingresso ufficiale dei cattolici nella vita politica italiana. Agli inizi del XX secolo, nel mondo cattolico erano ancora in vigore le dichiarazioni di papa Pio IX sulla "non convenienza" della partecipazione dei fedeli all'attività politica. Ma l'ambiente delle associazioni laicali era in costante movimento. All'interno dell'Opera dei Congressi, la principale associazione cattolica italiana, divenne egemone il gruppo di don Romolo Murri[453], che sosteneva la necessità di preferire l'accordo tattico con i socialisti piuttosto che appoggiare i liberali, ma nel 1904 papa Pio X intervenne sciogliendo l'associazione.

Vincenzo Gentiloni, ed i cattolici vicini al suo orientamento, si schieravano invece con la monarchia e con i liberali giolittiani per fermare l'avanzata socialista, marxista ed anarchica. Tale orientamento, volto a preservare il patrimonio di valori tradizionali del mondo cattolico, era condiviso anche da

---

1, 2015, pp. 1-18.

451 Marco Novarino, *Progresso e tradizione*, op. cit., p. 206.

452 *Ivi*, p. 210.

453 Romolo Murri (Monte S. Pietrangeli 1870 - Roma 1944). Sacerdote dal 1893, propugnatore di un maggior impegno politico dei cattolici, agì come voce critica nei confronti del conservatorismo delle gerarchie ecclesiastiche, cercando una conciliazione tra socialismo e dottrina sociale della Chiesa. Per approfondimenti vedere http://www.treccani.it/enciclopedia/romolo-murri/ e https://www.raiplayradio.it/audio/2018/08/WIKIRADIO---Romolo-Murri-9dd6777f-98eb-4342-99b0-2afd52dd49fb.html (28 agosto 2018).

Pio X, che nel decreto *Lamentabili sane exitu* nel 1907 aveva condannato 65 proposizioni moderniste e subito dopo aveva comminato la "scomunica" del modernismo nell'enciclica *Pascendi dominici gregis*. I risultati delle Elezioni politiche italiane del 1913 decretarono il grande successo del Patto: i liberali ebbero il 51 % dei voti, con 260 eletti. I deputati socialisti eletti erano 58, i riformisti (Partito Socialista Riformista Italiano) 21, mentre i radicali ottennero un discreto successo con 73 eletti (tra cui Murri), 34 i cattolici (non aderenti al Partito Liberale) e 5 i nazionalisti. Il Patto Gentiloni aveva portato alla fusione tra il filone risorgimentale ed il filone cattolico; le due componenti, unite, formarono una larga maggioranza nel paese.

In tutto ciò alla massoneria non rimaneva che cercare tra le proprie fila i deputati che per non perdere il seggio erano ricorsi anche al voto dei cattolici, e proprio sull'«Idea Democratica» fu pubblicato un elenco di questi uomini politici. Le polemiche infuriarono all'interno della Comunione massonica, da più parti si chiedevano dei provvedimenti per punire chi era venuto meno alle indicazioni del Grande Oriente. Oltre ciò fu chiaro che vi era una predominanza dei radicali nelle fila della massoneria. Alle elezioni del 1913 la massoneria spesso non fu in grado di sostenere concretamente i candidati radicali, ne è un esempio il rifiuto di finanziare le campagne elettorali di Alberto la Pegna, Filippo Virgili e Romolo Murri.[454] Va comunque detto che rispetto al 1908 la presenza di massoni in parlamento si era rafforzata, essi erano 90, quindi un deputato si cinque era libero muratore.

Tornando al rapporto tra massoneria e socialismo si deve dire che in occasione del congresso di Ancona del 1914 furono presentate due distinte mozioni, una da Giovanni Zibordi, che chiedeva l'incompatibilità e l'altra di orientamento opposto, quindi favorevole alla doppia appartenenza, presentata da Alfredo Poggi.[455] Benito Mussolini, che in quel periodo era direttore del quotidiano socialista «Avanti» appoggiò la mozione di Zibordi. Dopo un lungo dibattito, la mozione Zibordi fu approvata a stragrande maggioranza, decretando non solo l'incompatibilità, ma l'immediata espulsione dal partito dei socialisti affiliati alla massoneria.[456] La reazione di Ferrari fu esplicitata in una circolare del 3 maggio 1914 che diceva: «dopo il voto del congresso di Ancona non vi può essere dubbio sulla condotta che debbono

---

454 Fulvio Conti, *Storia della massoneria italiana*, op. cit., p. 236.

455 Marco Novarino, *Grande Oriente d'Italia*, op. cit., p. 55.

456 Marco Novarino, *Massoneria e movimento operaio e socialista*, in Santi Fedele, Giovanni Greco (a cura di), *Massoneria ed Europa*, op. cit., p. 105.

tenere i massoni iscritti al Partito Socialista ufficiale. Se vi è tra essi qualcuno che è disposto a piegarsi al novissimo dogma del partito, esca senz'altro dalle nostre file, dove noi vogliamo uomini di fede sicura, coscienza salda e dignitosa, volontà libere e forti. Attendo da voi, non oltre i quindici giorni da oggi, l'assicurazione che il pensiero del Governo dell'Ordine è stato da tutti sentito».[457]

Nell'assemblea Generale del maggio 1914 il Grande Oriente d'Italia ebbe l'occasione per fare un bilancio degli ultimi anni di attività, e anche per fare il punto della situazione su alcuni punti che riguardavano l'organizzazione interna dell'Ordine, si decise ad esempio di inserire nel testo delle Costituzioni delle migliorie che rendessero possibile alle logge di avere maggiore influenza e peso decisionale nella gestione dell'Obbedienza. Un altro problema da affrontare e che Ferrari affrontò era quella delle voci, infondate, che riguardavano l'acquisto di Palazzo Giustiniani. Ferrari inviò una lettera aperta al «Corriere della Sera» in cui spiegò dettagliatamente i passaggi della vendita, rendendo evidente che non c'erano stati imbrogli da parte dei contraenti.[458]

Dopo pochissime settimane dall'Assemblea Generale, l'Italia si trovava sul baratro della Prima Guerra Mondiale. Il 31 luglio 1914 Ettore Ferrari inviò una circolare a tutte le logge alle dipendenze del Grande Oriente d'Italia, in cui scriveva: «Un'ora tragica volge sull'Europa e minaccia di travolgerla tutta nel più spaventoso conflitto che la storia ricordi. Il governo dell'Ordine, conscio dei propri doveri, va adoprandosi con ogni possibile sforzo perché l'azione di tutti i grandi orienti si svolga concorde e conforme ai principii universalmente riconosciuti dalla massoneria, per salvare la civiltà umana dal flagello che le incombe o almeno temperarne le conseguenze. La pace è senza dubbio, nostro costante ideale, perché è condizione prima d'ogni progresso; ma se la fatalità degli eventi potesse compromettere l'integrità della patria, trovi essa, per la difesa dei suoi supremi interessi, concorde in un solo volere il popolo italiano. Rifuggano le logge dall'associarsi a moti incomposti e tumultuosi; cerchino anzi d'impedirli. Essi gioverebbero solo a spingere i governi sulle vie della reazione. Se mai suoni l'ora delle dure prove, non mancherà la nostra voce per confortarvi ad affrontarla con lo spirito di sacrificio e con la fede dei padri».[459]

---

457 Rosario Francesco Esposito, *La massoneria e l'Italia*, op. cit., p. 334.

458 Ettore Passalalpi Ferrari, *Le muse e la politica*, op. cit., p. 347.

459 *In difesa dell'Ordine*, in «Rivista Massonica» n. 2, 1914, pp. 85-87.

Evidente la posizione della massoneria nella questione, oltre la scontata invocazione agli ideali massonici si vedono i primi indizi di patriottismo. La posizione massonica è favorevole all'intervento dell'Italia al fianco delle forze dell'Intesa. Dopo i primi tentennamenti, dettati più dalla prudenza che dal poco convincimento per l'impresa in se, Ferrari si pronunciò senza remore per l'intervento dell'Italia. Egli mise ben in chiaro che la massoneria italiana, rappresentata dal Grande Oriente d'Italia, come aveva già fatto in precedenza in occasione della guerra in Tripolitania, avrebbe rispettato e appoggiato le scelte effettuate dal governo. Ma in questa occasione l'obbedienza italiana andò oltre, infatti dall'agosto 1914 cominciò ad organizzare un corpo di volontari, tutti massoni, che si sarebbero messi a disposizione del governo, sottolineando la loro appartenenza alla massoneria e la lealtà che quest'ultima aveva nei confronti dello stato. In ottobre fu costituito un comitato che aveva il precipuo compito di coordinare la propaganda pro- intervento. Alla fine dello stesso mese, Gustavo Canti, in una riunione di logge di Torino per attaccare esplicitamente la Germania, rea di essere assettata di potere e di non rispettare i patti stabiliti.[460] In Italia invece, secondo Canti i nemici da abbattere erano due: i clericali e i socialisti, e non erano nemici nuovi, ma ben conosciuti dall'Istituzione. Dall'autunno 1914 sulla stampa massonica furono ripetutamente rivendicati ideali quale il patriottismo e l'appartenenza nazionale. Certo anche nel Grande Oriente non mancavano le voci dissonanti rispetto alla linea generale di condotta: una di queste voci era quella del senatore Antonio Cefaly, che per anni aveva rivestito ruoli di primo piano nella gestione della comunione.

La questione si definisce quando l'Italia entra in guerra, la massoneria che si era dichiarata interventista, si prodigherà in ogni modo durante il periodo bellico.[461] Già prima della decisione dell'intervento italiano la massoneria di propria iniziativa finanziò in modo consistente l'impresa dei volontari garibaldini, molti dei quali massoni, che al comando di Peppino Garibaldi[462]

---

460 Fulvio Conti, *Storia della massoneria italiana*, op. cit., p. 240.

461 *Informazioni. All'inizio della guerra europea*, in «Rivista Massonica» n. 7, 1914, pp. 315-316.

462 Peppino Garibaldi,(1879 –1950), è stato un generale italiano primogenito di Ricciotti Garibaldi e quindi nipote di Giuseppe Garibaldi. All'età di 18 anni, si unì al padre per combattere per la libertà dei popoli della Grecia che si erano ribellati all'Impero ottomano, combattendo a Domokos. Nel 1903 andò a combattere in Sudafrica al servizio dell'Impero britannico (sua madre, Constance Hopcraft, era inglese) contro i Boeri. In seguito partecipò alla rivoluzione in Venezuela contro il dittatore Julián Castro e

partirono verso il fronte in Francia dove furono inquadrati nella legione straniera e combatterono in diverse occasioni nella zona delle Argonne[463]. Nelle settimane precedenti all'entrata in guerra dell'Italia, Ettore Ferrari e Ernesto Nathan si recarono negli Stati Uniti, appena giunse loro la notizia ufficiale che l'Italia aveva dichiarato guerra essi tornarono immediatamente in patria.[464]

Da qui inizia la descrizione della storia del Grande Oriente d'Italia che lascio all'abile penna di Nicoletta Casano, per chiosare sulla storia massonica di Ettore Ferrari, si conclude dicendo che nel giugno del 1917 Ettore Ferrari partecipò al Congresso di Parigi in cui le Massonerie dell'Intesa, meno quelle britanniche, si incontrarono con l'obiettivo di costituire un progetto di Società delle Nazioni. Nel timore che la delegazione italiana votasse una risoluzione a favore del principio di autodeterminazione dei popoli, si scatenò sulla stampa una tale campagna ostile che spinse Ferrari a rimettere il mandato di Gran Maestro il 25 novembre dello stesso anno. Ad aprile del 1918 fu eletto Sovrano Gran Commendatore del Supremo Consiglio del Rito Scozzese Antico e Accettato, carica che conservò fino alla morte. Nel 1919 fu nominato Gran Maestro onorario. A partire dalla fine del 1922 dedicò ogni sforzo a rinforzare il Rito Scozzese. L'anno seguente viaggiò in tutta l'Italia ed è evidente che l'Istituzione si stava compattando per difendersi dagli attacchi fascisti, anche con l'ingresso di esponenti del Rito simbolico tra gli Scozzesi. Nel maggio 1923 Ferrari riorganizzò le Camere Superiori e decise la pubblicazione di «Lux», bollettino mensile del Rito, per portare avanti un pensiero libero che fondeva questioni socio-culturali a problematiche esoteriche. Ancora alla fine del 1924 impegnò i massoni a difendere i valori laici del Risorgimento. Oppositore del fascismo rinun-

---

guerreggiò in Guyana e in Messico. Dopo alcune esperienze lavorative in Romania e a Panama, tornò in Messico a combattere contro il dittatore Porfirio Díaz durante la Rivoluzione messicana. Nel 1912 andò a combattere in Grecia col padre e i fratelli. Dal 1913 al 1915 abitò negli Stati Uniti. Rientrò in Europa per combattere nella Prima Guerra Mondiale. Alla fine del conflitto lasciò la carriera militare per intraprendere attività commerciali tra gli Stati Uniti e Londra senza però avere grande successo. Nel 1922, decise di entrare in politica, opponendosi a Benito Mussolini e al Partito Nazionale Fascista, si fece promotore di azioni antimussoliniane, con l'appoggio di Domizio Torriggiani. Nel 1926 partì per gli Stati Uniti, per tornare in Italia nel 1940. Con l'armistizio viene arrestato dai tedeschi. A guerra finita, si ritirò a vita privata e morì a Roma nel 1950.

463 Nelle battaglie delle Argonne morirono due nipoti di Giuseppe Garibaldi, figli di Ricciotti, i giovanissimi Bruno e Costante.

464 *Informazioni. Il ritorno in patria*, in «Rivista Massonica» n. 6, 1915, p. 280.

ciò a tutti incarichi pubblici.[465] La violenza fascista lo colpì più volte, il suo studio di scultore fu messo a soqquadro varie occasioni. Ferrari non sciolse il suo Rito neanche dopo l'approvazione della legge, del novembre 1925, contro le società segrete, voluta da Mussolini. Sorvegliato dalla polizia, fu denunziato il 25 maggio 1929, con l'accusa di aver tentato di riorganizzare la massoneria, e sottoposto ad ammonizione. Era infatti in rapporti epistolari con Giuseppe Leti, avvocato e noto antifascista, emigrato in Francia, suo luogotenente, cui nel maggio 1929 trasmise i pieni poteri. Morì a Roma il 19 agosto 1929.

Il suo pensiero massonico può essere così sintetizzato: «La Massoneria non è un partito o una corrente. politica, nel significato che comunemente si dà alla parola; ma una scuola e quasi vorremmo dire una grande Chiesa cattolica laica che aduna e accorda uomini di diverso credo politico in un ordine più elevato di eterni principi umani. E ben possiamo affermare, come affermiamo che essa è apolitica, intendendo ch'essa è non già fuori della vita nazionale, bensì fuori dagli angusti cancelli dei partiti, al di sopra delle piccole e grandi competizioni di fazione. Ma essa si muove ugualmente e profondamente nell'orbita della vita pubblica creando le vaste correnti, disciplinando e organizzando le aguerrite falangi che agiscono in difesa della libertà e per la conquista di sempre maggiori progressi nel campo morale e civile».[466]

---

465 https://www.grandeoriente.it/chi-siamo/la-storia/gran-maestri/ettore-ferrari-14021904-25111917-dimissionario/ (7 agosto 2018).

466 http://www.treccani.it/enciclopedia/ettore-ferrari_(Dizionario-Biografico)/ (16 agosto 2018).

5. GLORIA E MISERIA DELLA MASSONERIA ITALIANA TRA LA GRANDE GUERRA ED IL FASCISMO

Nicoletta Casano

La storia della massoneria italiana d'inizio ventesimo secolo è caratterizzata da una sorta di duplice narrativa, ovvero da una narrativa patriottica, retaggio del Risorgimento, e da una internazionalista. Questa duplicità è la chiave per comprendere come in poco più di vent'anni quest'istituzione sia passata dal ruolo di promotore di una coalizione politica progressista a livello nazionale a quella di capro espiatore di tutti i mali della nazione.

In questo capitolo, illustreremo le ragioni storiche di questa dicotomia per spiegarne in seguito l'impatto sul contesto socio-politico italiano in profondo mutamento.

5.1 L'impegno politico della massoneria italiana d'inizio XX secolo in patria

Differentemente dal mondo anglosassone, già a partire dalla fine del XIX secolo l'istituzione liberomuratoria nell'Europa occidentale è profondamente radicata e impegnata nel contesto politico e sociale dalla nazione d'appartenenza.

In Italia, all'alba del XX secolo, gran parte della classe politica liberale e democratica milita o ha militato nella massoneria. Per comprendere questo fenomeno, è sufficiente constatare che in questo periodo, il numero di affiliazioni massoniche è quadruplicato passando da 4.000-5.000 alla fine del XIX secolo à 20.000 nel primo decennio del XX secolo. Inoltre, in questo periodo, nessun'altra forma associativa, compresi i partiti politici, è cosi radicata sul territorio italiano.[467]

---

467 Fulvio Conti, *Massoneria e identità nazionale nell'Italia unita* in José Antonio Ferrer Benimeli (a cura di), *La Masoneria Española y la crisis colonial del 98*, vol.II, VII Simposium Internacional de Histoire de la Masoneria Española, Barcelona, 3-6 diciembre 1997, Zaragoza, 1999, pp. 966-968.

Una delle ragioni principali di questo successo dell'istituzione massonica è legata alla crisi che sta vivendo la Chiesa cattolica a causa dell'eredità lasciata dal *siècle des Lumières* e dalla Rivoluzione francese. In alcuni Paesi europei questa crisi favorisce la nascista di movimenti anticlericali, in altri essa stimola importanti riforme laiche.[468]

In Italia è il caso della formazione di un movimento anticlericale che riunisce tutte le forze progressiste contro l'avanzata di un'unione clericale-moderata favorita dalla volontà di papa Pio X di sopprimere parzialmente la proibizione per i cattolici di partecipare attivamente alla vita politica del Paese, chiamata *non expedit.*

Questo confronto diretto con la politica ha portato la massoneria italiana a definire la sua posizione nell'assemblea costituente convocata nel 1906. Senza scendere nei dettagli, la Costituente del 1906 ha riformulato il primo articolo della costituzione massonica italiana deliberando esplicitamente che le logge della Comunione Italiana devono occuparsi di tutte le questioni che interessano la vita politica del Paese.[469] Questo in ragione di una certa "fatalità storica" per la quale la massoneria italiana si è sempre impegnata per l'evoluzione sociale della nazione.

Quest'articolo non passa sicuramente inosservato e sortisce inevitabili reazioni sia nel contesto massonico che in quello politico.

Dal punto di vista massonico, l'impegno politico della massoneria è in effetti una delle cause della scissione in seno al Supremo Consiglio d'Italia a partire dalla quale, qualche anno dopo, nasce una nuova obbedienza massonica, la Grande Loggia d'Italia.[470]

Da un punto di vista politico invece, la massoneria del Grande Oriente d'I-

---

468 Hervé Hasquin, *I fondamenti dello spirito laico nell'Europa contemporanea,* in Aldo Alessandro Mola, (a cura di), *Stato, Chiesa e Società in Italia, Francia, Belgio e Spagna nei secoli XIX-XX,* Bastogi, Foggia, 1993, pp. 33-45.

469 «Rivista Massonica», 31 maggio 1907, pp. 217-219.

470 Fernando Cordova, *Massoneria e politica, 1892-1908,* Laterza, Roma, 1985, p. 288, su questo argomento a proposito del conflitto nato in seno al Supremo Consiglio d'Italia, vedere anche: Fulvio Conti, *Storia della Massoneria Italiana dal Risorgimento al Fascismo,* Il Mulino, Bologna, 2003, pp.180-186 ; Aldo Alessandro MOLA, *Storia della Massoneria Italiana dalle origini ai nostri giorni,* Bompiani, Milano, 2006, pp.327-331 ; Luigi Pruneti, *Quel che accadde nel 1908,* in «Officinae», a. VII, n°4, Dicembre, 1995 ; Anna Maria Isastia, Alessandro Visani, *L'idea laica tra Chiesa e Massoneria. La questione della scuola,* Atanòr, Roma, 2008, pp. 26-64.

talia diviene apertamente la promotrice ideologica del movimento anticlericale progressista detto dei "Blocchi Popolari"[471] che riesce velocemente ad imporsi sullo scenario politico italiano.

5.2 L'impegno politico della massoneria italiana all'inizio del XX secolo nel mondo

I nevitabilmente, al consolidamento del ruolo della massoneria italiana nella politica interna, corrisponde quello nella politica estera.

Per una breve contestualizzazione, l'Italia si affaccia sul nuovo secolo in qualità di nuova entità nazionale politica che le permette di entrare a pieno titolo nel gioco delle alleanze internazionali che vedono la luce a partire dal conflitto franco-prussiano (1870). Questo scontro tra due nazioni chiave del vecchio continente, mettono la comunità internazionale di fronte ad una nuova realtà creatasi in Europa: la sopravvivenza degli Stati è garantita dalla pace, ovvero da un equilibrio precario che deve essere tutelato tramite accordi e alleanze.

È in questo contesto che i movimenti pacifisti s'impongono sullo scenario europeo. Tra di essi vi è anche quello massonico. Dal conflitto già citato, nei decenni che seguono fino allo scoppio del primo conflitto mondiale, l'appello pacifista si espande e prende sempre più vigore in seno ad una piattaforma di collaborazione elaborata in occasione di diversi congressi massonici internazionali, il *Bureau International des Relations Maçonniques* (B.I.R.M.).[472]

Questa partecipazione di massoni e logge ai dibattiti sul pacifismo internazionale corrisponde al risveglio della «coscienza della necessità di un dialogo tra le obbedienze europee al di là delle frontiere nazionali».[473] All'e-

---

471 Per un approfondimento sui "Blocchi popolari", vedere: Fulvio Conti, *Massoneria e identità nazionale*, op. cit., 2003, pp.207-215; Ferdinando Cordova, *Agli ordini del serpente verde*, Bulzoni editore, Roma, 1990, pp. 10-16; Enrico Decleva, *Anticlericalismo e lotta politica nell'Italia giolittiana. II: L'estrema sinistra e la formazione dei blocchi popolari (1905-1909)*, in «Nuova rivista storica», vol. LIII, anno 1969, Società Editrice Dante Alighieri, fascicolo V-VI, pp. 541-617.

472 Nadine Lubelski-Bernard, *Freemasonry and Peace in Europe, 1867-1914*, in Charles Chatfield, Peter Van De Dungen (ed.), *Peace Mouvements and Political Cultures*, The University of Tennessee Press/Knoxville, 1988, pp.84-87.

473 Pierre-Yves. Beaurepaire, *L'Europe des francs-maçons, XVIIIe-XXIe siècles*, Belin, Paris, 2002, pp.246-247.

poca della nascita delle "Internazionali" operaie, socialiste[474] e anarchiche, le massonerie, che perseguitano «uno scopo identico, per mezzo di metodi differenti»[475], desiderano creare anche loro una federazione internazionale, essendo la loro motivazione rafforzata da una natura fraternalistica che è alla base dei principi massonici.

I rappresentanti delle obbedienze di Francia, Belgio, Svizzera, Ungheria, Italia, Spagna, Grecia, Portogallo, Brasile, Australia e dello Stato del Massachusetts (Stato Uniti) partecipano al congresso massonico universale convocato a Parigi nel 1889 in occasione della prima esposizione universale. Da quest'incontro nasce l'idea della creazione del B.I.R.M. che vedrà ufficialmente la luce nel 1902. Altre obbedienze nazionali si aggiungeranno al *Bureau* nel corso dei suoi 18 anni d'esistenza.

Al congresso internazionale massonico organizzato dal B.I.R.M. alle fine del mese d'agosto 1904, si comincia ad entrare nel vivo delle discussioni massoniche che non si aveva ancora avuto l'occasione di approcciare nei congressi precedenti a causa della necessità di dare vita ad una struttura del *Bureau* internazionale. Tra queste discussioni, alcune avevano lo scopo di dare vita ad un programma di principii concreti che, più avanti, sarebbero stati la base dei lavori della massoneria internazionale. In questo congresso si afferma che la massoneria deve contribuire all'educazione dei popoli alla pace ed alla propaganda dell'Arbitrato Internazionale assecondando le attività delle diverse associazioni per la Pace.[476]

Questo bel progetto ha tuttavia avuto dei limiti sia a livello strutturale che pragmatico.

Da un punto di vista strutturale, parlare di un congresso "universale" è stato più un ideale che un fatto reale. Nonostante l'entusiasmo dell'epo-

---

474 Al congresso di Parigi del 1889 la *Seconda Internazionale* o *Internazionale Socialista* la cui sede permanente è installata a Bruxelles nel 1900 et il segretariato affidato al belga Camille Huysmans. Per un approfondimento vedere: Georges Haupt, *La Deuxième Internationale, 1889-1914: étude critique des sources, essai bibliographique*, Matériaux pour l'histoire du socialisme international. 2. Série, Essais bibliographiques, Mouton, 1964, Volume 1.

475 Edouard Quartier-La-Tente, *Le Bureau International de Relations Maçonniques pendant les 18 premières années de son existence. Son histoire, son but, ses difficultés, son activité, son avenir, 1902-1920*, Imprimerie Büchler & Cie, Berne,1920, p.1.

476 Centre d'Etudes Maçonniques a Bruxelles (CEDOM), *Archives de Moscou*, 114-1-79. Congrès International Maçonnique de Bruxelles 1904. Note et Projet présentés par le Frère François Nicol.

ca, l'attività internazionale della massoneria è stata sempre limitata a causa delle divisioni "prettamente massoniche" tra diversi gruppi d'obbedienze. Il B.I.R.M. è stata soprattutto la creazione del gruppo delle obbedienze dell'Europa continentale e dell'America latina "irregolari". Al loro opposto, vi sono le obbedienze che seguono il modello rituale e ideologico anglosassone e quindi della massoneria "regolare". Questa grande differenza tra i due principali gruppi massonici ha limitato l'efficacia e l'influenza di un'associazione come il B.I.R.M., nonostante qualche eccezione come l'obbedienza regolare la Grande Loggia Alpina che ha fatto parte di quest'associazione e che ne ha inoltre detenuto la presidenza nel corso di tutta la sua esistenza.

Malgrado quest'eterna *querelle* tra massonerie irregolari e regolari, il limite ultimo che ha messo fine all'esistenza del B.I.R.M. è stato, da un punto di vista pragmatico, l'allineamento della retorica e delle iniziative delle obbedienze nazionali alla posizione presa dai rispettivi Paesi in occasione del primo conflitto mondiale.[477] Esemplare è stato in questo senso il caso del Grande Oriente d'Italia.

5.3 Prima Guerra Mondiale: patriottismo e pacifismo a confronto

Durante il suo quarto mandato al governo, nel settembre 1911, Giovanni Giolitti impegna l'Italia in una guerra in Libia contro l'Impero Ottomano che detiene all'epoca una certa sovranità del territorio libico. Come già spiegato, la massoneria vive in questo periodo l'apogeo della sua influenza sulla politica italiana grazie alla vittoria—soprattutto a Roma— della coalizione progressista detta dei Blocchi Popolari[478] di cui essa è il promotore.

Il consiglio dell'ordine del G.O.I. stima quindi indispensabile che in questo momento particolare per il Paese, il Grande Maestro invii una circolare a tutte le logge per esporre il seguente concetto:

> La massoneria italiana vuole la grandezza della patria e quindi essa deve attendere gli eventi sperando nella vittoria delle armi;

---

477 José Gotovitch, *Franc-maçonnerie, guerre et paix* , in «Les Internationales et le problème de la guerre au XX siècle», Ecole française de Rome, 1987.

478 Per un approfondimento, vedere Marco Cuzzi, *Dal Risorgimento al Mondo nuovo. La massoneria nella Prima guerra mondiale*, Mondadori education, Firenze, 2017, pp.33-47.

ogni fratello deve adoperarsi in modo che il popolo mantenga la concordia e resti fedele; il Grande Oriente dovrà agire allo scopo dell'unità del gruppo democratico che impedisca che l'opera non sia sfruttata dai reazionari e dai clericali. [479]

Dimostrando coerenza con questa posizione, il 31 luglio 1914, il Grande Maestro Ettore Ferrari invia ai venerabili e ai fratelli delle logge del G.O.I. una circolare in cui afferma che la pace è senza dubbio l'ideale costante della sua obbedienza, perché essa è la condizione di qualunque progresso. Ciò nonostante la fatalità degli eventi può compromettere l'integrità della patria. E'quindi per la difesa degli interessi di quest'ultima che, in nome dell'istituzione che egli rappresenta, Ferrari esorta la patria a trovarsi in accordo con la volontà del popolo italiano.[480] La fatalità degli eventi qui citata si riferisce allo scoppio del Primo conflitto mondiale. Con questa dichiarazione è quindi evidente che la massoneria italiana prende per la seconda volta una posizione contraddittoria rispetto al suo ideale di pace, ma lo fa, a suo avviso, per raggiungere un obiettivo preciso.

In realtà, al posto di questa circolare, la sera stessa del 31 luglio, l'assemblea generale del Grande Oriente d'Italia aveva deciso di dichiarare pubblicamente il suo sostegno all'entrata in guerra dell'Italia affianco all'Intesa piuttosto che alla Triplice Alleanza, di cui essa faceva parte, con la redazione di un comunicato molto duro nei confronti dell'Austria. Tuttavia sarebbe stato meglio non pronunciarsi prima dei partiti politici, soprattutto per non dare ancora una volta un argomento alla propaganda dei clericali, ostili alla guerra e alla massoneria. Il testo del citato comunicato fu quindi cambiato.[481]

Qualche mese dopo, la gran parte degli stati europei entrava in guerra. Come noto, l'Italia continuava ad astenersi dall'intervento al fianco dei suoi alleati della Triplice Intesa.

La massoneria del Grande Oriente d'Italia reagisce a questa situazione con una circolare redatta il 6 settembre 1914 e letta in forma solenne in occa-

---

479 Archivio Storico del Grande Oriente d'Italia (ASGOI), *Processi verbali del Comitato Esecutivo*, 253° seduta, 28/09/1911.

480 «Rivista Massonica», n°7, 1914, pp.315-316.

481 Gerardo Padulo, *Contributo alla storia della massoneria da Giolitti a Mussolini*, in «Annali dell'Istituto per gli studi storici», VIII, 1983-1984, Il Mulino, Bologna, 1984, pp.269-270.

sione della festa—quest'anno celebrata in tono più discreto—del 20 settembre 1914.

In quest'occasione, il G.O.I. esprime il proprio dispiacere riguardo la decisione degli imperi alleati dell'Italia di gettare l'Europa nella guerra. Esorta invece l'Italia a non restare spettatrice di questo conflitto tragico che sancirà l'avvenire della stessa Europa.

La sua argomentazione riguarda soprattutto la minaccia degli interessi vitali della patria, principalmente il completamento dell'Unità nazionale. Il G.O.I. stima in effetti che se il cambiamento non viene attuato al più presto, esso rischia di essere sempre rimandato.

Dal suo punto di vista, lo Stato ha il diritto di allinearsi a favore della volontà del popolo italiano per prendere una vera decisione. La massoneria garantisce il suo impegno per un'opera di educazione della coscienza nazionale[482]

Dopo questo comunicato, il Grande Oriente d'Italia ha veramente portato a compimento quest'obiettivo che si era attribuito diventando il centro propulsore principale per la creazione di un'opinione pubblica in favore dell'intervento dell'Italia nella guerra affianco all'Intesa.[483]

Concretamente, oltre alle azioni promosse e che sono abbastanza conosciute[484]—come il Comitato centrale dei partiti interventisti e la spedizione, nelle Argonne, diretta da Giuseppe (detto Peppino) Garibaldi—la massoneria ha patrocinato e ispirato tutta una serie d'iniziative che potevano dare forza e passione alla coscienza pubblica e convincerla della necessità d'entrare in guerra.[485] È il caso, per esempio, delle manifestazioni organizzate per accogliere i francesi e i belgi inviati in Italia per esortare il Paese ad entrare in guerra affianco all'Intesa. La massoneria del Grande Oriente spera in questo modo contribuire a rendere la libertà tanto ai fratelli oppressi nei territori italiani "confiscati" che in Belgio, dove gli invasori «avevano brutalmente offeso la giustizia e l'umanità».[486]

---

482 «Rivista Massonica», n. 7, 1914, pp. 319-322.

483 Giuseppe Leti, *Il Supremo Consiglio dei 33 per l'Italia e le sue colonie*, N.Y. Publishers, Brooklyn,1930, p. 145; Gino Bandini, *La massoneria per la guerra nazionale (1914-1915), Discorso detto a Palazzo Giustiniani il XXIV maggio 1924*, Roma a cura della massoneria romana, 1924, p. 5.

484 Marco Cuzzi, *Dal Risorgimento al Mondo nuovo*, op. cit., pp.65-124.

485 Gino Bandini, *La massoneria per la guerra nazionale*, op. cit, pp. 82-98.

486 *Ivi*, p.62.

Utilizzare le conferenze come propaganda di guerra è stato all'epoca un nuovo strumento inventato dai francesi per raggiungere più rapidamente possibile il cuore della popolazione di una nazione neutralista come l'Italia. Gli oratori francesi André Weiss e Charles Richet arrivano a Roma il 12 settembre 1914 e vi tengono una conferenza sulla violazione dei diritti dei popoli in Belgio e in Francia.[487]

In queste conferenze, gli oratori evitano di prendere posizioni troppo nette e di dettare agli Italiani la loro volontà. Cercano solamente di commuoverli, di indignarli tramite il racconto della tragedia che si stava svolgendo nei paesi occupati.[488]

In Italia, come l'afferma il conferenziere e uomo politico belga Georges Lorand nel suo rapporto, le sue conferenze sono state organizzate dai partiti interventisti, ovvero i repubblicani, i socialisti riformisti e i democratici, ma soprattutto dalle logge massoniche all'interno delle quali questi partiti erano preponderanti.[489]

Tante altre sono le testimonianze di quest'importante ruolo giocato dal Grande Oriente d'Italia contenute nelle opere o scritti redatti in questo stesso periodo e *a posteriori* tanto da massoni, come Giuseppe Leti e Gino Badini, che altri testimoni.[490]

Dopo la fine della guerra, in una lettera inviata il 28 settembre 1919 al Grande Oriente d'Italia, il Grande Maestro del Grande Oriente del Belgio, Charles Magnette, riconosce che la massoneria italiana ha giocato un ruolo

---

487 Michel Dumoulin, *La propagande belge en Italie au début de la première guerre mondiale*, in «Bulletin de l'Institut historique belge de Rome», 1976-1977, n. XLVI-XVLII, pp. 343-344.

488 C. Saldari, *La propagande belge en Italie pendant la Ière guerre mondiale*, mémoire ULB, 1974-1975, pp. 32-33.

489 Archives du Ministère des Affaires Etrangères-Bruxelles (A.M.A.E.B.), Film n°85, Dossier n°93, Propagande, Guerre 1914-1918 et après-guerre, Propagande en Italie, Dossier n°11, II, Rapport de M. Lorand adressé à M. Carton de Wiart, sur son activité en Italie, 16/09/1916.

Archives Générales du Royaume de Belgique (A.G.R.), *Archives de la famille d'Alviella*, dossier 74, *Informations belges*, N°810 bis, 13/09/1918, *Un solennel hommage rendu à la mémoire du député belge Georges Lorand*, discours de Goblet d'Alviella à l'occasion des funérailles de G. Lorand.

490 Su quest'argomento, vedere la sintesi di Gerardo Padulo, *Contributo alla storia della massoneria*, op. cit., pp.279-294.

molto importante nella politica che ha portato l'Italia a scendere sul campo di battaglia affianco agli Alleati.[491]

Le testimonianze della parte dei non massoni riguardo l'azione della massoneria italiana nell'interventismo provengono principalmente dal giornalista e politico e primo ministro (1919-1920) Francesco Saverio Nitti che, nelle sue memorie, ha affermato che in questo periodo, la massoneria aveva dei rappresentanti e agenti in tutti i centri importanti e alcune volte anche in quelli più periferici.

Come l'afferma Nitti, lo stesso giorno e alla stessa ora, nessun partito politico poteva mettere in scena riunioni e dimostrazioni pubbliche come faceva la massoneria. In queste occasioni, essa riusciva inoltre a far credere a dei movimenti di coscienza nazionale che, in realtà, non esistevano.[492]

Infine, non si può ignorare di citare la considerazione fatta dal primo ministro prima della guerra, Antonio Salandra, anche lui nelle sue memorie. Egli afferma che non ci si può astenere dal riconoscere il lavoro costante fatto dalla massoneria fino alla costituzione, nel novembre 1914, di un Comitato centrale dei partiti interventionisti.[493]

Tuttavia bisogna precisare che questa posizione interventista appartiene solo al Grande Oriente d'Italia. La massoneria di Piazza del Gesù, ovvero la Grande Loggia d'Italia e il relativo Supremo Consiglio del Rito Scozzese Antico e Accettato, sono invece neutralisti. Il motivo evocato in giustificazione di questa posizione è il giuramento che i massoni di rito scozzese fanno di essere degli osservatori fedeli alle leggi dello Stato: essi si attribuiscono il dovere di sostenere l'opera della propria nazione e di non opporvisi. Questo spiega perché quest'obbedienza sia stata neutrale come lo Stato italiano e che di seguito, nel momento dell'entrata in guerra dell'Italia, essa abbia apportato il proprio sostegno alla causa dell'Intesa.[494]

Ricapitolando, come è stato il caso della guerra in Libia, allo scoppio del-

---

491 «Rivista Massonica», 1919, n°8, p. 178. Una copia di questa lettera si trova in CEDOM, *Archives de Moscou*, 114-2-201, doc.106.

492 Giampiero Carocci (a cura di), *Francesco Saverio Nitti, Scritti politici, vol.VI, Rivelazioni, meditazioni e ricordi*, Editori Laterza, Bari, 1963, p.452.

493 Antonio Salandra, *La neutralità italiana (1914), Ricordi e pensieri*, Mondadori, Milano,1928, pp. 219-220 citato da Fulvio Conti, *Massoneria e identità nazionale*, op. cit., 2003, pp. 242-243.

494 «Rassegna Massonica», Anno VIII, 1918, n°1, p.16.

la Prima guerra mondiale, il Grande Oriente d'Italia resta coerente con il suo principio patriottico dichiarato nel primo articolo elaborato all'assemblea costituente del 1906. Tuttavia, dalla guerra in Libia al primo conflitto mondiale vi è stato un cambiamento fondamentale. Il Grande Oriente si proclama a favore dell'intervento dell'Italia nella guerra prima che la sua Patria prenda posizione e continui a mantenere la propria linea nonostante la neutralità proclamata dallo Stato. Ciò che interessa il Grande Oriente in questo momento è l'integrità ideologica e territoriale dell'Italia come nazione e questo va al di là del semplice patriottismo.

Ciò è sintomatico della nascita di un sentimento nazionalista in occasione della guerra. Un fenomeno che inoltre entra in forte contraddizione con il movimento pacifista internazionale di cui la massoneria italiana del Grande Oriente d'Italia ha fatto parte e che quindi conferma ciò che è stato annunciato in precedenza ovvero che il B.I.R.M. come piattaforma per la diffusione dell'appello al mantenimento della pace nel mondo è stato un ideale piuttosto che un impegno reale.

5.4 Nazionalismi a confronto

Il G.O.I. ha quindi avuto delle ragioni d'ordine strategico e ideologico per esortare lo Stato italiano a impegnarsi nel primo conflitto mondiale e le sue iniziative in quest'occasione sono ampiamente testimoniate nella storia italiana e internazionale.

Tuttavia non ci sono stati solamente scritti o commenti positivi nei confronti dell'impegno della massoneria italiana a favore dell'intervento in questa guerra. Da una parte vi sono i neutralisti, tra cui i cattolici che hanno cercato di mettere in cattiva luce l'interventismo mettendo in esergo il fatto che esso fosse promosso dalla massoneria ovunque nel mondo a ragione del suo odio nei confronti del cattolicesimo.[495] D'altro canto, vi sono i nuovi nemici politici della massoneria, ovvero i nazionalisti che sono stati interventisti, ma in favore della Triplice Alleanza. I detrattori del Grande Oriente hanno quindi cercato di dare un tono differente all'interventismo della massoneria accusandola di volere l'intervento dell'Italia affianco all'Intesa in ragione della sua francofilia e di un certo sentimentalismo.[496]

---

495 Gino Bandini, *La massoneria*, op. cit., p. 93 ; C. Saldari, *La propagande*, op. cit., pp. 163-164.

496 Gino Bandini, *La massoneria*, op. cit., p.59.

Alla tradizionale voce antimassonica dei cattolici, nel secondo decennio del XX secolo, si unisce quindi quella di un nuovo movimento politico, l'associazione nazionalistica italiana.

L'associazione nazionalista italiana è un movimento politico che nasce nel 1910 e, già due anni più tardi, all'occasione del suo congresso tenuto a Roma, vota un ordine del giorno antimassonico.[497] La prima ragione di questo voto è un'interpretazione superficiale dell'internazionalismo della massoneria che non tiene conto del patriottismo dell'istituzione in questione. La seconda ragione è legata al fatto che i nazionalisti giudicano l'azione della massoneria italiana in favore dei Blocchi popolari nociva per la vita nazionale. Il punto di rottura è raggiunto quando nel 1913, il G.O.I. non accetta un confronto pubblico con i nazionalisti e quando l'*Idea nazionale*, settimanale dei nazionalisti, inizia un'inchiesta tra i politici e gli intellettuali dell'epoca a proposito del pensiero, dell'azione e degli obiettivi dell'istituzione massonica.[498]

Quest'inchiesta, voluta e diretta da Luigi Federzoni—che sarebbe diventato ministro dell'Interno dal 1924 al 1926—si presenta sotto forma di un breve questionario di cui la prima domanda riguarda la compatibilità tra la vita moderna e l'esistenza di questa "società segreta", la seconda si riferisce all'ideologia umanitaria e internazionalista della massoneria e la terza alla sua azione visibile e occulta nella società italiana.[499]

Il risultato di quest'inchiesta rivela l'esistenza di un sentimento negativo nei confronti della massoneria diffuso in tutta la società. L'istituzione si difende dichiarando da un lato che questa campagna diffamatoria è unicamente destinata a raccogliere voti e, dall'altro, dà vita a un organo di stampa destinato al mondo "profano", l'*Idea democratica*, un settimanale massonico per tutti.

Con la nascita del fascismo, i nazionalisti—che all'epoca della marcia su Roma sono stati molto diffidenti nei confronti del nuovo gruppo politi-

---

497 *La scissione al Congresso nazionalista*, in Archivio Centrale dello Stato (ACS), MI, DGPS, DIV. Aa. Gg. Riservati «Atti sequestrati alla Massoneria», b. 1 ; «Rivista Massonica», n°4, 1914, pp. 164-166.

498 ASGOI, *Processo verbale del Comitato Esecutivo*, 65° seduta, 23/07/1913 « [...] L'opinione dominante è che non bisogna rispondere, ma bisogna invece farne partecipi i giornali amici affinché loro possano parlare di questo referendum ridicolizzandolo, in quanto in fondo non è altro che un'arma per la lotta elettorale".

499 *Inchiesta sulla Massoneria*, prefazione d'Emilio Brodero, Arnaldo Forni Editore, 1979, (riproduzione anastatica dell'edizione di Milano), p.1.

co[500]—si uniscono al nuovo partito tra il mese di febbraio e marzo 1923[501] portando, come lo vedremo di seguito, tutto il loro bagaglio di propaganda antimassonica.

5.5 Benito Mussolini e la massoneria

L a dittatura italiana è stata la prima a perseguitare la massoneria nell'Europa occidentale nell'*entre-deux-guerres*.[502]

Tuttavia, in Italia, le prese di posizione ufficiali contro la massoneria arrivano più di un decennio prima in contesti politici dove essa è molto popolare, ma da cui proviene anche Benito Mussolini.

Se vogliamo risalire alle motivazioni della persecuzione della massoneria da parte del futuro dittatore, bisogna precisare che Mussolini aveva espresso una certa ostilità nei confronti dell'istituzione massonica già all'inizio della sua carriera politica nel partito socialista.

Una certa tradizione storiografica vorrebbe fare risalire quest'ostilità a un sentimento di rancore dovuto al fatto che durante il suo esilio in Svizzera (1902-1904), Mussolini si sarebbe visto rigettare per due volte la sua domanda d'iniziazione alle logge elvetiche. Già all'epoca, la sua attività politica era giudicata sovversiva e quindi poco compatibile con l'affiliazione alla massoneria. Sembrerebbe che una volta rientrato in Italia, avrebbe fatto ancora un tentativo, ma inutilmente.[503]

Tuttavia non esiste nessuna documentazione o testimonianza a favore di questa affermazione. D'altronde, già durante il fascismo si era diffusa questa notizia. Il Gran Maestro della Grande Loggia d'Italia Vittorio Raoul Pa-

---

500 Renzo De Felice, *Mussolini il fascista. L'organizzazione dello Stato fascista, 1925-1929,* Giulio Einaudi Editore, Torino, 1995 pp. 366-369.

501 *Ivi*, pp. 501-506.

502 Ciò nonostante la massoneria è stata perseguitata in Ungheria prima nel 1919 da Bela Kun, durante la breve esistenza della repubblica sovietica, ed in seguito l'anno seguente dal reggente Miklós Horthy. Nel 1921, l'affiliazione alla massoneria è proibita anche dall'Internazionale comunista. Santi Fedele, *La massoneria italiana nell'esilio e nella clandestinità, 1927-1939,* Franco Angeli, Milano, 2006, p.165 ; Grand Orient de France, Suprême Conseil pour la France et les possessions françaises, *Compte-rendu des travaux du Grand Orient,* du 1er octobre au 13 décembre 1920, pp. 67 ; 78-79 ; 93.

503 Alberto Cesare Ambesi, *Storia della massoneria,* Giovanni de Vecchi Editore, Milano, 1971, pp. 204-205; «Rivista Massonica», N.3, marzo 1971, p. 148.

lermi ne sarebbe stato l'autore e l'avrebbe fatta circolare dapprima in America tramite i suoi fedeli.[504]

Quello che è sicuro, invece, è che Benito Mussolini come politico ha debuttato da socialista. Il suo socialismo è stato rivoluzionario e ha fatto parte dell'eredità che gli aveva lasciato suo padre Alessandro, socialista attivista, come anche il repubblicanesimo e l'anticlericalismo.[505]

Benito comincia a muovere i primi passi nella carriera politica alla fine del 1909 con la sua nomina di segretario della federazione socialista della citta di Forlì (Romagna) e quella di direttore del giornale appartenente a questa sezione, intitolato *La lotta di classe*. In questa prima fase, egli si lascia chiaramente ispirare a delle tematiche care agli scrittori dell'allora giovane rivista *La Voce*. Senza diventarne un seguace, subisce l'influenza degli scritti di Gaetano Salvemini posizionandosi nella polemica contro il riformismo socialista e contro la politica dei Blocchi popolari rappresentata dalla massoneria.

Secondo Mussolini, oltre il segreto, la massoneria costituisce per il socialismo un vero pericolo, perché essa rappresenta un ostacolo al suo rinnovo. Secondo lui, la massoneria esercita delle pressioni « borghesi » in seno al partito socialista. Come egli stesso l'afferma: « Il socialismo è movimento, la massoneria immobilità; il primo è un operaio, la seconda una borghese ». Anche nella lotta anticlericale, Mussolini non vuole accettare compromessi con la massoneria—porta bandiera della lotta contro la Chiesa all'interno dei Blocchi popolari—in ragione del radicalismo che lui stesso vorrebbe vedere affermarsi all'interno del socialismo, sia in materia della lotta anticlericale che della lotta repubblicana.[506]

Ecco quindi che al XIV congresso del partito socialista ad Ancona nel 1914, Mussolini è uno degli autori, insieme a Giovanni Zibordi, di un ordine del giorno che condanna la massoneria nei confronti del socialismo. Quest'ordine del giorno è approvato.[507] Benito Mussolini partecipa a quest'assemblea in qualità di delegato della sezione socialista di Milano avendo già acquisito importanza nazionale all'interno del partito, ma soprattutto in qualità di direttore del quotidiano socialista l'*Avanti*.

---

504 «La Fenice», n°.8-9, 2-9 marzo 1924, p. 3.

505 Renzo De Felice, 1995, *Mussolini il rivoluzionario 1883-1920*, Giulio Einaudi Editore, Torino, pp. 3-8.

506 *Ivi*, pp. 90-91.

507 *Ivi*, p. 112-127.

Di rimando, l'assemblea generale del G.O.I. del mese di maggio 1914 delibera l'espulsione dei fratelli che hanno partecipato al congresso d'Ancona e che hanno votato in favore dell'ordine del giorno Mussolini-Zibordi.[508]

Nonostante le campagne antimassoniche dei socialisti e dei nazionalisti e l'impressione negativa dell'inchiesta dell'*Idea nazionale,* dopo le elezioni politiche del novembre 1913, la presenza dei massoni al parlamento italiano aumenta considerevolmente.[509] Il politico ed intellettuale Antonio Gramsci ha affermato nei suoi quaderni che la massoneria durante la grande maestranza d'Ettore Ferrari (1904-1917) è stata una delle forze più efficienti nella lotta anticlericale, un vero tentativo di opporre una barriera all'azione e ai pericoli del clericalismo.[510]

Dopo la guerra, i tempi del voto dell'ordine del giorno ad Ancona sembrano molto lontani ed inoltre il futuro dittatore e la massoneria sembrano aver trovato un punto d'intesa durante la campagna in favore dell'intervento dell'Italia nella Prima guerra mondiale. La massoneria è stata tuttavia abbastanza lontana dalla concezione dell'interventismo di Mussolini e dei socialisti rivoluzionari accanto a lui. Infatti, per quest'ultimi, lo scopo ultimo è stata la rivoluzione sociale e non la liberazione dei popoli dall'invasore come sperava la massoneria.[511]

Terminata la guerra, lo scenario politico italiano cambia con la nascita del partito popolare (cattolico) e dei Fasci di combattimento nel 1919. I Blocchi popolari perdono in effetti progressivamente il loro peso.[512]

5.6 Massoneria e fascismo

L a Grande guerra ha creato uno tale iato nella storia contemporanea al punto da modificare alcuni equilibri che sembravano ben saldi. Per quanto ci riguarda, paradossalmente i rapporti tra Mussolini e la massoneria sembrano migliorare. Non stupisce quindi vedere le due obbedienze massoniche italiane—il Grande Oriente d'Italia e la Grande Loggia d'Italia —abbastanza favorevoli al fascismo delle origini.[513]

---

508 Fulvio Conti, *Massoneria e identità,* op. cit., p. 223.

509 *Ivi,* p. 237.

510 Ferdinando Cordova, *Massoneria e politica,* op. cit., p. 296.

511 Gino Bandini, *La massoneria,* op. cit., pp. 107-108.

512 Fulvio Conti, *Massoneria e identità,* op. cit., p. 265.

513 Renzo De Felice, *Mussolini il rivoluzionario,* op. cit., p. 287.

Per avere un'idea di quale fosse la posizione delle massonerie italiane nei confronti del fascismo, basta notare qualche passaggio delle comunicazioni fatte dal rappresentante del Grande Oriente, qualche giorno prima la marcia su Roma, dal Sovrano Gran Commendatore Ettore Ferrari e da un fratello della Grande Loggia Nazionale d'Italia nel marzo 1923.

Il Grande Maestro del Grande Oriente d'Italia, Domizio Torrigiani pubblica, il 19 ottobre 1922 una lunga missiva nella quale conferma ciò che aveva già scritto nel dicembre 1921, ovvero che non era proibito ai massoni di restare nel *Fascio*, al contrario, ne avevano piena libertà. Il Grande Maestro giustifica questa dichiarazione affermando che il fascismo è un fenomeno troppo recente e che è normale per un osservatore esterno di vederci dei contrasti di tendenze ideali e sentimentali. Lo scopo dei fratelli che rimangono nel *Fascio* deve essere quello di tutelare gli elementi e gli aspetti migliori affinché la direzione del loro movimento non diventi ostile ai principi professati dalla massoneria.

Torrigiani continua ricordando che non si è ammessi nella massoneria italiana se non si giura devozione alla Patria fino al limite estremo di donarle la vita. Questo tiene lontani dall'istituzione massonica gli uomini dei partiti "antinazionali". Secondo quello che Torrigiani afferma, in quel momento, il fascismo racchiude in sé stesso i sentimenti che toccano il fondo istintivo dell'anima popolare, ovvero la sostanza stessa della nazione. Bisogna quindi considerare il fascismo rispetto agli ideali massonici di libertà, fraternità e eguaglianza.[514]

Per quanto riguarda l'altra obbedienza massonica italiana, la Grande Loggia Nazionale d'Italia, la situazione è più complessa a causa di un convoilgimento più diretto con Mussolini del suo Grande Maestro, ed allo stesso tempo Sovrano Grande Commendatore del Supremo Consiglio di *Piazza del Gesù*, Vittorio Raoul Palermi. Tratteremo a breve di questo argomento. Per il momento, sottolineiamo il fatto che all'assemblea generale della massoneria di *Piazza del Gesù*, che si è tenuta a Roma il 21 marzo 1923, un alto dignitario massonico di Bologna ha elogiato l'opera del Grande Maestro soprattutto per quanto riguarda il suo aiuto apportato all'avvento del fascismo. Questo fratello parla dell'accusa mossa contro Palermi di tradimento massonico, dopo il suo discorso del febbraio 1923. All'avviso dell'oratore, non bisogna ragionare in questi termini perché Palermi ha invece contribu-

---

514 *Circolare 28*, 19 ottobre 1922, in «Rivista Massonica», 1922, n° 7-8, pp. 146-150.

ito a liberare l'Italia dall'incubo delle demagogie e delle follie sovversive. In più, ha aiutato il fascismo ad affermarsi in nome della Patria sofferente e desiderosa di riprendere la sua libertà e infine ha sollecitato, aiutato la rivoluzione delle camicie nere e la marcia su Roma. Per tutte queste ragioni, sempre secondo l'oratore, Palermi è piuttosto fonte d'orgoglio per il suo ordine massonico.[515]

Questa situazione rimane più o meno la stessa in funzione dei casi specifici alle due obbedienze, fino alla prima scossa data dal regime alla massoneria con la dichiarazione d'incompatibilità all'appartenenza simultanea al partito fascista e alla massoneria, votata dal Grande Consiglio Fascista il 14 febbraio 1923. In tutti i casi, questa attitudine della massoneria nei confronti del fascismo è una questione molto delicata che necessita di essere trattata con molta prudenza altrimenti si rischia di cadere nell'errore denunciato da Aldo Alessandro Mola di un "eccesso di merito" e allo stesso tempo di una certa "indegnità" attribuita all'evoluzione del ruolo ricoperto dalla massoneria nell'ascesa al potere di Mussolini.[516]

Lo storico italiano nella sua opera, si riferisce in questi termini a chi giudica la massoneria come la generatrice del fascismo ad un certo livello politico e ideologico. Mola dimostra semplicemente che ci sono stati dei massoni nel movimento fascista, ed in seguito nel partito, nella stessa maniera che negli altri partiti.

Tuttavia:

> In nessun momento la Gran Maestranza giunse a esprimere sinteticamente, se non per riduzione, lo spettro delle diverse componenti ideali oltreché ideologiche e partitiche presenti nella Famiglia. Né era il suo compito.[517]

A proposito di massoni che hanno aderito al fascismo delle origini, se si può affermare con certezza che i due rappresentanti delle obbedienze della massoneria italiana hanno dato il loro *placet* a Mussolini all'epoca della marcia su Roma, bisogna tuttavia fare una distinzione tra Domizio Torrigiani e Vittorio Raoul Palermi.

---

515 «Rassegna Massonica», 1923, n°1-2-3, p. 7.

516 Aldo Alessandro Mola, *Storia della massoneria,* op. cit. pp. 486-493.

517 *Ivi*, p. 492. Lo stesso concetto è spiegato anche da Marco Novarino, *Grande Oriente d'Italia. Due secoli di presenza liberomuratoria*, Erasmo Edizioni, Roma, 2006, pp. 64-65.

Da una parte, la posizione di Torrigiani, e quindi quella ufficiale del Grande Oriente d'Italia, non differisce da quella della maggioranza dei gruppi politici e dell'opinione pubblica libero-democratica che hanno le stesse preoccupazioni e giudicano il fascismo necessario per fare uscire il paese dalla sua situazione di precarietà.[518] Invece, dall'altra parte, Palermi offre aiuto a Mussolini per l'ascesa del fascismo allo scopo di risolvere a proprio favore il conflitto con Palazzo Giustiniani. Si tratta di un reale appoggio non solamente politico, ma anche economico. Giusto per citare un esempio, Palermi incontra Mussolini qualche giorno prima della marcia su Roma ed in seguito, grazie alle conoscenze che ha a livello internazionale, si propone per andare in America per rassicurare i confratelli anglosassoni sul carattere del nuovo governo italiano.[519]

Mussolini approfitta dell'appoggio della massoneria—soprattutto di quello di Piazza del Gesù[520]—, ma qualche mese appena dopo la marcia, come l'abbiamo già affermato, invita i fascisti che appartenevano alla massoneria a scegliere tra il partito fascista e la massoneria.

> [...] il Grande Consiglio fascista, presieduto dal Signor Mussolini, ha adottato l'ordine del giorno seguente : Considerando che gli ultimi eventi politici, l'attitudine e gli auspici della massoneria offrono motivi fondati di pensare che la massoneria perseguiti un programma e adotti metodi che sono in opposizione con quelli che ispirano tutta l'attività fascista, il Grande Consiglio fascista invita i fascisti che appartengono alla massoneria a scegliere tra il partito fascista e la massoneria perché, per i fascisti, esiste una sola disciplina: la disciplina fascista; una sola gerarchia: la gerarchia fascista; una sola obbedienza: l'obbedienza assoluta, devota e quotidiana del capo del fascismo.[521]

---

518 Renzo De Felice, *Mussolini il fascista. La conquista del potere, 1921-1925*, Giulio Einaudi Editore, Torino,1995, pp. 348-353 e Angelo Tasca, *Naissance du fascisme*, Editions Gallimard, Paris, 2003, pp. 289-296.

519 Sulla complicità di Vittorio Raoul Palermi e Mussolini esistono due testimonianze dirette di due fascisti e massoni di Piazza del Gesù, ovvero Michele Terzaghi, *Fascismo e Massoneria*, Milano, 1950, pp. 59-60 e Cesare Rossi, *Trentatré vicende mussoliniane*, Casa Editrice Ceschina, Milano, 1958, pp. 142-144.

520 Renzo De Felice, *Mussolini il fascista*, op. cit., *pp. 348-353.*

521 «Bulletin de l'Association Maçonnique Internationale», n.5, 1923, p. 100.

Quest'ordine del giorno è votato all'unanimità dal Grande Consiglio, all'eccezione di quattro astensioni, quelle dei membri massoni Giacomo Acerbo, Alessandro Dundan, Cesare Rossi e Italo Balbo.[522] Eccetto questi quattro membri, la massoneria in generale si mostra poco sconvolta da questa dichiarazione. Un esempio chiaro è la circolare n°25 del Supremo Consiglio di Palazzo Giustiniani nella quale, due giorni dopo, il Sovrano Grande Commendatore Ettore Ferrari, dopo aver dichiarato l'appoggio del suo ordine anche al fascismo, scrive serenamente «Crediamo, e vogliamo augurare, che quel partito s'inganni»[523] giudicando che il giovane partito, a causa della sua inesperienza, non è ancora capace di meditazioni tranquille. Il Consiglio dell'Ordine del Grande Oriente presieduto dal suo Grande Maestro Domizio Torrigiani, invece, nella riunione convocata d'urgenza il 18 febbraio per discutere di questo argomento, esprime tutta la sua buona disposizione ad accettare la scelta di quei fratelli che vorrebbero lasciare la massoneria per restare nel *Fascio*. Il Consiglio è infatti sicuro che queste persone continueranno a coltivare nel partito lo stesso sentimento patriottico appreso nelle logge.[524]

Si tratta naturalmente di una situazione precaria che nel giro di poco tempo si sarebbe trasformata in una fonte di problemi per i massoni. La prima persona ad esserne colpita è stato paradossalmente il dichiarato filofascista Vittorio Raoul Palermi. Infatti il giorno seguente la risoluzione fascista, Palermi ha affermato che la detta risoluzione riguardava solamente l'obbedienza di Palazzo Giustiniani[525] e di seguito ha fatto delle vere dichiarazioni di fedeltà al fascismo.[526]

---

522 Italo Balbo era uno dei quadrumviri della "Marcia su Roma". Per più informazioni, vedere Marie Rygier, *La Franc-Maçonnerie italienne devant la guerre e le fascisme*, 1930, pp. 180-183.

523 ACS, MI, DGPS, DIV. AA. GG. RISERVATI «Atti sequestrati alla Massoneria», b. 2.

524 «Rivista Massonica», 1923, n° 2-3, pp. 36-39.

525 «La Fenice», 30 giugno 1924, p. 2.

526 Palermi elabora la «nuova dichiarazione dei principi» e la fa approvare dal suo Supremo Consiglio il 17 dicembre 1922 per fare piacere al dittatore. In seguito Mussolini stesso l'approva in quanto si stabilisce come principio massonico «che bisogna anzitutto essere Italiani e poi Massoni [...]». Dal 1923, questo principio è stato introdotto nei rituali stampati. U. TRIACA, op. cit., p. 58. Abbiamo trovato diversi esempi di giuramenti che permettono di accedere ai diversi gradi dell'obbedienza di Piazza del Gesù in ACS, MI, DGPS, DIV. AA. GG. Riservati, «Atti sequestrati alla Massoneria», bb. 2, dove è sempre presente la seguente formula : «È vietato agli affiliati di far propaganda antireligiosa, mentre devono consacrare tutta la loro attività, tutte le loro forze

Questa condotta è poco apprezzata da una parte dei fratelli della sua obbedienza che, già da qualche anno, guardano con diffidenza alle azioni di
Palermi a proposito di una possibile conciliazione col G.O.I..[527] Di conseguenza, durante il mese di marzo 1923, questi fratelli si rivoltano ufficialmente contro Palermi dando vita al "Movimento di redenzione massonica"
dotato di un periodico intitolato *La Fenice*. Il movimento decide che Palermi deve dimettersi dalle sue funzioni di Grande Maestro e radiato dalla
massoneria. Palermi non si dimette, ma nel dicembre 1923, le logge separa-
tiste del "Movimento di redenzione massonica" si fondono con il G.O.I. e
la Grande Loggia d'Italia ne è notevolmente indebolita.[528]

Dalla parte del Grande Oriente invece, c'è stata la volontà di evitare la formazione di un'opinione pubblica contraria al fascismo, ciò nonostante la
frattura tra la massoneria e il fascismo era già avvenuta e nel maggio 1923, i
primi attacchi fascisti contro le sedi delle logge cominciano.[529] A fine anno,
a Roma, il deputato Giovanni Amendola, massone del Grande Oriente d'I-
talia[530], teosofo e futuro animatore della scissione antifascista al parlamento
italiano detta dell' "Aventino", è aggredito dai fascisti.[531]

L'omicidio del deputato socialista Giacomo Matteotti nel giugno 1924[532]
mette in evidenza la voragine di violenza nella quale il fascismo ha fatto
sprofondare il paese : questo è l'inizio di una crisi tanto esterna che interna
al fascismo, detta a ragione «crisi Matteotti».

Questa crisi è stata caratterizzata da una parte dalla scissione dell'Aventino—che è stata la protesta dei parlamentari che si oppongono al fascismo

---

alla Patria. L'Italia innanzi tutto e su tutti. Prima italiani poi massoni».

527 «La Fenice», n°15, 29 luglio 1923, p.4.

528 Fulvio Conti, *Massoneria e identità nazionale*, op. cit., pp. 307-308.

529 *Ivi*, pp. 309-310.

530 *Ivi*, p. 438.

531 Anna Maria Isastia, *Massoneria e Fascismo*, op. cit. , p. 52.

532 Il deputato socialista Giacomo Matteotti è stato sequestrato a Roma il pomeriggio del
10 giugno 1924 dopo essere uscito dalla sua abitazione ed in seguito è stato assassinato. Il suo corpo è stato ritrovato il 16 agosto mattina fuori un casolare abbandonato
nella campagna che si trovava 150 m dalla via Flaminia a Roma. Anche se non esiste
nessun documento che attesta la responsabilità diretta di Mussolini nell'omicidio, gli
indizi che hanno portato a pensare che questo delitto sia stato ordito in seno al partito
fascista sono stati molto evidenti sin dall'inizio. Per un approfondimento su questo
argomento, vedere Mauro Canali, *Il delitto Matteotti*, Il Mulino, Bologna, 2004.

contro l'omicidio di Matteotti—alla quale è seguita la nascita dell'«antifascismo unitario»[533], al quale aderisce in seguito anche il Grande Oriente d'Italia.[534] Dall'altra parte, questa crisi è stata caratterizzata dalla messa in evidenza delle divisioni esistenti nel partito fascista fra "moderati e normalizzatori" e gli squadristi e intransigenti. Questi vogliono vedere Mussolini orientarsi nelle loro rispettive direzioni diametralmente opposte. Nonostante le significative difficoltà, Mussolini sembra trovare il modo di riportare il consenso all'interno del partito. Infatti, in un primo tempo, sembra dirigersi piuttosto verso l'intransigenza e, per affrontare i suoi avversari, promulga le prime misure ristrettive della libertà di stampa. Al Grande Consiglio fascista che si è tenuto il 22 luglio 1924, egli afferma che nel partito fascista non esistono più diverse tendenze: la parola d'ordine che viene formulata è "vivere pericolosamente". In quest'occasione Mussolini prende ancora una volta personalmente posizione contro la massoneria —passata definitivamente, dopo il delitto Matteotti, dalla parte dei nemici del fascismo—tanto del G.O.I. che della Grande Loggia d'Italia e, un altro ordine del giorno, presentato questa volta dal nazionalista Emilio Brodero, conferma l'incompatibilità tra l'appartenenza simultanea alla massoneria e al partito fascista. In più, il Consiglio dichiara che uno degli obiettivi principali del fascismo è ormai la lotta contro la massoneria e decide che il fascismo dia priorità assoluta, necessaria ed eterna al concetto di nazione contro qualsiasi ideologia umanista e universale.[535]

Dopo la crisi, l'azione violenta delle sezioni fasciste contro i nemici del fascismo diventa incontrollabile per Mussolini stesso. Le sedi massoniche diventano l'obiettivo privilegiato durante tutto l'anno 1924.[536] Da questo momento, ogni occasione è buona per Ettore Ferrari per condannare il fascismo, come ce lo dimostrano le sue circolari ed altri atti ufficiali.[537] Do-

---

533 Le diverse tendenze antifasciste di questo momento si riconoscono come partecipi ad un'unica lotta. Leonardo Rapone, *L'Italia antifascista*, in Giovanni Sabbatucci, Vittorio Vidotto (a cura di), *Storia d'Italia vol. IV, Guerre e fascismo 1914-1943*, Laterza, Roma-Bari, 1997, p. 502.

534 Sulla condanna del fascismo per l'omicidio di Matteotti da parte del Supremo Consiglio di Palazzo Giustiniani, vedere la circolare n°47, 17 giugno 1924. ACS, MI, DGPS, DIV. AA. GG. Riservati « Atti sequestrati alla Massoneria », b. 2. Bisogna comunque precisare che Giacomo Matteotti non è stato massone.

535 Renzo De Felice, *Mussolini il fascista*, op cit., pp.660-670.

536 *Ivi*, pp. 673-767.

537 Supremo Consiglio di Palazzo Giustiniani, Circolare n. 49, Roma 20 settembre 1920;

mizio Torrigiani—sempre più vicino del gruppo antifascista dell'Aventino—risponde duramente alle violenze fasciste in una lettera di denuncia indirizzata direttamente al Presidente del Consiglio.[538]

Con il suo discorso del 3 gennaio 1925 alla Camera, Mussolini dà vita alla sua dittatura. In seguito, il governo propone al Senato una serie di progetti di legge, tra cui quello del 12 gennaio destinato a "disciplinare" le attività delle associazioni segrete, ovvero la massoneria, implicitamente attaccata.[539] Questo progetto è discusso alla Camera nel mese di maggio.

È in questa occasione che Antonio Gramsci[540] ha fatto il suo famoso discorso sulla massoneria nel suo unico intervento alla Camera. Il lungimirante deputato comunista afferma aver compreso che questa messa al bando della massoneria—o meglio delle associazioni segrete perché la massoneria non è citata nel testo—è solamente un primo passo verso l'interdizione totale della libertà d'associazione, soprattutto operaia. D'altronde le prime persecuzioni dei communisti sono già cominciate. Gramsci ci fa sapere anche che durante questa discussione, Mussolini ha dichiarato che in Italia l'unità spirituale è finalmente raggiunta a discapito della massoneria. Ma quest'associazione, continua Gramsci, ha rappresentato in Italia, fino a quel momento, l'ideologia e l'organizzazione reale della classe borghese capitalista. Quindi, colui che è contro la massoneria si oppone al liberalismo e alla tradizione politica della borghesia italiana. Precedentemente, il Vaticano è stato contro la massoneria; ne è stato il suo nemico di classe. In quel momento, Gramsci sottolinea il fatto che il fascismo si sarebbe sostituito al Vaticano su questo campo e in tutte le sue implicazioni sociali.[541]

Bisogna necessariamente riflettere a questa analogia in quanto poco tempo dopo, nel 1929, sarebbero stati firmati i patti del Latrano tra lo Stato e la

---

ACS, MI, DGPS, DIV. AA. GG. RR. «Atti sequestrati alla Massoneria» 1870-1925, b. 1, Supremo Consilio dei 33.∴ d'Italia e sue colonie. Convegno dei presidenti degli aeropaghi della giurisdizione italiana, 21-22 dicembre 1924.

538 CEDOM, Corrispondenza Grande Oriente del Belgio-Italia, *Protesta del Gran Maestro della Massoneria contro le devastazioni fasciste delle logge*, Roma, 18 settembre 1924.

539 Renzo De Felice, *Mussolini il fascista*, op. cit., pp. 120-121.

540 Vedere *sub verbo* Antonio Gramsci in Franco Andreucci, Tommaso Detti (a cura di), *Il movimento operaio italiano: dizionario biografico, 1853-1943*, Editori Riuniti, Roma, 1975.

541 Antonio Gramsci, *Ultimo discorso alla camera, 16 maggio 1925*, R. Guerrini, Padova,1951.

Chiesa.[542] Infatti, la persecuzione della massoneria sarebbe servita strategicamente a Mussolini per avvicinarsi non solamente ai nazionalisti, come l'abbiamo visto, ma anche al Vaticano. Per quanto riguarda i nazionalisti, è significativo che in seguito, il portavoce del progetto della legge che sancisce la persecuzione della massoneria nel gennaio 1925 sia stato quello stesso Emilio Brodero che ha reso pubblica, in un libro, l'inchiesta sulla massoneria realizzata più di un decennio prima dai nazionalisti. Dalla parte della Chiesa invece, già al momento del primo voto d'incompatibilità nel 1923, si affermava che questa decisione mirava, sicuramente ad assecondare i nazionalisti, ma anche a far piacere al Vaticano.[543] Padre Giovanni Caprile afferma che tuttavia non esiste nessun documento che attesti l'ipotesi secondo la quale la persecuzione della massoneria dalla parte del fascismo avrebbe avuto lo scopo di facilitare i rapporti col Vaticano.

Il Grande Oriente d'Italia si protegge convocando in settembre un'assemblea costituente nella quale Torrigiani è confermato nella sua funzione di Grande Maestro e, vista la situazione, gli vengono conferiti dei poteri straordinari.[544] In occasione del XX settembre, il manifesto del Grande Oriente critica fortemente il fascismo, cosa che non fa nient'altro che aumentare l'intensità e la violenza degli attacchi contro i massoni. Il punto culminante delle violenze è raggiunto la notte tra il 5 e il 6 ottobre 1925, notte detta di "San Bartolomeo di Firenze" in riferimento alla crudeltà con la quale alcuni massoni fiorentini sono stati uccisi[545]. La gravità di questo evento obbliga Mussolini ad abolire lo «squadrismo»[546] trasferendo coloro che ne fanno parte nella milizia volontaria.

Durante gli incidenti di Firenze, i massoni di questa città sono state vittime di violenze di una tale ferocia che il governo ha creduto dover vietare i resoconti dei giornali e dare una versione ufficiale. Per la prima volta dopo l'arrivo al potere del fascismo, sono state prese delle misure contro le auto-

---

542 Vedere l'articolo di Ubaldo Triaca nel «Bulletin de l'Association Maçonnique Internationale», n.29, 1929.

543 Renzo De Felice, *Mussolini il fascista*, op. cit., p.505.

544 Fulvio Conti, *Massoneria e identità nazionale*, op. cit., p. 317.

545 Il massacro di Firenze comincia col l'omicidio del milite fascista Gambaccini che ha partecipato, con i suoi compagni, a una delle spedizioni degli «squadristi» per ottenere informazioni sui massoni presso un vecchio Venerabile. Ricciotti Garibaldi, *La Franc-Maçonnerie italienne et le Fascisme*, L'Eglantine, Bruxelles,1926, pp. 23-26.

546 Aldo Alessandro Mola, *Storia della massoneria*, op. cit., pp. 567-569 ; Fulvio Conti, *Massoneria e identità nazionale*, op. cit., pp. 316-317.

rità responsabili dell'ordine e fautori dei disordini. Fino a quel momento, gli eccessi di questo genere restavano senza sanzione in quanto le autorità mettevano a tacere l'affare o non si trovava nessuno che potesse pronunciare una condanna e rischiare, come è successo, le rappresaglie degli amici del condannato.

5.7 La fine dell'esistenza legale della massoneria in Italia

Esattamente un mese dopo il massacro di Firenze, un altro fatto attira l'attenzione sulla massoneria, da cui Mussolini ne trae un certo vantaggio.

Il 4 novembre 1925, il deputato socialista Tito Zaniboni[547] cerca di mettere fine alla vita del «Duce» senza raggiungere il suo obiettivo. Il grande generale della Prima guerra mondiale, massone e favorevole al fascismo delle origini, Luigi Capello, è immediatamente incarcerato come complice.[548]

L'attentato mancato di Zaniboni è stato in definitiva la buona occasione per Mussolini di risvegliare l'immagine del complotto politico e massonico, anche se questo corrisponde più al mito che alla realtà. In realtà, il dittatore non ha fatto altro che risvegliare un cliché utilizzato ogni volta che nella storia si è voluto creare una certa ostilità nei confronti della massoneria nell'opinione pubblica. Il concetto del complotto massonico sarà in seguito tipico anche degli altri regimi totalitari del XX secolo. Quest'ultimi hanno infatti fatto ricorso spesso agli elementi «anti» del sistema come l'antimassonismo e l'antiebraismo. Mussolini vi ritornerà in occasione della persecuzione ebraica.

Il complotto sarebbe quindi stato ordito da Zaniboni con l'aiuto di politici

---

547 Tito Zaniboni è stato deputato del Partito Socialista Unitario. È sato sin dall'inizio un tenace avversario del fascismo. Dopo il delitto Matteotti ed il fallimento dell'opposizione e dell'Aventino, ha cominciato a convincersi che fosse necessario cambiare strategia e arrivare, al limite, al tirannicidio. Aldo Chiarle, *1927: Processo alla massoneria*, Bastogi Editrice Italiana, Foggia, 2002, p. 10.

548 Aldo Alessandro Mola, *Storia della massoneria*, op. cit., pp. 570-573. Per una lettura più dettagliata, vedere Laura Capello, *n°. 3264 (Generale Capello)*, Garzanti, Milano, 1946. Verosimilmente, Capello ha prestato dei soldi a Zaniboni, ma non ha fatto parte dell'organizzazione dell'attentato. Ciò nonostante, nell'aprile 1927, il tribunale speciale l'ha condannato a 30 anni di reclusione ed è stato in questo modo radiato dall'esercito. È morto a Roma il 25 aprile 1941. «Rivista Massonica Italiana», febbraio-marzo 1923 e ASGOI, *Processo verbale del Comitato Esecutivo*, 3 marzo 1923; Vittorio Gnocchini, *L'Italia dei Liberi Muratori. Piccole biografie di massoni famosi*, Erasmo Editore, Roma, 2005.

antifascisti, massoni e rifugiati in Francia.[549] Quando invece Zaniboni ha agito da solo con la sola complicità di Carlo Quaglia, l'istigatore dell'intera faccenda.[550]

Alla notizia della scoperta del "complotto", Mussolini riceve in Italia una vasta manifestazione di simpatia da parte dell'opinione pubblica, indignata per quanto avvenuto. Invece fuori dal Paese si ha subito avuta l'impressione che questo "complotto" sia il risultato di una bella macchinazione.

Senza attendere, il Duce fa dissolvere immediatamente il partito socialista unitario—di cui Zaniboni ha fatto parte come Matteotti—e solleva un reale attacco contro il Grande Oriente d'Italia, la quale sede, Palazzo Giustiniani, sarà occupata senza mai essere restituita ai proprietari[551]. Tutte le logge sono occupate[552] e il progetto di legge—detto "contro le società segrete" —sulla «Regolarizzazione dell'attività delle associazioni, enti ed istituti e dell'appartenenza ai medesimi del personale dipendente dallo Stato, dalle province, dai comuni e da istituti sottoposti per legge alla tutela dello Stato, delle province e dei comuni» (legge del 26 novembre 1925, n°.2029, in *Gazzetta Ufficiale,* 28 novembre, n°.277)[553]—è rapidamente discusso alla Camera e poi al Senato dove è approvato il 20 novembre 1926. La rapidità con la quale questa legge è approvata dopo l'attentato mancato di Zaniboni non è un caso. Quello che è successo a Mussolini ha messo gli antifascisti in cattiva luce e da un punto di vista politico, c'è stata una reale corsa al fascismo. In altri termini, l'attentato mancato ha avuto delle conseguenze politico-parlamentari molto favorevoli nei confronti di Mussolini. Dopo questo fatto, tutti i progetti proposti dal governo sono approvati.[554] Forse

---

549 Renzo De Felice, *Mussolini il fascista,* op. cit., pp. 139- 149 ; 503-511.

550 Michele Terzaghi, *Fascismo e massoneria,* op. cit., pp. 116-117.

551 Nel 1926, lo Stato dichiara nullo l'acquisto di *Palazzo Giustiniani* effettuato dal G.O.I. en 1901. Il motivo è stato che a quell'epoca lo Stato non aveva esercitato il suo diritto di prelazione su di un bene di interesse storico. Nel 1926, lo Statto ha esercitato questo diritto, ma pagando il prezzo d'acquisto del 1901, molto lontano dal valore di 25 anni dopo soprattutto considerando la svalutazione monetaria avvenuta con la guerra. Santi Fedele, *La Massoneria italiana,* op. cit., p. 16.

552 Aldo Chiarle, *1927: Processo alla massoneria,* op. cit., p. 11.

553 Lelio Barbiera, Gaetano Contento, Paolo Giocoli Nacci, *La associazioni segrete. Libertà associativa e diritti dell'associato tra legge Rocco (1925) e legge sulla P2 (1982),* Jovene Editore, Napoli, 1984.
Vedere anche il discorso di Ruffini, Corradini e Rocco in CEDOM, Correspondance G.O.B.-Italie ; Ricciotti Garibaldi, *La Franc-Maçonnerie italienne,* op. cit., pp. 26-34.

554 Renzo De Felice, *Mussolini il fascista,* op. cit., pp. 150-163.

non è stato veramente un caso se il tentativo d'attentato è avvenuto proprio in un momento particolarmente opportuno, poco prima dell'apertura dei dibattiti giudiziari sull'affare Matteotti.

Di conseguenza, il 22 novembre, in virtù dei poteri straordinari che gli erano stati attribuiti, il Gran Maestro Domizio Torrigiani promulga un decreto (n°434) con il quale dichiara dissolte tutte le logge massoniche e tutte le associazioni, di qualsiasi natura, connesse all'obbedienza del Grande Oriente d'Italia che, a partire da questo momento, cessano di esistere in Italia. Nel secondo articolo dello stesso decreto, Torrigiani decide che il Grande Oriente d'Italia resta il cuore dell'ordine massonico e che si adatta alle disposizioni della legge in questione. A questo scopo, istituisce un « Comitato ordinatore » composto da Giuseppe Meoni, il Grande Maestro aggiunto, Ettore Ferrari, l'avvocato Ugo Lenzi, l'avvocato Solitine Ernari, il cavaliere Costanzo Novero ed il commendatore Cerasola. Questo comitato ha l'incarico d'aiutare i fratelli in caso di difficoltà; prendersi cura degli interessi del Grande Oriente ed esaminare se, a partire da quale momento, sarebbe stato possibile ricostruire l'ordine massonico in Italia.[555] Anche se la massoneria avesse voluto procedere nella legalità, il fascismo non l'avrebbe permesso in quanto durante il passaggio al sistema del partito unico[556], con la Sentenza Reale del 6 novembre 1926 è approvato il «Testo unico delle leggi di pubblica sicurezza» (n.1848 in *Gazz. Uff.*, 8 novembre, n.257) che ha reso ancora più duro il regolamento sull'esistenza delle associazioni ed istituzioni al di fuori del partito.

La violenza esercitata contro i massoni a partire dal 1924 ha contribuito a far sprofondare lo Stato liberale. La messa al bando della massoneria invece ha rappresentato la prima persecuzione legale di un gruppo ideologico nella storia del fascismo. Questa condanna precede quelle dei partiti e dei sindacati. La massoneria è stata quindi la prima vittima della dittatura.

Il 23 novembre 1925, il Grande Maestro aggiunto della Grande Loggia d'Italia Giovanni Maria Metelli, in assenza di Palermi, decreta allo stesso modo la dissoluzione di tutte le logge connesse all'obbedienza della Grande Loggia. Palermi, al suo ritorno, cerca di mantenere in vita una certa forma non offensiva di massoneria nei confronti del fascismo, ma anche lui

---

555 *"À S.E. Il Capo Della Polizia, Roma il 27 novembre 1934, l'Ispettore generale di PS"* ACS, MI, DGPS, DIV. AA. GG. RR. «Atti sequestrati alla Massoneria» 1870-1925, bb. 1.

556 Renzo De Felice, *Mussolini il fascista*, op. cit., pp. 210-221.

deve desistersi all'inizio dell'autunno del 1926.[557]

Nell'aprile 1927, Torrigiani, che nel frattempo era andato ad abitare in Francia, è arrestato dopo il suo ritorno in Italia in occasione del processo Zaniboni e del generale massone Luigi Capello che era stato convocato in teoria per testimoniare. In realtà viene fatto rientrare in modo che anche lui possa essere implicato nell'affare. Il processo è concluso il 23 aprile con la condanna a trent'anni di reclusione sia per Zaniboni sia per il Generale Capello. Il Grande Maestro invece è condannato a cinque anni di confino a Lipari, non a causa dell'attentato contro Mussolini nel quale era chiaro che non avesse preso parte, ma per essersi reso responsabile di agitazioni contro il Regime e lo Stato.[558] Un ammonimento è stato inflitto anche a Meoni, il Grande Maestro Aggiunto: l'esilio e la clandestinità sono ormai le uniche alternative alla sottomissione a Mussolini.[559]

Questo comportamento è in effetti coerente con i principi dell'ordine massonico, ovvero di fedeltà e obbedienza alle istituzioni e alle leggi dello Stato.

Ciò nonostante, quando lo Stato e le sue leggi diventano liberticide, tiranniche, totalitarie, come è stato nel caso del fascismo, ogni massone può far prevalere la sua libertà di coscienza nelle sue azioni.[560]

Quello che è successo con la decisione dei rappresentanti delle obbedienze italiane di dissolvere le logge e le obbedienze stesse è stata l'azione più logica affinché la tutela dei massoni fosse garantita. Infatti, le vere difficoltà sono arrivate subito dopo quando questi stessi massoni si sono trovati davanti al bivio tra la sottomissione al regime e la fuga tramite l'esilio all'estero.

---

557 Tra la fine del 1927 e l'inizio dell'anno seguente, alcuni fascisti che sono stati massoni dell'obbedienza di Piazza del Gesù pensano di dare vita a una massoneria nazionale di Rito Scozzese in funzione del sostegno al Regime negli stessi ambienti dello stesso rito internazionale. Italo Balbo ne sarebbe stato il leader, mentre il Grande Maestro sarebbe stato Arturo Reghini, visto che Palermi ormai non era più credibile. Santi Fedele, *La massoneria italiana,* op. cit., pp. 24-25.

558 Santi Fedele, *La massoneria italiana,* op. cit., p. 14.

559 Aldo Alessandro Mola, *Il Grande Oriente d'Italia dell'esilio (1930-1930),* Erasmo, Roma, 1983, p. 18.

560 Eugenio Bonvicini, *Massoneria moderna. Storia, ordinamenti, esoterimo, simbologia,* Bastogi Editrice Italiana, Foggia, 1994, p. 16.

5.8 Conclusioni

D urante la dittatura fascista, alcuni coraggiosi massoni continueranno a "lavorare" in Patria nella clandestinità, mentre è stato proprio all'estero che la massoneria italiana del Grande Oriente d'Italia ha cercato di sopravvivere cercando di farsi riconoscere in quanto obbedienza "in esilio".

Dopo la Prima guerra mondiale, la rete internazionale massonica per sopravvivere cambia nella forma, ma non nella sostanza. Di conseguenza, al palese fallimento di fronte allo scoppio della guerra del *Bureau International des Relations Maçonniques* segue il fallimento de *l'Association Maçonnique Internationale* (A.M.I.) ad opporsi all'avanzata dei totalitarismi. *Nell'entre-deux-guerres* l'internazionalismo massonico ha infatti mostrato il suo ulteriore limite non dando la possibilità alle massonerie perseguitate, di cui *in primis* quella italiana, di ricostituirsi ufficialmente all'estero per una pura questione regolamentare relativa al principio di territorialità che definisce un'Obbedienza massonica. Principio per il quale inizialmente non si è voluto fare eccezioni per evitare la creazione di un precedente. In questo modo, alla scomparsa delle massonerie nazionali per via delle persecuzioni dittatoriali è inevitabilmente seguita la fine dell'A.M.I..[561]

La massoneria italiana è quindi soccombuta nella duplice speranza di vedere la sua Patria rialzarsi dalla crisi post guerra, ed in seguito dal fascismo, e in quella di trovare rifugio almeno nelle braccia della fratellanza internazionale. Paradossalmente essa è quindi rimasta la sola vittima proprio di quel patriottismo e di quell'internazionalismo massonico che sono stati i suoi cavalli di battaglia durante i suoi cinquant'anni di gloria che vanno dal Risorgimento alla fine dell'epoca liberale.

---

561 Per un approfondimento vedere Nicoletta Casano, *Libres et persécutés. Francs-maçons et laïques italiens en exil pendant le fascisme*, Garnier, Paris, 2016.

6. MASSONERIA IN ESILIO

Emanuela Locci

Il 1925 è ricordato negli ambienti massonici italiani come l'anno nero, infatti in quell'anno il governo guidato da Benito Mussolini promulgò la legge sulla "Regolarizzazione dell'attività delle Associazioni, Enti ed Istituti e dell'appartenenza ai medesimi del personale dipendente dallo Stato, dalle provincie, dai comuni e da istituti sottoposti per legge alla tutela dello Stato, delle provincie e dei comuni"[562], conosciuta anche come "la legge contro la massoneria". Se si scorre il testo della legge il nome della massoneria non viene mai citato, invece quando alla Camera dei deputati si discuteva sugli articoli della norma, sembrava quasi scontato che legge fosse stata fatta proprio contro l'Istituzione massonica.[563] Non pochi i discorsi accorati contro la massoneria in difesa della cattolicità, vista come caratteristica fondante della società italiana. Una delle poche voci dissenzienti fu quella di Antonio Gramsci (1891-1937) che nel suo discorso del 16 maggio presso la Camera, si batté con parole taglienti per non far votare la legge.[564]

Con l'approvazione della legge del novembre 1925 veniva portato a compimento il disegno del governo Mussolini di eliminare dalla scena politica e civile la massoneria. Erano ormai diversi anni che l'Istituzione veniva fatta bersaglio di intimidazioni e attacchi violenti[565]. Ciò perché la massoneria era andata maturando una posizione nettamente contraria al fascismo, posizione che era invece stata spesso di accondiscendenza, se non di aperto accordo con le politiche portate avanti dai Fasci.

La situazione precipitò in seguito al fallito attentato alla vita di Mussolini perpetrato dall'On. Tito Zaniboni e dal presunto complice Generale Luigi Capello, entrambi massoni. Il 22 novembre 1925 pochi giorni prima che entri in vigore la legge che vieterà la massoneria per circa venti anni, il Gran Maestro del Grande Oriente d'Italia, Domizio Torrigiani, emette il decreto

---

562 *Atti parlamentari*, tornata di sabato 16 maggio 1925.

563 Anna Maria Isastia, *Massoneria e fascismo*, Libreria Chiari, Firenze, 2003, p. 13.

564 *Discorso di Gramsci alla Camera*, 16 maggio 1925, p.48.

565 Anna Maria Isastia, *Massoneria e fascismo*, op. cit.

in cui dichiara disciolte le logge dell'obbedienza.[566] Pochi giorni dopo fu costituito in seno al Grande Oriente d'Italia un comitato che aveva il difficile compito di aiutare i fratelli, che in questo periodo erano in totale circa ventimila, che si fossero trovati in difficoltà. Dal 1925 in Italia non vi fu, per decenni, alcuna Obbedienza massonica organizzata su base nazionale.[567]

Ma le difficoltà erano solo all'inizio per i massoni italiani. Il Gran Maestro Torrigiani, viene arrestato e condannato al confino a Lipari per cinque anni, perché riconosciuto responsabile di "agitazioni contro il regime e lo Stato". Stessa sorte toccherà a molti iniziati alla massoneria.

Tra il 1926 e il 1928 la condizione dei massoni italiani era molto grave, molti massoni vengono arrestati perché appartenenti all'istituzione, anche se essa dal 1925 non era più ufficialmente operativa e i massoni erano costretti a incontrarsi ma in maniera non rituale. Già dal 1926 molti massoni avevano preso la via dell'esilio, insieme a esponenti di partiti politici sciolti dal fascismo o giornalisti le cui testate avevano subito lo stesso destino. Molti di essi si ritrovarono a lavorare fianco a fianco nella LIDU, un'organizzazione antifascista nata in Francia che lottava dall'estero per eliminare il regime fascista in Italia. La Francia fu infatti insieme alla Svizzera, uno dei paesi d'elezione dell'esilio massonico e dissidente in generale, italiano. Le autorità francesi tolleravano che i fuoriusciti italiani si organizzassero politicamente per continuare la loro lotta, questa ospitalità era valida anche a livello massonico, infatti numerosi massoni italiani trovarono accoglienza nelle logge del Grande Oriente di Francia e della Grande Loggia di Francia. La situazione in Francia si fece più complicata nel momento in cui alcuni esponenti del Grande Oriente d'Italia, che si trovavano in territorio francese decisero che era necessario costituire un capitolo di rito scozzese, a tale scopo l'ormai morente Ettore Ferrari inviò una lettera a Giuseppe Leti, con allegato un decreto di riordino del Supremo Consiglio, che gli avrebbe poi permesso a tempo debito di riorganizzare anche il Grande Oriente.[568] Ferrari viene a mancare pochi mesi dopo e con la sua scomparsa si chiuse un'era nella storia della massoneria italiana e contestualmente se ne aprì

---

566 «Rivista Massonica». Anno LVI. Aprile 1926. Numeri 1-2, pp. 18-19. Non è stato possibile reperire il numero del decreto, ma solo il comunicato stampa inviato dal Grande Oriente d'Italia all'agenzia Stefani, in cui si annunciava lo scioglimento dell'Obbedienza.

567 Fulvio Conti, *Storia della massoneria italiana*, Il Mulino, Milano, 2003, p. 320.

568 Santi Fedele, *La massoneria italiana nell'esilio e nella clandestinità (1927-1939)*, FrancoAngeli, Milano, 2005, p. 43.

un'altra, molto complicata, che vide la massoneria soccombere al fascismo, impegnata nella sua ricostruzione fuori dall'Italia. Su quest'ultimo versante si pone immediatamente in problema della legittimità di un Grande Oriente che non traeva la sua legittimità da una gran loggia regolarmente convocata, oppure che ha ricevuto una trasmissione di poteri da parte del Gran Maestro in carica, che ne è detentore. Si poneva inoltre un altro problema: si poteva costituire un Grande Oriente d'Italia in un territorio, come quello francese, in cui già preesistevano organi massonici? Entrava in gioco il principio dell'esclusività territoriale, la cui mancata osservanza avrebbe determinato l'impossibilità del riconoscimento da parte dell'intero sistema massonico regolare. La condizione, per quanto eccezionale dell'esilio non era un motivo sufficiente per derogare a tale regola. Malgrado le difficoltà nel 1929 Giuseppe Leti decise di ricostituire il Grande Oriente d'Italia in esilio. La decisone fu presa per diversi motivi: non si prevedeva che il fascismo sarebbe stato rovesciato in tempi brevi e la consapevolezza che l'incertezza costante e prolungata avrebbe portato al disgregamento delle logge estere che dipendevano dal Grande Oriente d'Italia, e che non avevano subito le conseguenze della legge del 1925, in quanto tale provvedimento legislativo poteva essere applicato solo entro i confini nazionali. Le logge estere resistevano e continuavano ad operare in autonomia, ma subivano le pressioni assimilatrici degli altri Orienti che erano presenti, si pensi al caso della Tunisia, in cui operavano da decenni francesi e italiani. Un ruolo fondamentale nella ricostruzione del Grande Oriente d'Italia ebbero le logge argentine, che avevano in Alessandro Tedeschi un campione della massoneria italiana. Le logge interessate alla ricostituzione del Grande Oriente furono la Labor et Lux di Salonicco, la Rienzi di Roma, la Ettore Ferrari di Londra, la Giovanni Amendola di Parigi. L'iniziativa di costituire L'Obbedienza italiana in esilio fu presa da Leti, che il 12 gennaio 1930 dichiarò ricostituita formalmente l'Obbedienza. Si decide di non nominare un Gran Maestro, per rispetto nei confronti di Torrigiani che si trovava ancora al confino. Viene lasciata scoperta anche la carica di Gran maestro aggiunto, ricoperta nel 1926 da Meoni, che non era più al confino, ma rimaneva sotto stretta sorveglianza. Eugenio Chiesa viene nominato Secondo Gran Maestro Aggiunto. La sede dell'obbedienza viene fissata presso lo studio professionale di Francesco Galasso, a Londra. I vertici dell'Obbedienza si preparono per ricevere i riconoscimenti necessari alla vita dell'Obbedienza stessa, ma i problemi non si fecero attendere: al congresso dell'AMI il delegato italiano, Arturo Labriola, non viene ammesso al congresso massonico del settembre 1930.

La ragione di questo diniego si fonda essenzialmente nell'impossibilità per l'organizzazione massonica internazionale di riconoscere come erede del vecchio Grande Oriente d'Italia, questa nuova Obbedienza, entrando nel vivo del conflitto di legittimità che già si delineava in origine, nel 1929. La situazione viene prontamente analizzata e sviscerata nell'assemblea del Grande Oriente dell'ottobre 1930, in cui si evidenziano da subito diverse posizioni rispetto all'AMI, si decide si soprassedere almeno per il momento per ciò che riguardava i riconoscimenti internazionali e di procedere nel portare a conoscenza delle altre obbedienze dell'avvenuta ricostituzione del Grande Oriente d'Italia in esilio, obiettivo che si raggiunse nel 1931 con una lettera circolare inviata a tutte le obbedienze del mondo. Intanto Labriola viene nominato Secondo Gran Maestro Aggiunto, a sostituzione di Chiesa che era deceduto pochi mesi prima. Nel 1931 arrivarono le prime risposte alla lettera circolare, che nella maggior parte dei casi furono negative, ossia non riconobbero l'Obbedienza, uniche eccezioni gli spagnolo, che invitarono i fratelli italiani al loro congresso internazionale, gli uruguagi, e alcune altre obbedienze del sud America, per l'America centrale gli italiani trovarono il sostegno dei cubani, mentre per l'Asia ricevettero il sostegno della Gran Loggia delle Filippine.

Alla fine del 1931, dopo le dimissioni di Labriola viene eletto quale Secondo Gran Maestro Aggiunto, Alessandro Tedeschi, che però pochi mesi dopo la sua elezione viene "promosso" a Gran Maestro, con la pienezza dei poteri conferiti dalla carica.

Nell'aprile 1932 Torrigiani, ormai anziano e malato, dopo aver scontato la pena del confino torna a casa, ma rimane sotto stretta sorveglianza. Viene a mancare dopo pochi mesi, il 31 agosto 1932.[569]

L'obbedienza intanto si dibatte tra problemi finanziari, nuovi assetti organizzativi, legati alla struttura e alla funzionalità degli organi del Grande Oriente d'Italia, e problemi legati ai lavori rituali, con particolare riguardo all'osservanza precisa del Rito che garantisce la continuità della tradizione iniziatica. A tutto ciò si aggiunge, durante la maestranza Tedeschi l'annosa questione dei riconoscimenti internazionali, che vede il Tedeschi e il Leti su posizioni differenti, intransigente il primo nel rivendicare la discendenza dal Grande Oriente d'Italia di Palazzo Giustiniani, più diplomatico e attento alle relazioni internazionali il secondo, che rimane convinto del fatto che

---

569 Santi Fedele, *La massoneria italiana,* op. cit., p. 91.

per sopravvivere il Grande Oriente d'Italia ha necessità dei riconoscimenti. Alla fine si propende per l'impostazione proposta da Leti e si muovono i primi passi per la ripresa delle trattative con l'AMI. Fin dall'inizio ci si scontra con l'impossibilità materiale di produrre parte della documentazione che l'AMI richiedeva, come ad esempio il decreto di scioglimento del Grande Oriente d'Italia nel 1925, che non contemplava le logge estere. L'altro grosso problema era il rispetto del principio della territorialità. Anche se le trattative furono portate avanti con dedizione fu quasi subito chiaro che erano destinate al fallimento, e infatti nel febbraio 1934 giunge la risposta ufficiale, di un intuito, diniego.[570]

Messe da parte le sfortunate questioni internazionali, si ripropongono prepotentemente le altrettanto sfortunate questioni economiche che flagellano l'Obbedienza, si apre infatti la diatriba intorno al patrimonio dell'Obbedienza. Al momento dello scioglimento il patrimonio era abbastanza sostanzioso, ma a causa di cattivi investimenti, si era andato progressivamente assottigliando. La cura del patrimonio era stata assunta dal Meoni nel 1926, e da allora la situazione era andata progressivamente peggiorando, la ragione di questo fallimento economico si può rinvenire, oltre che su speculazioni errate, sulle decine di sussidi che Meoni elargì a fratelli che si trovavano, a causa del Fascismo, in condizioni economiche precarie. Le polemiche intorno a questa faccenda continuano anche dopo la morte di Meoni, che tra l'altro era morto in condizioni economiche così disperate, da allontanare ogni minimo dubbio sulla sua buona fede.[571]

Questa triste situazione di precarietà e disagio si protrae per tutti gli anni Trenta, le logge non pagano le quote, ma la ragione risiede tutta nel fatto che gli stessi fratelli, spesso esuli, vivono in gravi ristrettezze economiche. Malgrado ciò le attività dell'Obbedienza non si arrestano: Tedeschi viene riconfermato Gran Maestro per gli anni 1935-1941, è di questi anni la condanna sempre più ferma del fascismo in Italia, e in particolare è netta la condanna per i crimini commessi dai fascisti in Etiopia. Nel 1936 Tedeschi denuncia l'infamia dell'utilizzo di gas sulla popolazione, gas che sono definiti "la vergogna del nostro secolo". Un'altra posizione importante è quella contro il crescente pericolo rappresentato dal nazismo, per la pace in Europa e nel mondo. Per altri nefasti avvenimenti storici il Grande Oriente si schiera apertamente, ad esempio, allo scoppio della guerra civile in Spagna,

---

570 Santi fedele, *La massoneria italiana,* op. cit., p. 107.

571 *Ivi,* p. 126.

l'Obbedienza italiana condanna i golpisti e dichiara il suo sostegno al legittimo governo repubblicano. La condizione della massoneria si fa grave in tutta Europa. Infatti non solo l'Italia è colpita dall'attacco fascista, ma la situazione si ripete in altri paesi: la Germania è interessata dalla teoria del complotto giudaico-massonico, a causa della quale le nove Gran Logge presenti nel variegato sistema massonico tedesco sono sciolte. In Portogallo la massoneria non fu vietata ufficialmente, ma le discriminazioni nei confronti dei massoni erano tali da non consentire le regolari attività del Grande Oriente Lusitano. In Spagna la situazione era, se possibile ancora più drammatica, dopo la sollevazione militare del luglio 1936 la massoneria fu perseguitata e sistematicamente annientata. Da occidente a oriente la situazione era quasi identica, anche in Turchia ad esempio la condizione della massoneria non era florida. Nel 1935 il governo di Atatürk decretò la chiusura di tutte le associazioni che non fossero sotto l'egida governativa. La massoneria entrò in sonno fino al 1948, anche se continuò ad operare il Supremo Consiglio, che addirittura riceveva sostegno economico proprio dallo stato.

Considerata la sfortunata situazione in cui versavano molte obbedienze in tutta Europa, nasce tra i massoni italiani esuli l'idea di costituire un'organizzazione sovranazionale che fungesse da collegamento tra tutte queste Obbedienze perseguitate. L'opera si presenta da subito difficile, perché i gruppi massonici sono dispersi, come del resto quello italiano e le comunicazioni sono molto difficoltose. Tra mille difficoltà Leti e Tedeschi riescono ad organizzare, nel giugno 1937 l'assemblea del Grande Oriente d'Italia, che tra l'altro sarà l'ultima organizzata in esilio, e che in questa occasione sarà allargata ai rappresentanti delle obbedienze straniere. In realtà l'iniziativa non ebbe il successo che avrebbe meritato, e si registrò la presenza di soli dieci massoni, e quindi l'assemblea anche per ciò che riguarda le Obbedienze straniere si risolve in un appuntamento di modesto livello. Da ciò si desume tutta la fragilità di uno sparuto gruppo di uomini che tenacemente tentavano di tenere viva la tradizione massonica non solo in Italia ma in tutta Europa. Ma non tutto è perduto, infatti alcune logge che si trovano all'estero, ma che si sono poste sotto l'egida del Grande Oriente d'Italia continuano le proprie attività, oltre che dal punto di vista latomistico, anche nell'ambito della lotta al fascismo.

Mentre la massoneria e i massoni italiani si dibattono tre le molte difficoltà, soffiano i primi venti di guerra. Nel 1938 si propone la questione dei

Sudeti, che pone ai massoni un immediato problema di coscienza. Quale avrebbe dovuto essere il loro atteggiamento nel caso in cui l'esercito italiano fosse stato chiamato alle armi? Si decide per un rifiuto della guerra e della chiamata alle armi, in chiave antifascista.

Alla situazione che era già di per sé preoccupante per la comunione italiana si aggiunge la luttuosa notizia, il 1 giugno 1939, della morte di Giuseppe Leti. Colui che aveva retto le sorti della massoneria italiana per oltre dieci anni veniva a mancare proprio in un momento cruciale. Poche settimane dopo scoppiò il secondo conflitto mondiale. La dipartita di Leti lascia Tedeschi solo, tutta la responsabilità della sopravvivenza del Grande Oriente d'Italia ricade sulle sue spalle. Con la consapevolezza che anche la sua fine era vicina, decise di indire le nuove elezioni per poter dare un futuro all'Obbedienza. Tre giorni dopo l'indizione delle elezioni massoniche iniziò la guerra, vista la situazione di incertezza Tedeschi propose che si procedesse all'elezione di Davide Augusto Albarin[572] come Gran Maestro Aggiunto. Albarin era venerabile della loggia Cincinnato di Alessandria d'Egitto. La collocazione geografica della loggia l'aveva posta al sicuro al momento della legge del 1925 e lo stesso si ripeteva in questo triste frangente, in cui si riteneva che la guerra non sarebbe arrivata in Egitto.

Tedeschi muore il 19 agosto 1940, poche ore dopo il decesso la polizia tedesca si presentò in casa sua per arrestarlo. Importante in questo contesto la condotta della vedova Tedeschi che pur di salvare i documenti massonici, tutti gli archivi, (Leti e Tedeschi) dalle requisizioni naziste decise di nascondere la documentazione nella tomba del marito. Gli archivi furono recuperati undici anni dopo, anche se non in condizioni ottimali, e restituiti al Grande Oriente d'Italia.

Albarin si impegnerà fino al 1943 per fornire la continuità organizzativa della massoneria del Grande Oriente d'Italia in esilio. Dopo la fine della seconda guerra mondiale e la conseguente caduta del fascismo si cerca di riattivare l'istituzione, non mancando di ricordare quanti con enormi sacrifici, fecero in modo che la massoneria italiana non soccombesse del tutto al regime fascista. È del 1947 il decreto con cui Guido Lay, il nuovo Gran Maestro riconosce l'apporto dei massoni esiliati, non soltanto in chiave massonica di continuità, ma all'interno di un più ampio riconoscimento dell'operato svolto dai massoni italiani che onorarono l'Istituzione.

---

572 Per approfondimenti sulla figura di Albarin vedere Emanuela Locci, *La massoneria nel Mediterraneo. Egitto, Tunisi e Malta*, BastogiLibri, Roma, 2014, p. 59.

Si chiude così la parentesi della storia del Grande Oriente d'Italia in esilio, protagonisti assoluti di questa parte di storia massonica italiana Giuseppe Leti e Alessandro Tedeschi, che con le loro sole energie riuscirono a non far naufragare per sempre il Grande Oriente d'Italia, la sua storia, la sua tradizione.

7. COMUNITÀ ITALIANE E MASSONERIA ALL'ESTERO

Emanuela Locci

7.1 Introduzione

La massoneria italiana, nella fattispecie la massoneria rappresentata dal Grande Oriente d'Italia ha spesso varcato i confini della penisola per approdare in terre lontane. Sono, infatti, numerose le logge fondate sotto l'egida del Grande Oriente d'Italia, al di fuori del territorio nazionale, dall'Africa, all'Asia e fino all'America. In questa occasione ci si soffermerà sulle logge italiane fondate in Turchia, Egitto, Tunisia, Libia ed Eritrea. L'arco temporale considerato va dal 1861 fino al 1955. Tutte le logge considerate erano parte integrante delle comunità italiane stanziate nei diversi territori presi in considerazione. Le ragioni della presenza italiana sono molto eterogenee si passa dalle motivazioni economico-sociali a quelle coloniali. La nascita e lo sviluppo delle officine massoniche legate alla massoneria di Palazzo Giustiniani sono da associare alla crescente migrazione italiana nel bacino del Mediterraneo e oltre.

Il primo caso di studio è quello relativo alle logge del Grande Oriente d'Italia nell'allora Impero Ottomano.

Sin dal Medioevo vi erano numerose comunità italiane nei vasti territori dell'Impero Ottomano. In particolare i commercianti italiani avevano intessuto rapporti economici con le città costiere, quali: Costantinopoli, Salonicco e Smirne. Oltre ai commercianti arrivavano nell'Impero persone che svolgevano varie attività: avventurieri, marinai, mercenari, rifugiati politici e frati. Nel 1871 gli italiani residenti nell'Impero si stimavano in circa diecimila unità.[573]

7.2 Le prime logge italiane nell'Impero: *L'Unione d'Oriente* e *Italia*[574]

La massoneria italiana non fu la prima ad approdare nell'Impero, quando il Grande Oriente d'Italia decise di fondare delle logge, erano già

---

573 Marie Carmen Smyrnelis, *Une Ville Ottomane Plurielle, Smyrne aux XVIII et XIX siècle*, Isis Press, Istanbul, 2006, p. 80.

574 Una parte della ricerca è già stata pubblicata in Emanuela Locci, *Il cammino di Hiram*.

presenti altre officine massoniche inglesi, francesi e spagnole.

Si hanno poche notizie certe circa i primordi della presenza massonica italiana, la prima loggia italiana di cui si ha notizia è l'Unione d'Oriente, aderente al Grande Oriente di Torino.[575] Non si hanno altri dati perché essa non appare in alcun elenco ufficiale relativo al decennio 1861-1871.[576] La seconda loggia italiana in ordine di fondazione, chiamata Italia, fu costituita a Costantinopoli nel 1862, solo recentemente è stato rinvenuto il piè di lista, da cui si possono estrapolare i nomi dei fondatori e degli affiliati. Le notizie certe su essa sono piuttosto rare, di certo annoverava tra le sue fila il Marchese Camillo Caracciolo di Bella, ambasciatore del Regno d'Italia presso il governo ottomano.

L'elenco dei fratelli effettivi che operavano nel 1864, all'interno della loggia Italia, getta una nuova luce sulla storia di questa loggia. Questo documento ci fa comprendere quale fosse l'identità e il numero dei massoni che in essa operavano. Dallo studio dei nomi si nota subito che non vi erano solo italiani ma anche ebrei, greci, e armeni. La composizione della loggia denota subito il rispetto del principio dell'universalità della massoneria e la sua apertura verso uomini appartenenti a religioni ed etnie differenti, che trovano proprio nell'istituzione un punto d'incontro.

Nel 1864 non vi erano ancora ottomani, le loro affiliazioni sono da datarsi negli anni successivi.

A due anni dalla fondazione essa, secondo questo documento, contava settanta massoni attivi, più nove profani che presto sarebbero stati accolti tra le colonne del suo Tempio.

Tra le numerose opere benefiche della loggia Italia, la più importante fu l'istituzione di una scuola elementare per l'educazione dei figli degli immigrati o di quanti facessero richiesta, senza distinzione di nazionalità. La scuola aveva la funzione di tenere viva la conoscenza della lingua, della cultura e

---

La massoneria nell'Impero Ottomano, Bastogi Editrice Italiana, Foggia, 2013.

575 L'otto ottobre del 1859 fu costituita a Torino la loggia Ausonia. Pochi mesi dopo, fu costituita un'organizzazione che aspirava ad essere l'embrione di una Grande Loggia Nazionale, chiamata Grande Oriente Italiano, meglio conosciuto come Grande Oriente di Torino. Pietro Buscalioni, *La Loggia Ausonia e il primo Grande Oriente Italiano*, Edizioni Brenner, Cosenza, 2001.

576 Archivio Storico Grande Loggia di Turchia (ASGLT), *Logge italiane in Turchia*, 2005, p. 1.

della storia dell'Italia e si affermò come uno degli istituti più prestigiosi, con una forte impronta laica voluta dai fondatori e dal direttore, il massone Trinca. La loggia si distinse anche per altre attività filantropiche, in particolare per l'opera prestata durante l'epidemia di colera del 1866, tanto da guadagnare meriti presso il governo ottomano. I riconoscimenti giunsero anche dall'Italia, dove il Gran Maestro Ludovico Frapolli nominò il Venerabile Antonio Veneziani delegato del Grande Oriente d'Italia per la Turchia europea.[577]

Nel 1865 la loggia Italia fu inserita nell'elenco ufficiale delle logge dipendenti dal Grande Oriente d'Italia, aderì alla Costituente di Genova ma non poté essere rappresentata da alcun affiliato.

Nonostante i successi prima citati, nel 1867, l'opera della loggia Italia s'interruppe, con molti massoni che lamentavano lo scarso rigore nell'accettare adepti ritenuti inadeguati. Un altro fattore che determinò la chiusura della loggia era di ordine finanziario, con una crisi economica dovuta principalmente agli alti costi di mantenimento della scuola.[578]

In ogni caso, nello stesso anno, Francesco Abbagnara rappresentò la loggia durante i lavori dell'assemblea costituente e legislativa di Napoli. Le altre logge italiane rappresentate in quest'incontro furono la Stella Jonia dell'Oriente di Smirne, fondata nel 1864, la Anacleto Cricca di Magnesia, fondata nel 1867 dallo stesso Anacleto Cricca (1824-?) e la Macedonia dell'Oriente di Salonicco, fondata nel 1864 da Han Barouh Cohen, un ebreo di origini italiane.[579]

Nonostante la chiusura della loggia Italia, la massoneria italiana restò presente a Istanbul e dalle sue ceneri si ricostituì immediatamente una nuova loggia chiamata Italia Risorta, per ricordare la precedente loggia e richiamare al contempo gli ideali del Risorgimento. Infatti, alcuni dei nomi che troviamo in questa lista si ripropongono anche nelle liste della loggia Italia Risorta, che nacque dalle ceneri della Loggia Italia nel 1869, due anni dopo la chiusura di quest'ultima a causa di dissidi interni, che ne impedirono il regolare funzionamento.

577 ASGLT, *Logge italiane in Turchia*, op. cit., p. 2.

578 Thierry Zarcone, *Mystiques, Philosophes et Franc- Maçons en Islam*, I.F.E.A., Maisonneuve, Paris, 1993, p. 213.

579 Sam Levy, *Salonique à la Fin du XIXe Siècle*, ISIS press, Istanbul, 2000, p. 74.

7.2.1 La loggia Italia Risorta

La loggia Italia Risorta fu fondata il 10 marzo 1869 e fu la prima loggia sotto la giurisdizione del Grande Oriente d'Italia, con sede a Roma. Alla fine del 1869 furono eletti venerabile Antonio Geraci, e segretario Enrico Ottoni.[580]

Nel 1871 il massone, deputato e in seguito senatore del Regno d'Italia, Mauro Macchi rappresentò la loggia all'assemblea costituente che si tenne a Firenze alla fine di maggio, mentre Giuseppe Mazzoni (1808-1880) la rappresentò a Roma in occasione dell'assemblea dell'anno successivo. Nel 1875 la loggia era guidata da Antonio Barbagallo, mentre erano: primo sorvegliante Stefano Tunda, secondo sorvegliante Vincenzo Della Mea, oratore Gennaro Marchesi e segretario Luigi Cattolinich, tutti illustri membri della comunità italiana.

Il 20 marzo del 1875 la loggia nominò Giuseppe Garibaldi venerabile onorario a vita. I massoni della loggia Italia Risorta, come quelli della madrepatria, avevano una profonda ammirazione per Garibaldi e per la sua opera ma beneficiava di una grande considerazione anche Giuseppe Mazzini, tanto che i massoni italiani residenti a Istanbul aderirono alla campagna della loggia Trionfo Ligure di Genova, per la realizzazione di un monumento a quest'ultimo.[581]

L'anno successivo, col decreto del Grande Oriente d'Italia n. 10 del 18 agosto, l'attività della loggia fu interrotta ma neanche due anni dopo riprese i lavori sotto la direzione di Antonio Geraci, che la guiderà fino al 1889, anno in cui fu premiato per la sua azione massonica, con la medaglia d'oro al merito donatagli dalle logge dell'Oriente di Costantinopoli.[582] Nel 1887 il vice ammiraglio Woods Paşa, (Henry Felix Woods) venerabile della loggia Bulwer, nominò Geraci Massone Inglese per le sue grandi qualità.[583]

Nel biennio 1890-1891 la loggia fu retta dall'avvocato Giorgio Furlani e nei quattro anni successivi da Raffaele Ricci. In questo arco di tempo le

---

580   ASGLT, *Logge italiane in Turchia*, op. cit., p. 3.

581   La loggia Trionfo Ligure n. 90 di Genova fu costituita nel 1856 e risulta tuttora operativa all'obbedienza del Grande Oriente d'Italia.

582   ASGLT, *Logge italiane in Turchia*, op. cit., p. 3.

583   Angelo Iacovella, *La massoneria in Turchia: la loggia Italia Risorta di Costantinopoli*, in «Studi emigrazione», n. 123, 1996, p. 402.

attività furono nuovamente interrotte[584] ma poco tempo dopo i massoni Geraci, Guerraccino, Catalani, Reiser, Atlas e Luzzena furono invitati a ricostituirla e infatti essa riprese le attività l'anno successivo.[585] Dal 1909 al 1911 era venerabile il decano Raffaele Ricci e nel 1913 la loggia sospese nuovamente i lavori che ripresero nel 1919, con Ricci che ancora dirigeva l'officina. Nel 1921 fu eletto un nuovo venerabile, Giulio de Medina, ma nella tornata successiva fu rieletto Raffaele Ricci. Nel 1925 fu eletto venerabile Alberto Fano.

All'interno del panorama massonico di Istanbul i massoni operavano spesso all'interno di diverse logge, appartenenti anche ad Obbedienze non italiane, svolgendovi ruoli di primo piano. È il caso di Veneziani, Venerabile della loggia Italia e cofondatore della loggia L'Union d'Orient, dove ricoprì il ruolo di Segretario. Giorgio Guerracino nel 1868 fu Venerabile della loggia Azize e anche Primo Sorvegliante nella loggia L'Union d'Orient.

Geraci, Venerabile della loggia Italia Risorta, fu membro attivo della loggia d'obbedienza inglese Bulwer, mentre Woods Paşa, Venerabile della Bulwer, era affiliato all'Italia Risorta. Louis Amiable era venerabile della loggia L'Union d'Orient e affiliato all'Italia Risorta. Questa compenetrazione tra logge appartenenti a obbedienze diverse facilitò la diffusione delle idee rivoluzionarie di origine risorgimentale, producendo effetti anche sugli ottomani precedentemente iniziati.[586]

La loggia Italia Risorta, malgrado alcune difficoltà di ordine amministrativo, dovute principalmente alla situazione di instabilità in cui versava il Grande Oriente d'Italia, si impose presto nel panorama massonico della capitale ottomana. Si prodigò in numerose opere di beneficenza sostenute anche dal sultano e rimase attiva senza interruzioni per tutta la durata del regno di Abdülhamid II, al contrario delle logge di obbedienza francese che entrarono in "sonno". Ufficialmente non partecipò alle iniziative rivoluzionarie e questo la pose al riparo dall'interdizione che colpì invece molte altre logge della capitale. Non ci sono prove che attestino la partecipazione diretta della loggia alle cospirazioni dei Giovani Ottomani prima e dei Giovani Turchi poi, ma si presume che innocui eventi mondani come serate danzanti e ban-

---

584 Archivio Storico Grande Oriente d'Italia (ASGOI), *Decreto Grande Oriente d'Italia n. 58 del 1895*, , Roma.

585 ASGLT, *Logge italiane in Turchia*, op. cit., p.3

586 Thierry Zarcone, *Mystiques, Philosophes et Franc-Maçons*, op. cit., p. 214.

chetti non avessero solo scopo benefico. In tali occasioni si faceva propaganda massonica ed è certo che la massoneria italiana con sede a Salonicco diventò l'anticamera occulta del movimento dei Giovani Turchi.[587]

La penetrazione della loggia italiana nella società ottomana fu, almeno per numero di affiliazioni, abbastanza modesta.

In generale le affiliazioni seguirono negli anni un andamento regolare e le attività furono ridotte ma non soppresse solo nel periodo precedente la Rivoluzione del 1908, durante la guerra in Libia e durante la Prima Guerra Mondiale. Le attività in loggia cesseranno definitivamente nel 1923, alla nascita della repubblica di Atatürk.[588]

7.2.2 Le logge La Fenice, La Sincerità, La Speranza, e Bisanzio Risorta

A Istanbul operavano anche altre logge dipendenti dal Grande Oriente italiano, ma esse non raggiunsero mai l'importanza della Italia Risorta.
La loggia La Speranza fu fondata il 25 agosto 1867, essa seguiva il Rito Scozzese Antico ed Accettato. Dopo appena due anni di attività che si rivelarono poco produttive i dignitari di loggia decisero di unirsi ai fratelli delle logge La Fenice e La Sincerità per fondare insieme la loggia Azizie.

La Fenice fu fondata il 15 marzo 1868[589] ma di essa si hanno scarse notizie documentali, l'unico dato certo è che questa loggia non raggiunse l'anno di vita. I suoi adepti decisero di chiudere il tempio e si unirono ai fratelli che operavano nelle logge La Sincerità e La Speranza, dando vita nel 1869 alla nuova loggia Azize della quale si conosce ben poco oltre la data di costituzione, che risale al 1869, e il nome del primo venerabile, Giorgio Guerracino, massone già attivo in altre realtà latomistiche.

La loggia La Sincerità fu fondata il 5 agosto del 1868[590], sotto l'egida del Grande Oriente italiano.

Si deve attendere l'inizio del Novecento per assistere alla costituzione a Istanbul di un'altra loggia italiana, infatti la loggia Bisanzio Risorta fu fondata nel 1908. Il suo primo venerabile, nonché co-fondatore era Nicola Forte, docente presso la scuola maschile centrale. Dal 1909 al 1910 fu elet-

---

587 *Ivi*, p. 215.

588 Angelo Iacovella, *La massoneria in Turchia*, op. cit., p. 404.

589 ASGOI, *Bolla di fondazione n. 1992.*

590 ASGOI, *Bolla di fondazione n. 2194.*

to alla carica di venerabile Edoardo Denari, facoltoso ingegnere e uomo d'affari. Durante il suo venerabilato la loggia si adoperò per la costituzione del Grande Oriente Ottomano. Nel 1911, a causa della guerra scoppiata tra Italia e Impero Ottomano per il possesso della Libia, iniziò il declino della loggia che culminò con lo scioglimento nel 1913[591]. Dopo dieci anni la loggia fu ricostituita per opera del venerabile Jouhami, ma oltre ciò non si hanno altre notizie circa le sue attività.[592]

7.3 La massoneria italiana nelle province

Dopo Istanbul che era il centro politico e culturale più importante dell'Impero, Smirne (oggi Izmir) e Salonicco erano le città principali per economia e cultura. La massoneria in queste città ebbe un notevole sviluppo, in particolare Salonicco svolse un ruolo significativo sulle vicende dell'Impero.[593] Nella sola Smirne si contavano tredici logge create nel decennio 1860-1870, sette erano inglesi, cinque italiane, una francese e una greca.

La presenza italiana a Smirne risale a tempi remoti, i primi dati disponibili si riferiscono al Settecento, periodo nel quale il numero di veneziani, compresi quelli delle isole Ionie, si aggirava sulle duemila unità.[594]

7.3.1 La loggia Orhaniye

La massoneria italiana approdò a Smirne nella seconda metà dell'Ottocento, la prima loggia, la Orhaniye fu fondata il 28 marzo del 1868 sotto l'egida del Grande Oriente italiano, con bolla magistrale n.1993, e fu riconosciuta dal Supremo Consiglio del Rito Scozzese il 5 agosto del 1868. La peculiarità della loggia consisteva nel fatto che i rituali si svolgevano interamente in lingua turca[595] e che il suo venerabile, al contrario di quanto avveniva di solito, era un musulmano.

La Orhaniye conferì il supremo maglietto a Enverî Efendi, direttore del dipartimento della sanità di Smirne, che rappresentò la loggia nel 1874 durante i lavori dell'assemblea costituente di Roma.[596] Gli ufficiali di loggia

---

591 ASGOI, *Decreto del Grande Oriente d'Italia n. 139*, Roma, 24 novembre 1913.

592 ASGLT, *Le Logge Italiane in Turchia*, op. cit., p. 5.

593 Thierry Zarcone, *Mystiques, Philosophes et Franc-Maçons*, op. cit., p. 274.

594 Marie Carmen Smyrnelis, *Une Ville Ottomane Plurielle*, op. cit., p. 75.

595 Koray Özalp, Bület Çetiner, *Türk Masonluk Tarihi*, vol III, Istanbul, 1974, p. 17.

596 ASGLT, *Logge italiane in Turchia*, op. cit., p. 9.

nel 1870 erano tutti di religione islamica e una situazione tale si ripropose soltanto nel 1909 con la creazione del Grande Oriente Ottomano.

Nel 1872 fu venerabile di loggia Giorgio Tamajo[597], che la rappresentò anche all'assemblea costituente di Firenze alla fine del mese di maggio dello stesso anno. Dopo quest'assemblea la loggia fu sciolta per cause sconosciute ma l'anno seguente fu ricostituita. La Orhaniye svolgeva le attività negli stessi locali, dove si riunivano altre sei logge, tre italiane e tre inglesi. Nel 1878 la loggia risulta domiciliata presso l'abitazione del medico Anacleto Cricca.[598]

7.3.2 Le logge Armenak e Stella Jonia, La Fenice e I Mille

Proseguendo la descrizione delle logge italiane si segnalano: l'Armenak che era una loggia di rito scozzese, dipendente dal Grande Oriente d'Italia, fondata il 18 febbraio del 1870 con bolla n. 3408. Nel 1873 ne era venerabile Acop Sivagian e nel 1877 aderì alla Costituente di Roma pur senza esservi rappresentata. Anche questa loggia dal 1878 era domiciliata presso la residenza di Anacleto Cricca; la loggia Stella Jonia, fondata nel 1864 e nei suoi registri matricolari è registrato il nome del già citato Anacleto Cricca, nato a Bologna nel 1824 da Pietro, di professione medico, diventato massone nel 1849 con matricola 01447.[599]

Cricca aveva il ruolo massonico di delegato ed era insignito del 33° grado del Rito Scozzese Antico ed Accettato.

Vi era inoltre la loggia La Fenice n. 106, fondata nel mese di febbraio del 1868 dal capitano Anastasio Giulì, aderente all'obbedienza del Supremo Consiglio di Palermo, con matricola n. 106.[600] Era venerabile Costantino Triatafillis ma dopo poco tempo si dimise e fu sostituito da Temistocle Iatros. La loggia nel 1868 passò all'obbedienza del Grande Oriente d'Italia. Il riconoscimento e la conseguente affiliazione fu decretata con bolla di fondazione n. 2304.

Nel 1872 era venerabile Ludovico Frapolli e l'anno successivo fu rieletto Iatros. Nel 1884 La Fenice fu inserita negli annuari del Grande Oriente come

---

597 Nel 1871 Giorgio Tamajo fu eletto Sovrano Gran Commendatore dal Supremo Consiglio del Rito Scozzese Antico e Accettato.

598 ASGLT, *Logge italiane in Turchia*, op. cit., p. 10.

599 ASGOI, *Registri Matricolari loggia Stella Jonia*, p. 3.

600 ASGLT, *Logge italiane in Turchia*, op. cit., 2005, p 7.

loggia di prima categoria ma le sue attività si interruppero nel 1885, per problemi economici relativi alle contribuzioni al Grande Oriente d'Italia, e fu prima sospesa e poi "demolita" definitivamente con decreto n. 18 bis.[601]

Nel 1911 anno di crisi politica tra l'Italia e l'Impero Ottomano fu fondata la loggia I Mille, all'obbedienza del Grande Oriente d'Italia. In questa loggia si seguiva il Rito Scozzese e il suo primo Venerabile era l'avvocato Samuele Ventura, che ne era anche fondatore. A causa della guerra italo–turca la loggia fu effettivamente operativa soltanto dal 1913 quando fu eletto venerabile Enea Brunetti, dipendente del consolato italiano, presso il quale la loggia ebbe sede a partire dal 1922. Dopo questo anno le notizie relative alla loggia si interrompono.

7.4 La massoneria italiana a Salonicco. Le logge *Macedonia Risorta* e *Labor et Lux*

A Salonicco si trovava una ricca e folta colonia italiana e l'interesse a fondare una loggia in città era nato negli anni Sessanta dell'Ottocento.[602] Nel 1864 fu costituita la loggia Macedonia, appendice della loggia madre Italia di Istanbul. Secondo quanto indicato dal Bollettino del Grande Oriente nel 1867[603], la Macedonia operò in modo esemplare per molti anni ma alla fine dell'Ottocento le attività languivano, tanto che nel settembre 1900 Ettore Ferrari la visitò esortando i fratelli a riprendere le attività.

La loggia Macedonia Risorta fu costituita nel 1902 sulle ceneri della loggia Macedonia, all'obbedienza del Grande Oriente d'Italia. Nel 1904 fu eletto Venerabile Emanuele Carasso, che tenne la carica fino al 1909, quando si trasferì a Istanbul per partecipare ai lavori del Parlamento ottomano per il quale era stato eletto come deputato dopo la rivoluzione del 1908. Questa loggia raccolse gli uomini che avrebbero cambiato il volto dell'Impero Ottomano.[604] Tra gli affiliati della Macedonia Risorta vi erano İsmail Hakki Cambulat, Comandante di Stato Maggiore, Zade Refik Bey, Ministro della Giustizia, Mehmet Talat, Midhat Sükrü e Rahmi Ben Riza.

Tra il 1901 e il 1908 vi furono 188 affiliazioni, 23 delle quali riguardava-

601 *Ivi*, p. 8.

602 Orhan Kologlu, *L'influsso della massoneria italiana sulla rivoluzione dei Giovani Turchi*, in «Quaderni della Casa Romena», I.C.R., Bucarest, 2006, p. 132.

603 ASGOI, *Le logge italiane in Oriente*, in «Bollettino del Grande Oriente» 1867, p. 185.

604 *Selanik'te Kurulan Localar*, in «Mimar Sinan», Istanbul, 2003, p. 21.

no ufficiali in servizio presso la II e III armata dell'esercito imperiale. La presenza di numerosi Giovani Turchi non trovava concordi alcuni affiliati che ritenevano venisse meno la apoliticità dell'Istituzione, per cui alcuni decisero di lasciare il Grande Oriente d'Italia per affiliarsi all'Obbedienza francese.[605]

Oltre la loggia Macedonia Risorta nei primi anni del Novecento ne fu fondata un'altra chiamata *Labor et Lux*, essa fu costituita da massoni precedentemente affiliati alla loggia Macedonia Risorta. Nella Labor et Lux si utilizzava il Rito Scozzese Antico e Accettato. Dagli annuari massonici relativi al 1907 e al 1909 si evince che la loggia in quegli anni era attiva, guidata dal Venerabile Jacques Carasso.

7.4.1 *Il ruolo della massoneria italiana nella rivoluzione del 1908*

Dopo questa breve panoramica sul sistema massonico italiano in terra ottomana, ci si inoltra nell'approfondimento di alcuni eventi che hanno una certa rilevanza storica, in riferimento al ruolo che la massoneria italiana ebbe nel momento della rivoluzione del 1908. In primis, è storicamente accertato che Ettore Ferrari, Gran Maestro del Grande Oriente d'Italia, sostenne apertamente la rivoluzione turca del 1908. L'ascesa al trono di Abdülhamid II aveva determinato un periodo di stasi delle attività delle logge ma la massoneria italiana non poteva permettere che questa condizione durasse a lungo. Questa situazione impediva ai massoni di sostenere la popolazione italiana, che spesso si trovava in condizioni di indigenza, anche a causa delle frequenti epidemie o dei periodici incendi che devastavano la città vecchia di Costantinopoli.

Per porre rimedio a questa situazione e risvegliare l'attività latomistica l'allora Gran Maestro Ernesto Nathan inviò in missione nei territori dell'Impero Ottomano quello che in quel periodo era il Gran Maestro Aggiunto, lo scultore Ettore Ferrari. Il viaggio si svolse nel mese di settembre del 1900 e servì a scuotere i massoni inoperosi delle logge di Costantinopoli, Salonicco e Smirne. I risultati non si fecero attendere e la vecchia loggia Macedonia di Salonicco riprese a operare con il nome di Macedonia Risorta, nella sede di Rue Boulma Giani. La massoneria italiana nella persona di Emanuele Carasso non rimase sorda alla richiesta di aiuto dei Giovani Turchi. I rivoluzionari cominciarono a riunirsi in alcuni locali attigui alla loggia Macedonia

---

605 Angelo Iacovella, *Il Triangolo e la Mezza luna,* op. cit., p. 59.

Risorta, sfruttando il fatto che gli stranieri e le loro proprietà erano garantiti dal regime delle Capitolazioni. Le altre logge italofone aprivano le porte ai Giovani Turchi che ne facevano richiesta, il movimento diventava sempre più forte e alcuni tra i suoi attivisti furono iniziati alla massoneria.

I vertici dei Giovani Turchi accoglievano nuovi attivisti con una cerimonia in parte tratta da riti massonici: il candidato era posto davanti a una delegazione del comitato esecutivo del movimento ed era sottoposto a un esame sui suoi principi politici e sulla sua personalità. Se l'esame aveva esito positivo, egli prestava giuramento in piedi, con la mano destra distesa verso un'ara dove era posata una pistola, pronunciando questa formula: «Giuro di versare il mio sangue fino all'ultima goccia per la libertà, per dare esatto adempimento agli ordini del Comitato d'agitazione e per perseguire lo scopo che il Comitato si prefigge».[606]

Lo scopo del movimento rivoluzionario era il ripristino della Costituzione, sospesa dal sultano poco tempo dopo essere entrata in vigore. Abdülhamid II, grazie alla sua fitta rete di spie, costituita anche contro il rischio che morisse di morte violenta o che fosse detronizzato, si rese conto che molti ufficiali dell'esercito si convertivano alla causa liberale e rivoluzionaria. Salonicco fu quasi assediata dall'esercito del sultano, che inviò due generali d'armata per smantellare il movimento rivoluzionario e sottoporre la loggia Macedonia Risorta a rigorosa sorveglianza. Nel marzo del 1908 la polizia entrò nei locali della loggia, alla ricerca degli elenchi degli affiliati e di altre carte compromettenti, ma non riuscì a trovare niente di utile perché il venerabile Emanuele Carasso era stato tempestivamente messo in guardia e aveva portato via tutti i documenti.[607]

Una seconda sortita della polizia ebbe gli stessi esiti, infatti, una sera, durante una seduta plenaria della loggia, un adepto informò l'assemblea della presenza all'esterno di poliziotti vestiti in borghese che attendevano l'uscita dei rivoluzionari/massoni per trarli in arresto. All'interno erano presenti i membri più importanti del Comitato, come Rahmi bin Riza, Diamid e Talat. All'uscita gli eversivi si mischiarono alla folla di massoni e nella confusione generale gli agenti non riuscirono a individuare i rivoluzionari ricercati.

Emanuele Carasso nel 1908 si recò assieme a Talat a Istanbul e la polizia ottomana anche in questo caso sorvegliava entrambi giorno e notte.

---

606 Thierry Zarcone, *Mystiques, Philosophes et Franc-Maçons*, op. cit., p. 245.
607 Angelo Iacovella, *Gönye ve Hilal*, Tarih Vakfı, Istanbul, 2005, p. 41.

Le autorità ritenevano che i due stessero contattando alcuni importanti uomini di culto per indurli a schierarsi con i rivoluzionari. Carasso fu fermato e interrogato, ma non tradì i suoi compagni. Fu aperta un'inchiesta a carico dei religiosi con cui i due avevano parlato, ma dalla stessa non si arrivò nessuna conclusione.[608] Questa costante situazione di pericolo finì per rendere i massoni ancora più determinati sulla necessità di affrettare i tempi per l'abbattimento del dispotismo sultanale. Una parte di essi si impegnò nella propaganda, mentre gli ufficiali del II e III corpo d'armata organizzarono l'esercito. Una terza parte fece pressioni direttamente sul sultano e sui ministri affinché fosse ripristinata la Costituzione. La rivoluzione trionfò in forma pacifica grazie a quest'organizzazione a base massonica. All'avvento del regime costituzionale Talat fu eletto vicepresidente della Camera, Rahmi ed Emanuele Carasso furono eletti deputato per il collegio di Salonicco. Al 31 dicembre del 1908 la loggia Macedonia Risorta contava centosessantasette affiliati.

7.5 La comunità italiana e il Grande Oriente d'Italia in Egitto[609]

L a massoneria italiana aveva solide basi anche in Egitto dove la presenza di commercianti italiani, provenienti da città di mare come Napoli, Amalfi, Genova, Pisa e Ancona, risaliva almeno al Medioevo, anche se non si trattava di vere e proprie comunità, perché la loro permanenza era di tipo stagionale. Si dovrà attendere l'avvento al potere di Mehmet Alì (1769-1849) per registrare un notevole aumento della presenza italiana e assistere alla strutturazione della colonia, grazie alla decisa modernizzazione che interessò l'Egitto durante il suo mandato. Egli incoraggiò l'emigrazione europea in genere, francese e italiana in particolare, proprio per modernizzare il Paese, ritenendo il personale europeo molto esperto e impiegandolo principalmente nell'esercito e nella pubblica amministrazione.

Questa folta collettività risiedeva quasi esclusivamente nei centri urbani principali, Alessandria, Il Cairo e Port Said.

L'invasione del Paese da parte delle truppe britanniche nel 1882 e la congiunta supremazia politica dell'Inghilterra non produssero ridimensionamenti della presenza degli italiani in Egitto, che continuava a rappresentare lo sbocco naturale dell'immigrazione italiana nel Mediterraneo, essendo in

---

608 Evram Galante, *Histoire des juifs de Turquie*, Isis Press, Istanbul, 1985, vol. 8, p. 56.

609 La ricerca è stata in parte pubblicata in Emanuela Locci, *La massoneria nel Mediterraneo. Egitto, Tunisia e Malta*. BastogiLibri, Roma, 2014.

seconda posizione soltanto dopo la Tunisia, che ha sempre rappresentato il Paese eletto dell'immigrazione italiana, esercitando un'attrattiva che nessun altro Paese del Mediterraneo è riuscito a eguagliare. La massoneria italiana si espande nel bacino del Mediterraneo già prima dell'Unità d'Italia, infatti, alla prima assemblea costituente del Grande Oriente d'Italia, tenutasi a Torino nel 1861, parteciparono i delegati di tre logge con sede in Egitto, l'*Iside*, la *Pompeja* e l'*Eliopolis*. Due anni dopo, all'assemblea massonica di Firenze, si aggiunsero i rappresentanti di altre due logge, la *Caio Gracco* di Alessandria e l'*Alleanza dei Popoli* del Cairo.[610] Durante gli anni 1868-1870 il Console italiano descrive la situazione della sua comunità, mettendo in risalto il peso della massoneria, che ritiene un'organizzazione di sovversivi e malfattori, e ponendo l'accento sui collegamenti tra la massoneria e i rivoltosi attivi in Italia.[611]

La presenza della massoneria italiana in Egitto fu sempre consistente ma si registrò una notevole diminuzione dopo la Prima Guerra Mondiale e la quasi totale scomparsa dopo il 1925.

Tra la metà dell'Ottocento e la Prima Guerra Mondiale furono fondate 32 logge, di cui 19 ad Alessandria, 9 al Cairo e 4 in altre località minori. Nel lustro dal 1920 al 1925, le logge diventarono 26, di cui 12 ad Alessandria, 8 al Cairo e 6 nella zona adiacente al canale di Suez.

Durante il regno di Fuad I (1922-1936) molte logge lavoravano sotto la protezione del Re, massone anch'egli[612], ma con l'instaurarsi del fascismo il Consolato Italiano fece chiudere per ordine di Mussolini le otto logge italiane di Alessandria d'Egitto, che riunivano complessivamente circa ottocento membri. Il 7 novembre del 1937 le logge *Giordano Bruno, Cincinnato I* e *Cincinnato II* tennero una riunione plenaria *all'ombra dell'indipendenza egiziana, in seguito alla fine delle Capitolazioni*, secondo quanto scritto nell'invito ufficiale. Erano presenti circa 300 massoni di varie nazionalità e nei giorni seguenti i leader delle logge italiane si riunirono per cercare di riorganizzarle.[613]

---

610 Fulvio Conti, *Entre orient et occident. Les loges maçonnique du Grande oriente d'Italie en Méditerranée entre les XIX et XX siècle*, in Marta Petricioli (a cura di), *L'Europe méditerranéenne*, n. 8, Bruxelles, 2008, p. 113.

611 Jacob M. Landau, *Prolegomena to a Study of Secret Societies in Modern Egypt*, in «Middle Eastern Studies», vol. 1, n. 2, 1965, p. 163.

612 *Appunti sulla massoneria italiana in Egitto*, in «Rivista Massonica», n. 8, anno 1978, p. 510.

613 Virginia Vacca, *Curiosa conseguenza dell'abolizione delle Capitolazioni: ricostituzione di*

7.5.1 Le logge italiane

Tra le prime logge italiane di cui si abbia notizia in terra egiziana ci sono la *Caio Gracco e Fratelli Repetti* e l'*Alleanza dei Popoli*, già operative appena dopo l'Unità d'Italia.[614] Si hanno scarse notizie documentali ma per quanto riguarda la prima è certo che dal 1862 al 1863 ne era maestro venerabile Arturo Piazza.[615] Nel 1863 la loggia *Alleanza dei Popoli* del Cairo riuscì con i soli propri mezzi ad aprire e a gestire un piccolo presidio ospedaliero e i suoi membri progettarono inoltre l'apertura di un collegio internazionale. Il suo venerabile E. Rossi, medico personale del Principe d'Egitto, fu insignito del titolo di *Bey*. Egli in una lettera dell'aprile del 1863 illustrò le condizioni della massoneria in Egitto, in particolare l'azione di proselitismo che i massoni italiani stavano portando avanti presso la società egiziana.

L'apertura all'esterno delle logge, verso la società che le ospitava, costituiva una caratteristica peculiare della massoneria italiana in questa regione. In un primo momento le logge accoglievano soltanto cittadini italiani, ma presto aprirono le porte del tempio alla popolazione locale. Rientrava nella caratteristica connotazione cosmopolita della massoneria, molto sentita agli albori dello sviluppo dell'istituzione ma che era andata affievolendosi, quando non perdendosi, nei secoli successivi.

Il 22 maggio del 1875 fu costituita una loggia composta esclusivamente da egiziani, chiamata *Luce d'Oriente*, che seguiva il Rito Scozzese Antico e Accettato e che aveva come scopo principale la diffusione della massoneria e dei suoi principi tra gli autoctoni. David Fernandez ebbe l'incarico di inaugurare la loggia e il nuovo maestro, Habib Naggar, ebbe parole di riconoscimento per l'opera svolta dal Grande Oriente d'Italia.

Nel gennaio del 1901 Ettore Ferrari visitò le logge egiziane, dopo essersi recato nel corso dell'anno precedente presso le logge di Salonicco e di Istanbul, con lo scopo di verificare lo stato in cui versavano le logge.

7.5.2 La loggia Il Nilo

Dopo le prime esperienze massoniche rappresentate dalle logge Caio Gracco e Fratelli Repetti e l'Alleanza dei Popoli, che non ebbero lunga vita, i

---

logge massoniche italiane, in «Oriente Moderno», XVII, n. 11, novembre 1937, pp. 584-585.

614   ASGOI, *Verbale Grande Oriente d'Italia n. 349* del 5 luglio 1862.

615   ASGOI, *Registro Riunione tenuta dal Grande Oriente d'Italia,* 19 maggio 1863.

massoni italiani fondarono altre logge che ebbero maggior fortuna. La loggia Il Nilo fu una di queste, anche se non si conosce la data della sua fondazione, era comunque molto attiva durante il regno di Fuad. Numerose le sue opere filantropiche tra cui: la fondazione del servizio di assistenza sociale, di poliambulatori, di un servizio di assistenza agli infortunati della strada e del cimitero civile di Alessandria.

Negli anni Ottanta dell'Ottocento la loggia era nel pieno delle attività, si prodigava per incoraggiare l'ingresso degli egiziani nella massoneria e per questo, nel mese di luglio del 1880, la loggia aveva fatto richiesta di esercitare le sue funzioni in due sezioni distinte ma complementari, una formata dagli europei e l'altra dagli indigeni che ne avessero fatto richiesta.[616]

Nel 1890 la loggia visse un periodo di crisi a causa di dissidi interni e la massoneria italiana decise di sancirne lo scioglimento con un apposito decreto[617] che al contempo conteneva l'autorizzazione, data al massone Fortunato Ventura, di ricostituirla immediatamente.

7.5.3 La loggia Nuova Pompeia

la Nuova Pompeia è stata la loggia italiana più importante di tutto l'Egitto, essa rappresentò per decenni un punto di riferimento per la massoneria italiana all'estero. Fondata in data incerta, comunque prima del 1861, era alle dipendenze dell'obbedienza italiana e operava secondo il Rito Scozzese Antico e Accettato.[618]

Nel 1864 la loggia affrontò una prima crisi che determinò la fuoriuscita di otto massoni che si erano pronunciati per il distaco della loggia stessa dal Grande Oriente Italiano.[619] Dopo questa crisi, comunque prontamente risolta, l'Obbedienza nazionale le conferì il grado di Loggia Madre Capitolare, con il nome di Nuova Pompeia.

Nel 1872 la Loggia Madre Capitolare era tornata all'originaria floridezza dopo un periodo di lotte interne che ne avevano minato la stabilità e le attività. Il dinamismo di questa loggia, si dispiegò con molteplici iniziative

---

616 ASGOI, Lettera del 22 luglio della loggia Il Nilo al Grande Oriente d'Italia.

617 ASGOI, Decreto Grande Oriente d'Italia, n. 60, del 20 agosto 1890.

618 ASGOI, Alessandria d'Egitto, in «Rivista della Massoneria Italiana», n. 23, anno 4, 1873, p. 8.

619 ASGOI, Missiva dell'11 marzo 1864 del Grande Oriente d'Italia alla loggia Pompeia.

come l'istruzione primaria dei massoni e degli iniziandi analfabeti. La loggia italiana era in buoni rapporti con varie logge straniere, come la greca *Socrate*, il cui Venerabile fu invitato a presenziare ai lavori per l'insediamento delle nuove cariche.

Nel 1875, in occasione dell'insediamento delle cariche in loggia, fu letto un discorso che poneva in primo piano la possibilità per la massoneria di diventare un'unica organizzazione formata dalle diverse Obbedienze nazionali.

Nel 1891 la loggia fu ancora sciolta e ricostituita e nel novembre del 1896 è ospitata in un nuovo tempio, con il massone Tito Figari arrivato da Il Cairo per presiedere l'inaugurazione. La loggia fu sciolta ancora nel 1898 perché, nonostante gli sforzi del fratello Alberto Alby che ne era il maestro venerabile, non si era riusciti a comporre le contraddizioni presenti in loggia. Dopo vari scioglimenti e ricostituzioni la loggia fu cancellata ufficialmente dagli elenchi delle logge appartenenti al Grande Oriente d'Italia col decreto n. 156 del 9 dicembre 1903.

Nel mese di luglio del 1909 fu ricostituita e nel 1918 era ancora attiva, dopo tale data non si hanno più notizie certe.

7.5.4 *La loggia Cincinnato*

La comunità massonica egiziana era nel 1880 in pieno fermento, le sue attività erano quasi frenetiche, vi fu un susseguirsi di nuove fondazioni che non cessarono neanche in questo periodo che fu per la storia egiziana abbastanza delicato. Gli italiani costituirono nel 1882 ad Alessandria d'Egitto la loggia *Cincinnato*, che seguiva il Rito Simbolico ed era composta da elementi della comunità italiana ed europea.

Nel 1886 all'interno della *Cincinnato* furono nominati venerabili onorari Ferdinando Oddi, Gran Maestro del Rito di Memphis, Dionisi Iconomopoulo, Gran Maestro della Grande Loggia Nazionale d'Egitto ed Eugenio Polzi, presidente del Capitolo di Alessandria.[620] Lo stesso anno la loggia fu sciolta a causa di dissidi interni ma, con decreto n. 53 del 24 settembre 1886, fu prontamente ricostituita da un gruppo di massoni che già vi militavano. Il Grande Oriente d'Italia dichiarò che la ricostituzione era avvenuta sotto i migliori auspici e che il giovane Venerabile guidava la loggia

---

620 *Notizie massoniche della comunione*, in «Rivista della Massoneria Italiana», anno 17, n. 31, p. 246.

con vigore e profitto. Malgrado ciò, la loggia visse la stessa sorte numerose volte tra il 1892 e il 1906, attraversando nel 1901 una crisi tanto grave che la loggia fu cancellata dall'elenco generale della comunione italiana, senza prevedere, come invece succedeva di solito, la possibilità di una rifondazione immediata.[621]

La ricostituzione del 1906 si deve all'opera dei fratelli Raffaele Camerini, Anselmo Morpurgo, Tullio Zacutti, Aristodemo Petrini, Alfredo Tivoli, Oscar Goldenberg e Max Saphir. Nel 1937 la loggia era ancora operativa, grazie all'azione di Davide Augusto Albarin che era riuscito nel raccogliere attorno a sé la parte antifascista della comunità. Negli anni Quaranta del Novecento lo stesso Albarin divenne una delle figure più importanti della massoneria italiana, quando dalle logge in esilio fu eletto Gran Maestro del Grande Oriente d'Italia, che lo considerarono libero dai condizionamenti del fascismo, anche in virtù del fatto che, essendo stato abolito il regime delle Capitolazioni, i cittadini italiani non erano più soggetto alla sovranità del paese d'origine ma soltanto a quella del governo egiziano. Albarin fu Gran Maestro del Grande Oriente d'Italia in esilio, dal 1940 al 1944. Iniziato alla massoneria nel 1909 nella loggia Cincinnato II, fondata nel 1905, visse quasi interamente la sua vita ad Alessandria d'Egitto, ne fu espulso nel 1957 a causa della crisi del Canale di Suez e si rifugiò in Francia dove morì due anni dopo.

7.5.5 *La massoneria italiana a Port Said e Suez*

L'operosità della massoneria italiana si manifestò non solo nei maggiori centri urbani ma anche in uno piccolo quanto strategico: Port Said, dove nel 1907 fu inaugurata la loggia *Il Progresso*, che ebbe come infaticabile fondatore Menotti Rimediotti.[622] La costituzione di questa loggia fu difficoltosa, secondo le parole dello stesso venerabile, perché in questa zona dell'Egitto non vi erano massoni disposti a formarne una. Il numero di massoni italiani era esiguo e la società locale non era così culturalmente preparata come ad Alessandria o a Il Cairo.

Quando Rimediotti si apprestava ad abbandonare l'idea, trovò pochi ma validi collaboratori, per la maggior parte provenienti dalla popolazione italiana e in minor misura dalla comunità francese. La loggia fu affiancata nelle

---

621 ASGOI, *Decreto Grande Oriente d'Italia n. 57*, 18 maggio 1901.

622 *La loggia di Port Said*, in «Rivista Massonica», 1908, anno 39, nn. 1-2, p. 17.

sue attività dalle logge francesi e inglesi già esistenti a Port Said, in sintonia con il sentimento di fratellanza che univa oltre l'estrazione massonica nazionale. Nel suo discorso d'inaugurazione il venerabile Rimediotti pose l'accento sulla collaborazione fattiva instaurata tra le logge di diversa estrazione europea, con gli italiani molto vicini ai massoni francesi nella tutela delle scuole laiche che i francesi andavano costituendo nella località.

La massoneria del Grande Oriente d'Italia si spinse anche a Suez, dove nel 1905 fu fondata la loggia *Klysma*.

7.6 Tunisia terra massonica

7.6.1 *La comunità italiana in Tunisia prima e durante il fascismo*

Tra le minoranze nazionali presenti in Tunisia negli ultimi duecento anni, la comunità italiana è stata la prima per periodo di insediamento e per consistenza numerica. La sua presenza organizzata risale a un secolo prima dell'occupazione francese, avvenuta soltanto nel maggio del 1881.

La composizione della minoranza italiana è eterogenea, i primi coloni erano di origine ligure e praticavano la pesca del corallo nell'isola di Tabarca, in prossimità della costa a nord di Tunisi, presso il vicino confine con l'Algeria. Nel corso del XVIII secolo giunsero in Tunisia numerosi ebrei provenienti da Livorno che costituirono un nucleo organizzato e solido, distinguendosi dalla comunità israelita che già presente in Tunisia. Gli ebrei livornesi possono essere considerati il nucleo della futura comunità italiana.[623] Denominati *grana*, erano perlopiù banchieri, commercianti e liberi professionisti e nella Reggenza (Provincia) di Tunisi occupavano importanti posizioni economiche.

Numerosi italiani facevano parte della corte del bey tunisino, come Giuseppe Maria Raffo che per circa trent'anni fu l'incaricato dei rapporti con i consoli stranieri. Anche in ambito militare la presenza italiana era di importanza primaria, soprattutto nel periodo delle rivolte dei giannizzeri, durante il regno del bey Hamuda che, per eliminare la guarnigione, chiese l'intervento dell'esercito francese, in realtà composto in maggioranza da italiani.

Nel 1838 fu istituita una scuola militare, la Scuola Politecnica Militare, ideata e diretta dall'italiano Luigi Calligaris. Su sollecitazione del viceconsole

---

623 Patrizia Manduchi, *La presenza italiana in Tunisia e il suo ruolo nello sviluppo della stampa*, in «Africana. Rivista di studi extraeuropei», Edistudio, Pisa, 2000, p. 83.

sardo Giovannetti, accettò l'incarico di istruttore delle truppe tunisine.

All'emigrazione italiana dovuta a ragioni economiche, si affiancava un'emigrazione politica, specie nella prima metà dell'Ottocento, dopo il fallimento dei moti risorgimentali, quando molti giovani carbonari e mazziniani presero la via dell'esilio scegliendo la Tunisia come loro nuova dimora. A Tunisi trovarono un ambiente favorevole per continuare la lotta per la causa italiana, senza i rischi che affrontavano in patria.

Questi rifugiati erano spesso organizzati in logge massoniche e la comunità italiana, soprattutto per opera della colta borghesia che ne costituiva la colonna portante, era in ottimi rapporti con la popolazione indigena, grazie alle numerose istituzioni di pubblica utilità. Gli italiani avevano costituito istituti di credito e cooperative mentre la società Dante Alighieri, con rappresentanze a Tunisi, Sfax, e Biserta, si occupava prevalentemente dell'istituzione e dell'organizzazione di scuole e corsi di italiano, che si svolgevano di frequente anche presso le scuole francesi. L'apertura delle scuole italiane è da datarsi intorno alla seconda metà dell'Ottocento, grazie all'iniziativa degli emigrati politici e di alcuni ebrei livornesi.

L'azione della Dante Alighieri si manifestò anche in altri ambiti, con la fondazione di biblioteche e ambulatori e presidii ospedalieri come l'Ospedale Coloniale Italiano, fiore all'occhiello della sanità tunisina.

Dopo l'occupazione francese sorse la Camera di Commercio e delle Arti, che dal 1900 pubblicò un bollettino periodico. Gli italiani brillavano infatti anche nella stampa, che ebbe uno sviluppo esponenziale con l'arrivo dell'emigrazione politica. La lingua italiana, già utilizzata a fini commerciali e politici, divenne la lingua anche della cultura. Il primo giornale pubblicato a Tunisi il 21 marzo del 1838, «Il Giornale di Tunis e Cartagine», era una testata legata alla massoneria italiana e curata da due tipografi di origine napoletana, Romeo e Malatesta.

Uscì per un solo numero, perché il bey Ahmed ne proibì immediatamente la diffusione238. Nel 1859 nacque «Il Corriere di Tunisi», pubblicato fino al 1881, e nel corso degli anni videro la luce molte altre pubblicazioni in lingua italiana. Ognuna di esse rappresentava un gruppo sociale o una attività lavorativa e la stampa diventò in breve tempo uno strumento di tutela e promozione della minoranza italiana. Organo ufficiale della comunità divenne la testata «L'Unione», che chiuderà soltanto nel 1943, dopo essere stata occupata da rappresentanti del partito fascista.

I rapporti politici tra Italia e Tunisia erano disciplinati dal Trattato della Goletta, firmato nell'omonima località l'8 settembre del 1868, con la quale era stabilito il principio della *"nazione più favorita"* a vantaggio dell'Italia. Obiettivo del trattato era l'incremento degli scambi economici tra i due Paesi, il sostegno alla folta comunità italiana già residente in Tunisia e l'incentivazione dell'emigrazione italiana, con particolare riguardo alla piccola e media borghesia.

La presenza italiana si registra consistente anche tra le due guerre mondiali, la comunità italiana continua a essere numericamente superiore a quella francese, che pure detiene il potere grazie all'istituzione del Protettorato.[624] Il fascismo si sviluppa anche nella colonia tunisina, ma la fascistizzazione della società, per via della separazione territoriale, non è stata piena e profonda come in Italia.

Principali antagoniste del fascismo in Tunisia sono però le logge massoniche, almeno fino al 1925, anno dello scioglimento forzato del Grande Oriente d'Italia, anche se il decreto di scioglimento riguardava solo le logge operanti nella penisola. Da quel momento si registra una progressiva dispersione di adepti, molti dei quali col passare del tempo diventarono fascisti. Alcuni tra i membri più anziani fondarono la loggia *Mazzini e Garibaldi*, tra essi l'anarchico Giulio Barresi che, forte di buoni rapporti con socialisti e comunisti, costituì un punto di riferimento fondamentale per le diverse componenti antifasciste della Tunisia. Un altro esponente antifascista, schedato dalla polizia fascista come potenziale terrorista, era Enrico Forti, oriundo di Livorno, nato a Tunisi nel 1892 e successivamente naturalizzato francese.

Con le leggi razziali del 1938 la comunità ebraica italiana sviluppa una maggiore consapevolezza politica anche se, consapevole della forza degli ebrei italiani in Tunisia, lo stesso governo fascista affievolisce notevolmente i toni della propaganda antisemita.

I giornali italiani, pure legati al fascismo, smorzano l'aggressività della politica razziale italiana e persino il Console Giacomo Silimbani cercò nel corso del suo mandato di evitare un indebolimento della comunità ebraica italiana, del quale avrebbe tratto vantaggio quella francese.

---

624 Lucia Valenzi (a cura di), *Italiani e antifascisti in Tunisia negli anni trenta*, Liguori editore, Napoli, 2008, p. 1.

7.6.2 Le prime logge italiane

Gli storici sono discordi nello stabilire una data certa dell'arrivo della massoneria nel paese nordafricano, alcuni autori vicini ad ambienti ebraici ipotizzano che sia stato nel 1773, quando i *grana* arrivarono a Tunisi[625], ma lo storico della massoneria Dudley Wright indica l'anno 1821. Secondo questo autore la massoneria arrivò con la massiccia emigrazione a Tunisi di partenopei, già membri attivi in Italia del Grande Oriente di Napoli.

Dal 1860 la massoneria conobbe un periodo di grande sviluppo e le logge italiane, francesi e inglesi cominciarono a moltiplicarsi. Vista la vicinanza, non solo geografica tra la penisola italiana e la Tunisia fu inevitabile che qui la massoneria italiana trovasse terreno fertile per le proprie attività.

Il Grande Oriente Italiano e poi il Grande Oriente d'Italia crearono nel primo periodo della loro diffusione in Tunisia le logge *Attilio Regolo* nel 1862, *Fede e Costanza* e *Cartagine e Utica* nel 1862, *Concordia e Progresso* nel 1867, e *Il Risorgimento* nel 1870. Le fonti documentali relative a queste prime logge fondate in terra tunisina sono scarse, si apprende soltanto che della loggia *Il Risorgimento* era venerabile nel 1879 Guglielmo Funaro[626] e l'anno successivo Giuseppe Ayra, che in occasione della sua elezione pronunciò un discorso sugli scopi della massoneria e sulle qualità che i massoni dovrebbero possedere. Una parte del discorso era incentrata sulle opere che la massoneria avrebbe svolgere in una terra come la Tunisia, in cui convivevano diverse culture e religioni e «con interessi sovente diametralmente opposti».[627]

Il Grande Oriente d'Italia era in stretto contatto con questa loggia, che nel 1882 inviò all'Obbedienza italiana una lettera che descriveva le condizioni della vita massonica tunisina, in quel periodo particolarmente dure a causa dei violenti scontri tra europei e indigeni. Nella lettera si esortavano i massoni a non cedere alle provocazioni e a fare quanto in loro potere per rasserenare gli animi, in modo da fare rifiorire la massoneria in Tunisia.[628]

---

625 Laroussi Mizouri, *La Naissance de la Franc-maçonnerie dans la Tunisie précoloniale*, in «Revue de l'Istitut des Belles Lettres Arabes», n. 173, t. 57, 1994, p.73.

626 *Tunisi*, in «Rivista della Massoneria Italiana», anno 10, n. 19, 1879, p. 298.

627 *Libro d'oro della massoneria italiana, loggia Il Risorgimento, Tunisi*, in «Rivista della Massoneria Italiana», anno 11, nn. 5-6, p. 79.

628 *Lettera del Gran Segretario al G. M. della R. L. Il Risorgimento, Mallesopulo*, in «Rivista della Massoneria Italiana», 1882, p. 45.

Nel 1887 il suo tempio, condiviso con la loggia inglese *Ancient Chartage n. 1717*, fu distrutto da un incendio, di cui si ignoravano le cause, la loggia inglese subì i danni maggiori, perdendo un capitale di ventimila lire. La loggia *Il Risorgimento* era in buoni rapporti anche con organi massonici spagnoli e nel 1886 il suo venerabile Giuseppe Ayra ricevette dal Supremo Consiglio di Spagna il brevetto di *Cavaliere Kadosch,* 30° grado del Rito Scozzese Antico e Accettato, per ringraziarlo delle sue opere in soccorso dei malati di colera spagnoli, oltre all'Ayra il Supremo Consiglio di Spagna conferì questo riconoscimento a Luciano Bignas, venerabile della loggia *Ancient Carthage* e dipendente dalla Grande Loggia Unita d'Inghilterra, a Philippe Caillat, venerabile della loggia *Nouvelle Carthage* e dipendente del Grande Oriente di Francia, e a un altro italiano Antonio Ferretti, venerabile della loggia *Fede e Costanza.* Ferretti donò il riconoscimento alla sua loggia, perché fosse d'esempio sui doveri dei massoni.

Anche la loggia *Fede e Costanza* era in continuo contatto col Grande Oriente d'Italia e nel 1887 la loggia si compiacque dell'unità della massoneria italiana in lotta contro il clericalismo, ritenuto nemico eterno dell'istituzione.[629] La «Rivista della Massoneria Italiana» indica nel 1885 l'anno dell'inaugurazione della loggia, ma i lavori per la sua costituzione iniziarono l'anno prima per iniziativa di Antonio Ferretti.[630]

Nel 1889 sia la loggia *Risorgimento* sia la *Fede e Costanza* furono sciolte per permettere la costituzione di una loggia unitaria[631], accogliendo la richiesta che i dignitari delle due logge[632]presentarono al Grande Oriente d'Italia.

A metà degli anni Sessanta dell'Ottocento la Tunisia fu interessata da una grave crisi economica, gli stranieri presero la via del ritorno in patria, le logge smisero di lavorare e soltanto cinque anni dopo la massoneria riprese possesso dei templi abbandonati, preparandosi a una nuova epoca di sviluppo e prosperità.

Secondo alcune fonti la prima loggia regolare impiantata in Tunisia per opera dell'obbedienza italiana fu la *Cartagine e Utica.*[633] La loggia per trova-

---

629 *Tunisi,* in «Rivista della Massoneria Italiana», anno 18, n. 3, 1887, p. 23.

630 *A Tunisi,* in «Rivista della Massoneria Italiana», anno 15, nn. 45-48, anno 1884, p. 375.

631 ASGOI, *Decreto n. 36 del 3 marzo 1889.*

632 La loggia Risorgimento era rappresentata da Ercole Marinelli, primo sorvegliante facente funzioni di venerabile, la Fede e Costanza era invece rappresentata dal venerabile Riccardo Costa.

633 ASGOI, *Verbale tenuta del 26 maggio 1863,* Roma.

re i suoi membri avrebbe attinto al bacino della precedente immigrazione italiana seguita ai moti di Napoli del 1821, con l'arrivo di numerosi immigrati politici massoni, appartenenti al Grande Oriente di Napoli. A Tunisi nacque così un importante centro massonico italiano, che operava senza l'autorizzazione del bey riunendosi segretamente alla periferia della capitale o presso le antiche cisterne romane vicino alle rovine di Cartagine.

Nel 1845 la loggia fu rinominata *Figli scelti di Cartagine e Utica* nel tempo fu affiancata da altre due logge: *Nuova Cartagine* e *Attilio Regolo*. La *Figli scelti di Cartagine e Utica* era un baluardo della massoneria in Tunisia e fungeva da tramite tra i massoni italiani immigrati e il Grande Oriente d'Italia, che beneficiò della scelta di molti massoni di origine italiana di abbandonare una loggia francese per erigerne una nuova alle dipendenze dell'Obbedienza Italiana. La nuova loggia era la *Attilio Regolo*, che chiese la patente di fondazione nel 1862.[634] Per inaugurarla e per presiedere al giuramento dei massoni270, il gran consiglio del Grande Oriente Italiano incaricò Quintilio Mugnaini, venerabile della loggia *Figli eletti di Cartagine e Utica*. La *Attilio Regolo* ricevette l'invito per partecipare alla convocazione massonica che si tenne del 1862, cui partecipò rappresentata dal massone Rebuffi.

Degli anni successivi si hanno notizie lacunose, nel 1876 la loggia risulta in attività ma in condizioni precarie, da anni la situazione economica in Tunisia è incerta[635]soprattutto per gli stranieri, ma il Grande Oriente d'Italia incoraggia la loggia a proseguire le proprie attività.[636]

7.6.3 *Sviluppo della massoneria italiana. La loggia Veritas*

Oltre alle logge già costituite nell'Ottocento, il Grande Oriente d'Italia fondò all'inizio del Novecento altre officine, tra esse: la *Veritas*, la *Fides* e la *Mazzini*. Questa nuova fase di sviluppo massonico seguì un periodo in cui le logge italiane e in generale tutto il sistema massonico tunisino soffrirono delle tensioni tra le comunità italiana e francese. Questa rinnovata vitalità fu considerata come un primo importante passo verso la piena collaborazione tra italiani e francesi ma si dovrà attendere la fine della Prima Guerra Mondiale per ristabilire la piena cooperazione tra le obbedienze. Ciò avvenne grazie al trattato firmato il 15 febbraio del 1920 dai rappresentanti del Grande Oriente d'Italia e della Grande Loggia di Francia.

---

634 ASGOI, *Verbale della tenuta del Gran Consiglio del 6 aprile 1862*, Roma.

635 *Tunisi*, in «Rivista della Massoneria Italiana», anno 7, 1876, nn. 13-14, p. 10.

636 *Tunisi*, in «Rivista della Massoneria Italiana», anno 5, 1874, n. 24, p. 15.

La loggia *Veritas* era composta dai membri più influenti della comunità italiana di Tunisi, era stata fondata nel 1900 in seguito a un lungo e faticoso lavoro compiuto dai massoni della loggia *Il Progresso* di Susa. L'inaugurazione del tempio si ebbe il 21 gennaio del 1901 e in quell'occasione i massoni della loggia *Antiqua Agape* consegnarono ai dignitari della nuova loggia la bolla di fondazione. Come tradizione, alcuni massoni pronunciarono discorsi sulla massoneria e sui suoi scopi e la sera successiva fu offerta una cena cui parteciparono anche le famiglie dei membri della loggia. L'anno successivo la *Veritas* inviò un dispaccio a Roma alla sua Loggia Madre, per rendere nota l'inaugurazione solenne della loggia.

Le logge di Tunisi in quel periodo lamentavano gravi problemi, le loro attività andavano a rilento, era necessaria una ventata d'aria nuova per tutto il sistema massonico della capitale e in questo contesto si colloca la fondazione della *Veritas*.

Vi aderirono immediatamente più di sessanta massoni provenienti dalle vecchie logge italiane, che rappresentavano gli elementi più conosciuti e stimati della colonia italiana, con una nutrita presenza di iniziati ebrei italiani. Negli incontri si discuteva di diversi temi e nella riunione del 2 novembre del 1901 si parlò della fondazione di un giornale che avrebbe dovuto dare voce al Partito Liberale, nella tornata successiva si discusse dell'opportunità per il governo italiano di abbandonare la gestione delle scuole in Tunisia a favore dei missionari.

Come molte delle altre officine italiane, la loggia era in buoni rapporti con le logge francesi, tanto che nel 1903 la *Veritas* si riunì con le omologhe *Nouvelle Carthage* e *Volonté* per festeggiare l'anniversario della caduta della Roma papale. I rapporti con i francesi si fecero più stretti dopo la seconda guerra mondiale, quando la *Veritas*, priva della maggior parte dei suoi membri sin dalla promulgazione delle leggi del 1925, si unì alla loggia francese *La Volonté*, facendone nascere una nuova chiamata *La Volonté et Veritas Réunies*.

7.6.4 *Le logge di Tunisi Concordia e Mazzini-Garibaldi*

Nel 1916 le logge operanti a Tunisi si fusero in una sola, fondando la loggia *Concordia* le attività risultarono subito ben avviate, con la collettività massonica tunisina sempre in prima linea nelle questioni riguardanti la popolazione italiana. Impegnata in opere filantropiche, la loggia operava senza difficoltà e nel 1917 commemorò solennemente l'anniversario della morte di Giuseppe Garibaldi.[637] Per tutta la durata della Prima Guerra Mondiale la loggia proseguì le sue attività, con numerose iniziazioni e aumenti di grado tra i suoi membri, e al termine del conflitto il massone Herdenberg fu eletto Venerabile, ciò a conferma che le attività non languirono durante la guerra.

La situazione cambiò con l'avvento del fascismo e con l'arrivo, sin dal 1922, dei suoi emissari in Tunisia, essi si prodigavano anche nei più sperduti villaggi, a fondare sezioni del partito. Quest'azione capillare era diretta al controllo della popolazione, soprattutto di quella europea, alla diffusione delle istanze fasciste a al potenziamento dell'influenza italiana sulla Tunisia. Anche la loggia *Concordia* fu investita da quest'ondata fascista e numerosi massoni che ne facevano parte si fecero travolgere dal nuovo clima politico e culturale finendo per aderire al fascismo.

Nel 1920 e nel 1921 era venerabile della loggia Salvatore Calò, nel 1924 la loggia *Concordia* partecipò alla fondazione della nuova loggia *Pensiero e Azione*, costituita solennemente il 17 ottobre.[638] Alla cerimonia di insediamento delle cariche della nuova loggia intervennero numerosi massoni stranieri, in particolare francesi.[639] Calò fu nominato primo venerabile anche di questa loggia ma fu sostituito quasi subito da Domenico Scalera. Le notizie sulla *Pensiero e Azione* si fermano al 1925, quando la loggia organizzò, insieme alla *Concordia* i festeggiamenti e una conferenza in onore di Giuseppe Garibaldi.

La *Concordia* intanto era in difficoltà a causa della propaganda fascista, solo pochissimi fedeli alla massoneria non aderirono al fascismo e nel 1925 decisero di portare avanti i lavori massonici in forma segreta, fondando nel 1926, dopo la promulgazione della legge che vietava la massoneria, la loggia *Mazzini-Garibaldi* anche con l'apporto di alcuni membri del Consolato Italiano. Fondata dunque dopo la costituzione del Grande Oriente d'Italia in esilio, secondo Khayat nacque dalla fusione delle logge *Giuseppe Mazzini* e *Garibaldi e Patria*.[640] La neonata *Mazzini-Garibaldi* era in continuo fermento, con un'attività che consisteva anche nell'introduzione clandestina in Italia di opuscoli di propaganda antifascista che arrivavano tramite il

---

637 *Commemorazione di Garibaldi*, in «Rivista massonica», anno XL, 1917, n. 6, p. 182.

638 ASGOI, *Verbale di loggia del 28 febbraio 1920 e Verbale di loggia del 23 maggio 1921*.

639 *Cerimonia d'insediamento delle cariche della nuova loggia Pensiero e Azione all'oriente di Tunisi*, in «Rivista Massonica», anno 54, n. 9, 1924, p. 208.

640 Michel Khayat, *Storia della Massoneria in Tunisia*, in «Delta Rassegna di cultura massonica», n. 12-13, Nuova serie, Bastogi, 2005, p. 59.

massone Sante Zammitto, ufficiale della marina mercantile, che per lavoro viaggiava frequentemente sulla tratta Tunisi-Palermo.

I pamphlet erano stampati in Francia a cura della loggia *Giustizia e Libertà*, con la quale la loggia tunisina era in continuo contatto. La stessa fondazione della loggia era del resto una sfida al fascismo e tra i fondatori ebbero un ruolo di rilievo Giulio Barresi ed Enrico Forti. Barresi, nato nel 1885 in Tunisia ma oriundo di Trapani, era ispettore delle merci nel porto di Tunisi. Era un esponente di spicco della comunità italiana, in particolare della popolazione oriunda, siciliana e calabrese, che si riconosceva nel pensiero anarchico di Nicolò Converti. A capo della loggia per molti anni, per suoi meriti massonici nel 1938 venne elevato al 33° grado del Rito Scozzese.

7.7 Il Grande Oriente d'Italia in Libia

La presenza italiana in Libia si perde nei decenni, anche se la comunità italiana non era numerosa come quella presente nella confinante Tunisia. Vi erano in Libia numerose attività socio culturali che si collegavano alla comunità italiana, ci si riferisce in particolare alle scuole cattoliche italiane, che accoglievano alunni e alunne di tutte le religioni e classe sociale già dal primo decennio dell'Ottocento. Ma non erano queste le sole manifestazioni della presenza italiana, vi era molto attiva, un'altra organizzazione: la Massoneria.

La massoneria italiana era presente in Libia ben prima della corsa alla colonizzazione che l'Italia intraprese in quelle regioni dopo il primo decennio del Novecento. L'Istituzione era una sorta di avamposto della italianità all'estero. Non a caso le logge furono sempre fondate nelle città o nei centri più importanti, dove era più forte la presenza degli italiani. Al loro interno si raccoglievano gli esponenti della locale comunità italiana, non furono infatti mai registrate iniziazioni di autoctoni.

La prima loggia dipendente dal Grande Oriente d'Italia chiamata Stella Africana, fu fondata a Tripoli nel 1862, e seguiva il Rito Simbolico. Uno dei suoi fondatori era Aronne Morpurgo. La loggia nel 1863 è all'obbedienza del Grande Oriente d'Italia con sede a Torino; il Bollettino ufficiale da notizia che la corrispondenza per questa loggia va inviata a Livorno: questo non deve apparire bizzarro, perché non è altro che una prova delle fortissime relazioni che intercorrevano tra gli ebrei livornesi e i loro correligionari sparsi per il nord Africa, compresi quelli che si trovavano in Libia (da non confondersi con gli ebrei autoctoni libici). La vita di questa loggia non è molto lunga, e purtroppo non sono giunti fino a noi molti documenti utili per ricostruirne le vicende. Nel 1867 non può partecipare, perché il suo rappresentante aveva assunto un altro incarico, all'assemblea Legislativa e Costituente di Napoli. In questi anni è Venerabile Isach Lati.

Dopo pochi anni, nel 1872, risulta che le sue attività cessarono e, infatti, l'anno dopo non è negli elenchi delle logge che costituivano la Comunione italiana. Si chiudeva così la prima esperienza massonica italiana in terra libica. Fu un'esperienza breve, ma non vana, perché seguendo il suo esempio già durante la seconda metà degli anni Sessanta dell'Ottocento fu costituita, sempre a Tripoli, un'altra loggia, (1866) la Abramo Lincoln ma anche di quest'ultima non si hanno notizie documentarie, l'unica notizia certa è che non esisteva più nel 1891.

Continuando con l'esplorazione della vita massonica libica incontriamo un'altra loggia, la Cirenaica, fondata a Tripoli il 13 febbraio 1887[641] di cui si era data precedentemente notizia di un imminente costituzione nella più importante tra le riviste massoniche italiane. Era una loggia di Rito Simbolico, e Giuseppe Ayra, che dirigeva un osservatorio stellare, l'unico tra Tunisi e Alessandria d'Egitto e uno dei più moderni ed efficienti del Mediterraneo, fu tra i suoi fondatori.

Come capitava spesso, quando vi erano attriti tra i componenti della loggia, l'officina fu sospesa nel 1895. In questo periodo di transizione, Eugenio Riccard svolse le funzioni di Venerabile. In tale veste elargì quaranta lire per i terremotati calabresi, a testimonianza della vitalità della loggia, malgrado la sospensione giunta per gravi contrasti tra il Venerabile e il Primo Sorvegliante. Ad agosto dello stesso anno la loggia, superata la crisi, è reintegrata nei suoi diritti massonici. Secondo gli annuari massonici la loggia non era operativa nel 1902. I registri rilevano la presenza di una sola loggia operativa La Vigilanza fondata nel 1900, che seguiva il Rito Scozzese Antico e Accettato, e che aveva come indirizzo la residenza del professor Giannetto Paggi, direttore della scuola maschile italiana.[642] Questa loggia fu costituita da massoni che avevano già operato all'interno della loggia Cirenaica, il Venerabile era Giuseppe Ayra, mentre nel 1902 gli succede Paggi che durante il suo mandato devolve cinquanta lire ai danneggiati

---

641 *Loggia Cirenaica*, in «Rivista della massoneria italiana», 1887, p. 96.
642 ASGOI, *Annuario massonico del Grande Oriente d'Italia*, 1902.

della Martinica. La loggia viene "demolita" alla fine del 1902, infatti, non ve n'è traccia negli annuari massonici successivi. Nonostante la morìa di logge l'ambiente massonico è sempre in fermento: nel 1902, con decreto del Grande Oriente d'Italia n. 123 del 24 dicembre sotto l'egida della loggia Propaganda Massonica di Roma è costituito un Triangolo, che è attivo dal 1903 al 1911.[643] L'indirizzo di riferimento del Triangolo è presso uno dei massoni più importanti della storia della massoneria italiana, Adriano Lemmi, a Firenze.

7.7.1 Le logge del Grande Oriente d'Italia dopo la conquista della Libia

Per assistere alla fase di vera fioritura delle logge italiane in Libia si dovrà comunque attendere il periodo che va dal 1914, dopo la conquista italiana della regione a danno dell'Impero Ottomano, fino all'avvento del fascismo, che determinò la dissoluzione delle logge.

A pochi mesi dall'occupazione italiana della Libia sorse la loggia Cinque Ottobre, all'Oriente di Tripoli. Il nome riporta alla mente la data in cui gli italiani occuparono Tripoli, scatenando così la guerra Tripolitana.

La loggia seguiva il Rito Scozzese e nello stesso anno della fondazione devolveva più di venti lire a favore delle famiglie dei caduti nella guerra Tripolitana. Nel 1913 è Venerabile il prof. Giannetto Paggi, fatto Maestro nel 1894 e che già aveva partecipato attivamente all'interno della loggia La Vigilanza. Probabilmente nel 1914 era Venerabile Eusebio Eusebione, impiegato presso la direzione artiglieria, che nel 1915 in pieno conflitto mondiale, partecipò alla creazione di un Triangolo nella località di Zuara. L'anno successivo insieme alla loggia Progresso festeggiarono il fratello Tito Marconcini, per la sua azione massonica in Libia.[644] Nel 1918 ha indirizzo presso Vincenzo Campo Ingrao, nel 1919-1920 è Venerabile Carlo Schmit, mentre per l'anno successivo gli succedette Vincenzo G. De Meo. Nel 1921 si unificò alla consorella Leptis Magna e prese il nuovo nome di loggia Cinque Ottobre-Leptis Magna.

La massoneria continuava a espandersi e, infatti, nel 1912 furono formati due Triangoli, uno a Tobruk e uno a Derna: dal primo non germinò nessu-

---

643 ASGOI, *Annuario massonico*, 1911, p. 111.
644 *Solenne voto di plauso*, in «Rivista Massonica», 1916, pp. 200-201.

na loggia, invece a Derna dopo un certo periodo fu fondata la loggia Dante Alighieri.[645]

Una delle logge più importanti della comunione italiana in Libia fu la loggia Cirene, fondata a Bengasi nel 1914. Della loggia sono stati conservati i registri matricolari, per cui si può fare un'indagine per cercare di capire la sua composizione, chi erano i suoi membri, quale la loro origine geografica, professione, date di iniziazione e passaggio di grado. Dallo studio delle liste matricolari si evince immediatamente che su un totale di 126 fratelli che frequentarono la loggia dalla fondazione fino al novembre 1923, data dell'ultimo avanzamento di grado, tutti i membri erano italiani, tra questi solo 3 erano nati in una città libica. Per ciò che riguarda la professione era preponderante la componente militare, con 66 uomini, che si divideva in appartenenti alla fanteria, genio, esercito, cavalleria, bersaglieri e medici militari. Il resto erano commercianti, impiegati, avvocati, ragionieri e studenti.

La loggia ebbe sempre ottimi rapporti con l'Obbedienza da cui dipendeva, malgrado la lontananza geografica; infatti alcuni rappresentanti della loggia partecipano ai funerali di Achille Ballori, ucciso il 31 ottobre 1917, a Palazzo Giustiniani.

I documenti di loggia, verbali, lettere e telegrammi, offrono uno scorcio su quelle che erano le attività che vi si svolgevano e consentono di ricostruire il quotidiano delle logge, e quindi di sapere, ad esempio, che durante il primo conflitto mondiale uno dei suoi membri Giuseppe Bosco, nato a Lampircello nel 1891, ufficiale di artiglieria, iniziato nel 1915[646], cade eroicamente a Santa Lucia di Tolmino il 31 ottobre 1917.

Nel 1919-1920 era Venerabile l'ingegnere Rocco Maurizio Lanzi e le attività in loggia sono sempre molto ricche.[647] Si susseguono Carlo Ragazzi, Adolfo de Palme, Giuseppe Sboto, poi surrogato da Vincenzo Grana e per l'ultimo anno di attività, dal 1923 al 1924, troviamo il nome di Emanuele Sartorio Nicolosi. Dal 1922 la loggia ha indirizzo presso un circolo italiano, Circolo Umanitario e Cultura.[648] Sono del 1925 le ultime notizie relative alla loggia e al fatto che fossero state perpetrate persecuzioni fasciste contro

---

645 ASGOI, *Annuario massonico*, 1912, p. 132).

646 ASGOI, *Liste matricolari loggia Cirene, Oriente di Bengasi*)

647 Archivio Storico Centro ricerche Storiche Libera Muratoria, Torino, (ASCRSLM), *Fondo Grande Oriente D'Italia, Logge estere, telegramma*.

648 ASCRSLM, *Ivi, Lettera 15 gennaio 1925*.

esponenti della massoneria. In una lettera che Carlo Ragazzi invia al Venerabile della loggia Cirene, si descrive il momento di grave difficoltà che l'Istituzione vive a causa della repressione fascista. Essere massone significava essere in pericolo, l'intera comunità italiana era divisa tra la fedeltà al governo italiano, rappresentato dal fascismo, e gli ideali di libertà di cui la massoneria era portatrice. In particolare da una missava inviata dai responsabili della loggia Cirene al Grande Oriente d'Italia si evince che molti documenti ufficiali della loggia che si trovavano a casa del Venerabile erano stati sequestrati dai fascisti e che in seguito a questo fatto molti esponenti della massoneria erano stati richiamati in patria. Quindi in questa situazione la loggia aveva gravi problemi nella prosecuzione delle sue attività. Uno dei destinatari del provvedimento di rimpatrio era Giuseppe Della Cà, importante esponente della loggia Cinque Ottobre e Vice cancelliere del governo tripolino. Il Della Cà si lamenta a lungo delle ragioni del suo rimpatrio forzato, accusando esplicitamente il Generale Ernesto Mombelli (1867-1932) di essere un governatore piegatosi al volere del Fascio. Si deve proprio al Governatore la denuncia a Della Cà, accusato di riportare le notizie, cui poteva accedere nello svolgimento del proprio lavoro, direttamente alle più alte autorità dell'Ordine massonico, che era in aperto contrasto con il governo. Naturalmente il Della Cà rifiutava ogni addebito. Dopo la partenza di Della Cà non si hanno notizie delle logge, che quasi sicuramente soccombettero alla pressante presenza fascista, considerato che non si hanno fonti che attestino attività di loggia dopo il 1925, anche a causa delle requisizioni degli archivi delle logge, sempre ad opera dai fascisti. A conferma di ciò in una lettera inviata da Della Cà alla loggia Cirene da parte del Sovrano Capitolo Rosa Croce Le due Palme Della Cà scrive che non furono più fatte iniziazioni né regolarizzazioni, «anche per impedire che il Neofita, necessariamente lasciato a sé ed incapace di auto evolversi non si ingannasse sul fine e sullo scopo dell'Istituzione».[649]

Il Grande Oriente d'Italia era ben conscio della situazione della massoneria nella colonia libica, infatti, chiese a Giuseppe Della Cà, di recarsi nella sede di Roma per rendere testimonianza della situazione esortandolo ancora a fare in modo che, anche dopo la sua partenza, il Capitolo Rosa Croce possa continuare a funzionare. A causa di mancanza di fonti non possiamo stabilire se questo auspicio abbia avuto seguito. Della Cà era in diretta corrispondenza con Giuseppe Leti, che lo rimprovera di non aver custodi-

---

649 ASCRSLM, *Ivi, Lettera 24 settembre 1925.*

to adeguatamente i documenti delle logge; quest'ultimo risponde di aver fatto quanto in suo potere per evitare il peggio, tanto che alcuni documenti sono sfuggiti alle perquisizioni fasciste.

Ripercorrendo cronologicamente le vicende massoniche si deve segnalare che nel 1913 a Derna fu fondata la loggia Dante Alighieri, e nello stesso anno alcuni massoni di questa loggia, fondarono un Triangolo a Marsa Susa. Questo Triangolo rimase attivo per dieci anni. L'officina massonica seguiva il RSAA, e aveva come rappresentante il signor Alberico Esperti cancelliere del tribunale regionale. Per avere informazioni di questa loggia si dovrà attendere il 1919, infatti relativamente a essa le fonti sono lacunose per tutto il periodo della Prima Guerra Mondiale. In quell'anno la loggia aveva come riferimento il prof. Fulvio Contini, direttore delle Reali scuole elementari. Nel 1922 era Venerabile di loggia Alessandro Sportelli, capo del reale ufficio fondiario di Derna. L'anno successivo l'indirizzo della loggia era presso l'Avvocato Guido Panighetti, per cui si ipotizza che fosse lui il nuovo Venerabile.

Nel periodo della Prima Guerra Mondiale fu costituita a Tripoli la loggia Leptis Magna, il cui nome ricorda l'antico nome della città che si trovava a est di Tripoli e che corrisponde all'odierna Homs. La loggia era stata fondata in precedenza alle dipendenze della Serenissima Gran Loggia Nazionale d'Italia, (Piazza del Gesù) ma fu poi regolarizzata nel 1917 sotto la tutela del Grande Oriente d'Italia. Nel 1918 aveva indirizzo presso Marino Naldi nato a Portici nel 1887, avvocato presso il Tribunale di guerra. Le sue attività non si fermarono durante il conflitto. Nell'immediato dopo guerra fu Venerabile il dottor Renzo Testori e per l'anno successivo Edoardo Morvillo. Nel 1921 si unificò alla consorella Cinque Ottobre.

Durante il 1914 fu costituita sempre a Tripoli la loggia Progresso, di Rito Scozzese.

Purtroppo di alcune logge, fondate all'Obbedienza del Grande Oriente d'Italia, sono giunte pochissime informazioni ma per completezza della ricerca si riportano comunque le brevi notizie che si sono reperite.

Nel 1918 fu fondata a Tripoli la loggia Cesare Battisti. Nel 1921 sempre a Tripoli, fu fondata la loggia Italia, che seguiva il Rito Scozzese ed era composta in massima parte da ufficiali dell'esercito. Al momento della sua costituzione il Venerabile è Antonio Coppolino, ufficiale di dogana, con numero matricolare Grande Oriente d'Italia 43966, che nel 1914 risultava nelle liste della loggia Cinque Ottobre, e negli anni 1923/24 è invece il ragionier Arrigo Modena che guida l'officina.

L'ultima loggia di cui si hanno notizie è la Lebda all'oriente di Homs. Prese il nome dalle rovine dell'antica Leptis Magna, che era stata occupata dagli italiani nel 1912: dal 1922 al 1923 è stato eletto Maestro Venerabile il commerciante Eliodoro Guastella[650], e nel 1924/1925 Tommaso De Crescenzo.

Quella descritta era la situazione delle logge italiane in Libia, dal 1862, anno in cui fu fondata la prima loggia all'Obbedienza del Grande Oriente d'Italia fino al 1925, anno in cui si hanno le ultime notizie relative alle attività delle logge italiane. Purtroppo la documentazione reperita, consente solo di intravvedere quella che doveva essere la realtà massonica presente in Libia. Infatti la penuria di fonti non permette di approfondire la questione in modo da poter offrire una panoramica e un'analisi completa della portata del fenomeno massoneria in questa terra. Malgrado le lacune è però possibile trarre delle specifiche conclusioni: la Libia può essere considerata terra massonica per eccellenza.

Alla vivacità massonica si contrappose, a partire dai primi anni Venti, la repressione portata avanti dai fascisti, come avveniva del resto anche in Italia. Numerose furono le perquisizioni e le requisizioni di documenti e materiale massonico. In questo momento storico molto difficile per l'Istituzione massonica, le logge italiane in Libia non uscirono indenni dalla linea politica portata avanti dai Fasci, completamente contrapposta alla massoneria. Il contributo termina la sua disamina della storia della massoneria in Libia al 1925, anno in cui probabilmente proprio a causa della repressione fascista le attività furono interrotte, ciò anche suffragato dal fatto che lo stesso capitò in Italia: è infatti del novembre 1925 la legge che sopprimeva le società segrete, quindi anche la massoneria. Nel 1925 si chiudeva così l'esperienza massonica italiana in Libia, esperienza che aveva visto il fiorire di un numero considerevole di logge. Più di 60 anni di storia della massoneria della quale rimane la consapevolezza *in primis* dell'esistenza stessa dell'Istituzione e del ruolo che essa ha svolto nella comunità italiana, fornendo un collante che si dissolse solo a causa delle violenze commesse dalle leggi e dalle squadre fasciste, che distrussero il sistema massonico libico.

---

650 ASGOI, *Annuario Massonico, 1923*, p. 34.

7.8 La massoneria italiana in Eritrea

La massoneria italiana stabilì delle logge anche in Eritrea, infatti, nonostante le condizioni speciali della colonia in cui vi erano pochi elementi che potevano avere le caratteristiche culturali per essere iniziati all'Istituzione, si discuteva già dal 1887 sulla possibilità di fondare delle logge all'obbedienza del Grande Oriente d'Italia. Nel gennaio 1891 vide la luce la loggia Eritrea all'oriente di Massaua. La loggia rimase per decenni un punto focale della comunità italiana. Alla fine del primo anno di vita la loggia concorre a fondare la Società di Mutuo e soccorso, che al momento della fondazione contava 150 soci e inaugura il suo Tempio Massonico. Il successo della loggia è inequivocabile, il numero elevato di affiliati lo testimonia, solo nel primo anno circa 40. Nel 1892 insieme con altre logge contribuisce alla fondazione di un ospedale per stranieri. Dopo circa sei anni di attività la loggia entra in crisi ed è demolita nel 1896, dopo circa tre anni è ricostituita.

Accanto a questa loggia, sempre a Massaua ne è fondata un'altra, la Cocab el Sciargh (stella d'oriente) nel 1892. Sono poche le notizie relative a questa loggia consorella della Eritrea. Nel 1892-1893 era venerabile della loggia Ahmed El Ghul. Dal parziale elenco dei massoni che operavano nella loggia si desume che fossero tutti autoctoni. La Stella d'oriente era operativa nel 1895 quando devolve 40 lire per i terremotati calabresi, l'anno successivo le sue attività si fermarono e nel 1899 essa fu sciolta con decreto n. 127 del 12 maggio 1899. Alcuni dei suoi affiliati entrarono nelle fila della loggia Eritrea al momento della ricostituzione.

Oltre Massaua un'altra città eritrea vide il fiorire delle attività massoniche italiane: Asmara. In questa città furono fondate due logge, la loggia Avvenire Eritreo, fondata nel 1900 in essa si seguiva il rito scozzese, le notizie rispetto a questa loggia si fermano al 1905.

La seconda loggia in ordine di fondazione è l'Eritrea, costituita nel 1909 con decreto n. 165 del 15 gennaio di quell'anno, all'obbedienza del Grande Oriente d'Italia. Dal 1909 al 1911 è venerabile l'avvocato Eteocle Cagnassi. Alla fine del 1911 la loggia devolve 150 lire in favore delle famiglie dei caduti e dei feriti nella guerra tripolitana.[651]

---

651 Archivio Storico Ministero Affari Esteri, (ASMAE), Verbale di riunione di loggia, Fondo Eritrea, pacco 616, 2 dicembre 1911.

Nel 1918 la loggia organizzò il comitato eritreo per la flotta aerea, che aveva come presidente Giuseppe de Rossi. Il comitato raccolse la somma di 1.121,25 lire per l'acquisto di un velivolo militare per rafforzare la flotta aerea italiana.[652]

Nel 1919-1920 è maestro venerabile uno dei più importanti esponenti della comunità italiana Giuseppe Latilla. Le ultime notizie riguardanti la loggia si riferiscono a una lettera del Grande Oriente d'Italia del 1923 in cui si chiedono ai dignitari di loggia notizie sull'andamento delle attività massoniche.[653]

---

652 ASMAE, *Verbale riunione comitato,* Fondo Eritrea, pacco 616, data illeggibile, 1918.

653 ASMAE, *Lettera del Grande Oriente d'Italia,* Fondo Eritrea, pacco 726, 23 aprile 1918.

8. LA SOLIDARIETÀ MASSONICA IN ETÀ LIBERALE: EDUCAZIONE E FILANTROPIA

Demetrio Xoccato

L'elaborazione etico-filosofica tenutasi all'interno delle logge a seguito della nascita della massoneria moderna ebbe spesso risvolti nell'ambito "profano" costituito dalla società. L'impegno profuso in funzione del miglioramento e dell'elevazione individuale si andò inevitabilmente allargando giungendo a comprendere l'umanità intera. In conseguenza di ciò vi fu il formarsi di una particolare attenzione e sensibilità sociale concretizzatesi in un significativo impegno civile.

Nel corso dell'Ottocento e nei primi anni del secolo successivo, questo afflato si saldò con i movimenti igienista e positivista, dando vita a diverse realtà di successo e altrettanti tentativi infruttuosi che avevano il compito di diffondere, sotto la bandiera del Progresso (vera e propria divinità), benessere morale e materiale tra le masse popolari. Di questo impegno massonico, ci soffermeremo, nelle prossime pagine, su due settori distinti ma complementari: quello educativo e quello assistenziale.

8.1 L'educazione

L'assemblea costituente del Grande Oriente Italiano, tenutasi a Torino nel dicembre 1861, rappresentò la prima occasione in cui si discusse in che modo la rinata massoneria avrebbe dovuto comportarsi nei confronti del mondo "profano". David Levi, uno dei partecipanti, affermò che i "fratelli" avevano il dovere morale di promuovere asili, scuole serali e istituti che insegnassero un mestiere.[654]

Questo tema era certamente sentito ma le incerte condizioni della giovane libera muratoria resero poco attuabile un impegno immediato e fattivo.

---

654 David Levi, *Programma massonico adottato dalla Mas ∴ Ital ∴ ricostituita presentato al G ∴ O ∴ I ∴ nella seduta dell'anno della V ∴ L ∴ 5861 dal G ∴ Segr ∴ D ∴ L ∴, s.l., s.e., 1861, p. 6.

Si dovette aspettare sei anni prima che i documenti ufficiali della comunione italiana—ora rinominata Grande Oriente d'Italia—ritornassero ad affrontare la questione educativa. In una circolare, infatti, il Gran Maestro Lodovico Frapolli[655] ricordò a tutti i membri che, in un'ottica di avanzamento della società, le logge avrebbero dovuto promuovere scuole per giovani e per lavoratori salariati.[656]

Il primo effettivo risultato si ebbe, però, solamente nel 1866, con la fondazione dell'Associazione Nazionale Italiana per l'Istruzione ed Educazione Popolare. Lo scopo di questo ente, promosso e sostenuto dalla loggia *Dante Alighieri* di Torino, era quello di promuovere in tutti i comuni l'edificazione di scuole serali per adulti e biblioteche circolanti, facendo pressione sulle amministrazioni locali. Fino al 1871 il comitato torinese funse da direttivo nazionale, focalizzando la propria attenzione soprattutto sulle fabbriche e sulle campagne, luoghi in cui il livello di alfabetizzazione era scarso se non nullo.[657]

Si trattava di un progetto che si rivolgeva a tutti i massoni, a prescindere dall'appartenenza al Grande Oriente d'Italia o al Supremo Consiglio di Palermo (organizzazione di fede esplicitamente repubblicana). Se la prima istituzione diede il suo appoggio convinto, la seconda, per bocca del suo Gran Maestro Federico Campanella[658], riconobbe la necessità di su-

---

655 Lodovico Frapolli (1815-1878). Cresciuto in un ambiente dell'alta borghesia milanese, frequentò dapprima la scuola militare di Olmütz per poi laurearsi a Parigi in ingegneria mineraria. Nel 1848, scoppiate le rivolte nella città natale, divenne uno dei rappresentati del governo provvisorio. Finita questa esperienza, l'anno seguente si compromise con la Repubblica Romana venendo espulso dalla Francia. Trasferitosi in Svizzera, vi rimase sino alla seconda guerra di indipendenza (1859) quando si mise alle dipendenze del governo piemontese. Con l'unità d'Italia, entrò in Parlamento sedendo all'opposizione (1865-1874). Recatosi a Parigi per sostenere la Repubblica sorta dopo la battaglia di Sedan, al suo ritorno in Italia non riuscì a farsi rieleggere.

656 *Circolare*, in «Bollettino del Grande Oriente della Massoneria in Italia», vol. II, 1867, p. 212.

657 Associazione nazionale italiana per l'istruzione, *Statuto e regolamenti*, Torino, s.e., 1868; Gildo Valeggia, *Storia della loggia massonica fiorentina Concordia (1861-1911)*, Bertieri e Vanzetti, Milano, 1911, pp. CXIV–CXV.

658 Federico Campanella (1804-1884). Laureatosi in giurisprudenza nel 1829, si avvicinò a Mazzini, diventandone uomo di fiducia. Nel 1833, costretto a lasciare il regno di Sardegna, si rifugiò in un primo tempo a Marsiglia e, quindi, a Ginevra. Durante l'esilio si impegnò alla riorganizzazione del movimento mazziniano e fu tra i volontari accorsi in sostegno di Milano nel 1848. L'anno seguente partecipò alla fallita insurrezione di Genova e alla difesa di Roma. Dopo la partecipazione alla spedizione dei

perare i contrasti politici e rituali nel sostegno di tali iniziative in ambito pedagogico.[659]

Parallelamente a questa iniziativa, la massoneria decise di sostenere la giovane sezione italiana della Lega d'Insegnamento. Originariamente nata in Belgio nel 1864 su input massonico, questa organizzazione era riuscita in breve tempo a diffondersi, radicandosi dapprima in Francia (1866) per poi sbarcare in Italia. Stante il particolare contesto in cui era nata, non stupisce che essa avesse tra i suoi obiettivi oltre alla diffusione della cultura—tramite scuole serali, festive e professionali—anche la lotta all'influenza clericale nel mondo dell'educazione, considerata un freno al progresso della società.[660]

Il bollettino ufficiale del Grande Oriente d'Italia, nel 1869, pubblicò un articolo in cui faceva conoscere ai "fratelli" questa realtà, chiedendo loro di abbonarsi alla rivista francese. Poco tempo dopo, sulle pagine del bollettinocomparve un appello della Lega in cui si sosteneva che l'istruzione dovesse essere libera e universale.[661]

Anche in questo caso, fu Torino la città che si mobilitò per prima e, grazie all'interessamento del medico Secondo Laura, affiliato alla *Dante Alighieri*, vennero poste le basi per la fondazione del comitato locale della società.

Nel 1868 si abbozzò anche un progetto estremamente ambizioso: la creazione di un "liceo massonico", aperto a tutti—compresi i "profani"—e che si sarebbe avvalso delle più moderne tecniche pedagogiche. Questo piano, elaborato dalla *Nuova Campidoglio* di Firenze, non ottenne il dovuto sostegno e dovette, pertanto, essere abbandonato nel giro di breve tempo.[662]

Mille di Giuseppe Garibaldi nel Sud Italia, fu eletto deputato (1861-1865). Alla morte di Mazzini fu, assieme a Maurizio Quadrio e Aurelio Saffi, il più importante rappresentante del movimento democratico.

659 Camillo Bezzi, *Orientamenti della massoneria intorno al 1870*, in *Chiesa e religiosità in Italia dopo l'Unità (1861-1878)*, Edizioni Vita e Pensiero, Milano, 1973, pp. 336-337.

660 Roger Desmed, *La Franc-Maçonnerie belge et la laïcisation de l'enseignement (1830-1914). Un exemple: la loge des "Amis philanthropes" de Bruxelles*, in Jean Préaux (a cura di), *Église et enseignement. Actes du Colloque du Xe anniversaire de l'Institut d'histoire du christianisme de l'Université libre de Bruxelles (22-23 avril 1976)*, Editions de l'Université de Bruxelles, Bruxelles, 1977, pp. 197–222.

661 *Lega per l'istruzione*, in «Bollettino del Grande Oriente della Massoneria in Italia», fasc. III-IV, 1868-1869, pp. 601-02; *La Lega italiana d'insegnamento in Italia*, in «Rivista della massoneria italiana», n. 20, 1870, pp. 1–4.

662 Marco Novarino, *Massoneria ed educazione a Torino in età liberale*, in «Annali di storia

Il fallimento di questa iniziativa, che si voleva di livello nazionale, dimostra che i vertici dell'epoca del Grande Oriente d'Italia non ritenevano opportuno gestire in maniera verticistica le attività in questo ambito d'azione. Nei fatti le giunte che si succedettero al governo, al di là degli usuali richiami all'importanza dell'educazione e dell'azione massonica, lasciarono ampio margine di manovra alle singole logge e realtà regionali.

Ancora nel 1874, ad esempio, il Gran Maestro Giuseppe Mazzoni[663] si limitò a sollecitare un intervento delle officine—sostenendo economicamente gli insegnanti e fornendo materiale necessario al buon funzionamento delle scuole—, senza fornire esplicite direttive in merito.[664]

Il 1868 fu un anno di cesura perché, dopo i tentativi velleitari citati in precedenza, si producesse finalmente un primo risultato tangibile che ampliava l'offerta formativa: la nascita dell'Istituto Nazionale per le Figlie dei Militari di Torino. Frutto della convergenza delle diverse anime della élite cittadina, questo collegio accoglieva ragazze dagli 8 ai 18 anni all'interno di tre strutture con indirizzi scolastici differenti a seconda dello status sociale.

Presso la Villa della Regina studiavano le giovani che appartenevano all'aristocrazia e all'alta borghesia, mentre le figlie della piccola e media borghesia erano poste all'interno della Casa Magistrale. Infine, vi era la Casa Professionale. In questo luogo le ragazze provenienti dai ceti meno abbienti seguivano un percorso educativo improntato sull'acquisizione di una competenza pratica da poter usare sia nell'ambito della gestione familiare (da qui le lezioni di contabilità) sia in un contesto lavorativo (molto spazio era dato ai corsi di sartoria e confezionamento).[665]

Dal momento che gli esponenti della massoneria subalpina—il deputato

---

dell'educazione e delle istituzioni scolastiche», vol. XI, 2004, p. 82.

663 Giuseppe Mazzoni (1808-1880). Avvocato e giornalista toscano di idee repubblicane, nel 1848 partecipò come volontario alla prima guerra di indipendenza. Tornato a Firenze, fu ministro di Grazia e giustizia. A seguito della fuga del granduca Leopoldo II nel 1849, divenne triumviro del governo provvisorio. Fuggito in Francia, fece un breve soggiorno in Spagna finché, nel 1859, tornò in Toscana, dove si oppose all'annessione al Piemonte. Deputato a partire dal 1870, nel 1879 fu nominato senatore del Regno.

664 Archivio Centrale dello Stato di Roma, Carte Pianciani, busta 58, f. 59, *Circolare* del 12 marzo 1874.

665 Vittorio Guyot, *Istituto nazionale per le figlie dei militari italiani. Cenni storici, amministrativi e statistici*, Tip. Speirani, Torino, 1881, pp. 48-49.

Tommaso Villa[666] e il professor Ariodante Fabretti—erano solo una delle componenti coinvolte nella gestione dell'istituto (erano presenti anche ambienti legati alla corte sabauda e al mondo moderato), non fu possibile trasformare l'istituto in un ente radicalmente diverso dagli educandati dell'epoca: le uniche concessioni in nome della laicità furono la limitazione del personale religioso e la riduzione del tempo dedicato alla messa e all'insegnamento religioso. Lo stesso modello femminile che vi si propugnava era un mix di tradizione e modernità e si focalizzava sulla dimensione femminile al contempo domestica e patriottica.[667]

Nel 1870 Roma, occupata dalle forze sabaude, entrava a far parte a pieno titolo del Regno d'Italia. La caduta dello Stato Pontificio creò, improvvisamente, ampio spazio di manovra per iniziative laiche all'interno di questa grande città.

Già negli anni seguenti alla presa della metropoli, ci furono i primi esperimenti. Nel 1871, ad esempio, un gruppo di persone, guidato dall'ingegner Mario Moretti (iscritto alla loggia *Giordano Bruno*) si attivò per installare una biblioteca popolare. L'anno seguente, invece, venne fondata la Società Didascalica Italiana che si proponeva la diffusione dell'educazione tra le masse popolari, grazie all'apertura di asili e di biblioteche circolanti sul territorio.[668]

Grazie all'interessamento delle società operaie romane e di alcune logge (nello specifico *Universo*, *Tito Vezio* e *Uguaglianza*) nel 1875 vide la luce la Lega Romana per l'Istruzione del Popolo. Questa ennesima associazione aveva come obiettivo il sostegno economico ai nuclei famigliari più in difficoltà, grazie all'erogazione di contributi in denaro affinché gli alunni pro-

---

666 Tommaso Villa (1832-1915). Laureatosi in giurisprudenza, il giovane piemontese collaborò a molti giornali della Sinistra piemontese. Eletto deputato nel 1865, si batté per la revoca della proscrizione di Mazzini e per la scarcerazione di Garibaldi dopo il suo fallito tentativo di occupare Roma. Legato a Benedetto Cairoli, fu chiamato a ricoprire la carica di ministro degli Interni e, successivamente, di ministro di Grazia e giustizia (1879-1881). Presidente della Camera dal 1895 al 1897 e dal 1900 al 1902, nel 1909 divenne senatore.

667 Demetrio Xoccato, *Monumento alle vicende risorgimentali e laboratorio di un'identità femminile: l'Istituto nazionale per le figlie dei militari di Torino (1868-1914)*, in «Storia delle Donne», fasc. 12, 2016, pp. 207–231.

668 Daniela Fantozzi, *Il movimento per le biblioteche popolari nell'Italia postunitaria*, in «Ricerche Storiche», fasc. 3, 1995, pp. 543–611; *Statuto della società didascalica italiana di Roma approvato nell'adunanza generale del giorno 17 ottobre 1872*, Società cooperativa fra tipografi ed arti affini, Milano-Roma, 1872.

seguissero il proprio corso di studi. Significativa fu anche la realizzazione di corsi dedicati agli adulti, cui parteciparono diversi professori universitari della capitale, tra cui il più importante era Antonio Labriola.[669]

La disponibilità dei docenti accademici a insegnare al di fuori delle sedi istituzionali non sarebbe rimasta confinata a questa esperienza, ma si sarebbe ripresentata più in là nel tempo, con la nascita e diffusione in Italia del movimento delle Università Popolari.

Fin dalla sua costituzione, questo sodalizio si caratterizzò per essere strettamente collegato alla massoneria locale: tra i suoi esponenti, infatti, si possono individuare Biagio Placidi (assessore comunale e primo presidente), il già citato Moretti e Luciano Molpurgo (futuro direttore della società).[670]

Forte dei primi successi, il comitato direttivo decise di istituire delle commissioni in ogni quartiere della capitale. Si trattava di un progetto troppo ambizioso per le disponibilità finanziarie dell'ente che dovette, pertanto, fare dietro-front e limitarsi a designare un incaricato per ogni zona. Complice anche questa riorganizzazione, si riuscì ad inaugurare, nel 1876, una scuola professionale all'interno del Rione Ponte. L'istituto accoglieva ragazzi da sette anni in su, offrendo loro uno sbocco lavorativo nei settori del tessile e della lavorazione del legno. Per quanto diretta emanazione di un'associazione esplicitamente laica, il presidente della scuola decise di restare nell'alveo della tradizione, lasciando che nelle aule rimanesse affissa l'immagine di Cristo in croce.[671]

Con la fondazione di questa struttura la Lega sostanzialmente esaurì il proprio ruolo all'interno del panorama educativo romano, perché, oltre ai corsi segnalati più sopra, le attività si concentrarono principalmente sull'elargizione di premi in denaro agli alunni e alle loro famiglie e sull'organizzazione di manifestazioni in favore dell'obbligo scolastico.

Come si è visto, con l'inizio degli anni Settanta si era diffuso un clima di intensa attività che aveva portato a diversi tentativi, non sempre coronati da

669 *La Lega d'insegnamento*, in «Rivista della massoneria italiana», n. 22–23, 1875, pp. 3–4.

670 Biagio Placidi, *Resoconto morale ed economico, fatto dal presidente della lega romana per l'istruzione del popolo Biagio Placidi, all'assemblea generale dei soci nel giorno 26 marzo 1876 nel teatro Argentina*, Tip. della pace, Roma, 1876, p. 9.

671 Giancarlo Rocca, *Istruzione, educazione e istituzioni educative della massoneria a Roma dal 1870 all'avvento del fascismo*, in «Annali di storia dell'educazione e delle istituzioni scolastiche», vol. XI, 2004, p. 42.

successo. È interessante notare che la «Rivista della massoneria italiana» sembrò cogliere questo ampio fermento locale e, nella primavera del 1874, decise di inaugurare una nuova rubrica dedicata alle iniziative pedagogiche sostenute dai "fratelli".[672] Si trattava molto probabilmente di un modo per promuovere una vera e propria gara di emulazione tra i membri dell'organizzazione, stimolando così nuove idee e progetti.

La città di Milano rispose con la fondazione di un periodico intitolato «La Famiglia e la Scuola. Foglio settimanale di istruzione e di educazione» sotto la direzione di Ludovico Coiro, membro della *Ragione*. Si trattò di una iniziativa che ebbe poca fortuna, spegnendosi già nel 1878, ma che fornì importanti spunti per le imprese successive.[673]

In quello stesso frangente la massoneria milanese—su tutti l'officina *La Ragione* – cominciò a maturare l'idea di dare vita a luoghi di aggregazione che fossero la versione laica degli oratori cattolici. A tale scopo i "fratelli" Decio Nulli (membro del partito radicale) e Gaetano Pini (medico e fondatore dell'Istituto dei Rachitici) furono incaricati di studiare questi enti e di redigere due studi sul loro funzionamento economico e amministrativo.[674]

Dopo un paio di anni di gestazione, nel 1879 veniva solennemente inaugurato il primo Ricreatorio Festivo. Ospitato all'interno dei locali della scuola municipale Monastero Maggiore, esso aveva gli stessi orari di apertura degli oratori e offriva ai ragazzi un posto dove poter trascorrere il proprio tempo leggendo libri istruttivi e partecipando a manifestazioni di stampo laico e civile.

Nonostante i primi successi, i ricreatori non ebbero una vasta diffusione all'interno della città (il picco massimo fu di cinque) e ciò sembra spiegare, nel tempo, un graduale disimpegno a favore di gruppi e associazioni legate al mondo radicale e socialista.[675] A conferma di ciò, nel 1892, in occasione

---

672 *Istruzione*, in «Rivista della massoneria italiana», n. 10, 1874, p. 8.

673 Angelo Robbiati, *I ricreatori festivi a Milano (1876-1906)*, in «Annali di storia dell'educazione e delle istituzioni scolastiche», vol. XI, 2004, p. 105.

674 Decio Nulli, *Gli oratori cattolici a Milano. Relazione ad una società filantropica*, Civelli, Milano,1877; Gaetano Pini, *Gli oratori e gli educandati femminili a Milano. Relazione ad una società filantropica*, Civelli, Milano, 1877.

675 Per una storia degli articolati rapporti tra socialismo e massoneria si rimanda a Marco Novarino, *Tra squadra e compasso e Sol dell'avvenire. Influenze massoniche sulla nascita del socialismo italiano*, Università Popolare di Torino, Torino, 2013; Marco Novarino, *Compagni e liberi muratori. Socialismo e massoneria dalla nascita del Psi alla grande*

del congresso dei ricreatori laici che si sarebbe tenuto a Pavia, fu inviata una circolare in cui si constatava amaramente la scarsità dei risultati ottenuti sino a quel momento.[676]

La situazione romana, invece, si rivelò molto più florida e promettente. Già nel 1883, forti dell'esperienza milanese, i "fratelli" della capitale avevano discusso sull'opportunità di aprire dei centri similari. La logga *Universo* si era dichiarata apertamente favorevole a questo progetto e l'eco del dibattito era giunto fino nella sede del Grande Oriente d'Italia. Nel corso di una riunione tenutasi il 4 novembre di quell'anno, infatti, la Giunta aveva espresso la propria approvazione in merito.[677] Nonostante tutta questa enfasi, si dovette attendere ben dieci anni prima che il disegno diventasse realtà.

Il primo ricreatorio istituito fu l'Enrico Pestalozzi (1893), cui seguirono diversi altri nel corso del tempo anche se non tutti ascrivibili alla libera muratoria. Quelli di cui è certa la 'figliazione' massonica sono 17, corrispondenti al 60% di tutti quelli sorti tra il 1880 e il 1920.[678]

Le strutture, che accoglievano ragazzi di età compresa tra i 10 e i 18 anni, erano aperti tutti i giorni dalle 18:00 alle 21:00, compresa la domenica. Questo dato confermava la volontà di porsi come valida alternativa all'oratorio, luogo di socialità e formazione per eccellenza. A ben vedere, però, si evitò di affermare troppo esplicitamente il carattere laico di questi luoghi, temendo forse di perdere appeal e sostegno. L'unica eccezione fu il Ricreatorio femminile Anita Garibaldi, il cui statuto affermava esplicitamente il suo carattere non religioso.[679]

Uno spunto di riflessione viene anche dalla organizzazione di questi enti: prendendo ad esempio l'esercito, ogni ricreatorio aveva una divisa distintiva, una propria bandiera ed una banda musicale. Se il Duca degli Abruzzi aveva adottato come modello l'uniforme del corpo dei Bersaglieri, l'Adelaide

guerra, Rubbettino, Soveria Mannelli, 2015.

676 Angelo Robbiati, *I ricreatori festivi a Milano*, op. cit., p. 111.

677 Archivio Storico del Grande Oriente d'Italia (d'ora in avanti ASGOI), *Verbale* del 4 novembre 1883.

678 Demetrio Xoccato, *Il Grande Oriente d'Italia e l'educazione: l'azione delle logge nelle grandi città (1868–1925)*, in «Revista de Estudios Históricos de la Masonería Latinoamericana y Caribeña», fasc. 1, 2017, pp. 69–71.

679 Ricreatorio femminile Anita Garibaldi, *Relazione morale e finanziaria (1908-1909)*, Tip. Centenari, Roma,1910, p. 1.

Cairoli aveva scelto la camicia rossa dei garibaldini. Coerentemente con questo spirito marziale, grande rilievo era dato alle attività fisiche (ginnastica, ciclismo, tiro a segno, ecc.). L'aspetto culturale non era, nondimeno, tralasciato essendo previsti corsi di canto, storia, morale, fisica e chimica.[680]

Un caso particolare riguardò, invece, l'Asilo Infantile Umberto I. Inaugurato nel 1878, esso gravitò inizialmente nell'orbita cattolica per poi subire un processo di trasformazione. Nel giro di breve tempo, infatti, la massoneria acquisì il pieno controllo imprimendo una svolta decisamente laica esemplificata dalla presidenza di un israelita (Achille Levi) e dal supporto finanziario fornito direttamente dal Grande Oriente d'Italia a partire dal 1907.[681]

Nel processo di diversificazione dell'offerta formativa, negli anni Novanta del 1800 oltre ai ricreatori sorsero anche dei cosiddetti educatori. Il primo di questi enti era nato nel 1887 grazie all'impegno del municipio, ottenendo ampio riscontro e fornendo il modello organizzativo da seguire. Delle 24 strutture, edificate in Roma tra il 1890 e la Grande Guerra e che coprivano pressoché tutta l'area metropolitana, la metà sono imputabili all'impegno profuso dalla massoneria: le logge della capitale parteciparono molto attivamente— su tutte la *Rienzi*, la *Roma* e l'*Universo*—e molti "fratelli" assunsero posizioni apicali all'interno di questi sodalizi.

La dirigenza dell'Obbedienza colse l'importanza di questo progetto come testimonia la partecipazione in prima persona di diversi esponenti di primo piano. L'Educatorio Roma rappresenta l'esempio perfetto di questo impegno: tra i suoi principali animatori si annoverano figure quali lo scultore Ettore Ferrari (Gran Maestro dal 1904 al 1917), il deputato Salvatore Barzilai (uomo di punta del partito repubblicano), il medico Achille Ballori (Supremo Gran Commendatore del Rito Scozzese Antico ed Accettato) e il senatore Antonio Cefaly (vicepresidente del Rito Simbolico Italiano).[682]

L'organizzazione di questi educatori era sostanzialmente uguale dappertutto. Erano accolti giovani dai sei ai dieci anni provenienti da nuclei familiari indigenti, rigorosamente separati a seconda se maschi o femmine (l'unica eccezione alla regola era l'Alberico Gentili). Le attività, che svolgevano tra

---

680 Giancarlo Rocca, *Istruzione, educazione*, op. cit., p. 56.

681 Achille Levi, *L'opera pia educativa di carattere laico*, Bodoni, Roma,1910.

682 Educatorio Roma, *Statuto approvato nell'assemblea ordinaria del 2 marzo 1906*, Tip. latina, Roma, 1907.

le 14:30 e le 18:00, erano le più svariate: si passava dalle lezioni di educazione civica alle attività manuali e agli esercizi fisici.[683]

Riportando lo sguardo sul capoluogo piemontese, il 1887 si contraddistinse per una iniziativa educativa fortemente connessa con il mondo produttivo locale, ovverosia la fondazione delle Scuole Officine Serali. Queste nacquero proprio per rispondere ai nascenti bisogni industriali di Torino, con l'obiettivo di formare figure professionali in grado di lavorare nei settori più diversi: edilizia, falegnameria, lavorazione dei metalli, della stampa e dell'industria tessile. Frequentate ogni anno da circa 600 studenti, esse vantavano molteplici laboratori in cui ogni alunno poteva perfezionare le proprie abilità manuali.

La partecipazione attiva della massoneria ebbe un'impennata ad inizio secolo, quando i ruoli principali della dirigenza furono occupati da suoi membri (vicepresidente, segretario e tesoriere).[684]

Elemento caratteristico di questo sodalizio fu che a suo sostegno parteciparono logge del capoluogo subalpino (*Pietro Micca–Ausonia*, *Cavour* e *Dante Alighieri*) assieme ad altre situate in aree geografiche limitrofe (*Giordano Bruno* di Pinerolo, *Giuseppe Garibaldi* di Novara e *Andrea Vochieri* di Alessandria).[685]

La nascita a Milano della Società Italiana per l'Educazione Laica della Gioventù (1892) costituì una nuova occasione, dopo le esperienze degli anni Sessanta, per sostenere un'associazione che si poneva in un'ottica nazionale. Come si può intuire dal nome che si era data, questa organizzazione voleva assicurarsi innanzitutto che i libri di testo fossero assolutamente aconfessionali, senza alcun influsso religioso. Altro elemento a cui si dava molto rilievo era la promozione e diffusione sul territorio di nuove e moderne strutture scolastiche.

Nonostante il sostegno del Grande Oriente d'Italia, esemplificato dall'ampio risalto dato sulle pagine della «Rivista della massoneria italiana», questo sodalizio non ebbe fortuna e fu presto dimenticato.[686]

---

683 Giancarlo Rocca, *Istruzione, educazione*, op. cit., pp. 54–55.

684 Demetrio Xoccato, *Ars et Labor. Le Scuole Officine Serali di Torino (1887-1925)*, in «Cahiers di Scienze Sociali», n. 3, 2015, pp. 234–249.

685 Demetrio Xoccato, *Il Grande Oriente d'Italia e l'educazione*, op. cit., p. 62.

686 *Società italiana per l'educazione laica della gioventù in Milano*, in «Rivista della massoneria italiana», n. 4–6, 1892, pp. 60–62.

Decisamente più rilevante, per la storia della filantropia milanese, fu la Società Umanitaria. Fondata nel 1893 con lo scopo di offrire ai poveri istruzione e lavoro, inizialmente ricevette poca attenzione da parte dei "fratelli", che vi parteciparono a titolo strettamente personale (il già citato Nulli, iscritto a *La Ragione*, Angelo Tondini, della *Carlo Cattaneo*, e Osvaldo Gnocchi Viani).

La limitata influenza massonica fece sì che la scuola entrasse nell'orbita dell'area socialista e del movimento operaio—molto attivi nel sociale—diventando un luogo sospetto agli occhi delle forze di pubblica sicurezza. I tumulti milanesi del 1898, nati per protestare contro le dure condizioni di vita e duramente repressi dall'esercito, fornirono il pretesto all'autorità pubblica per assumere il controllo dell'istituto, sostituendo la vecchia dirigenza.[687]

Ritornata indipendente nel 1901, essa poté godere, a partire dall'anno seguente, di un rinnovato slancio, esemplificato dalla creazione di uffici di collocamento, assistenza legale e medica—per le fasce di popolazione più deboli—nonché di sportelli per aiutare chi decideva di intraprendere la via dell'emigrazione. In quest'ultimo caso, questo servizio si andava ad affiancare al Commissariato generale dell'emigrazione, struttura appena costituita a livello nazionale con il compito di controllare e regolamentare il flusso migratorio. Questa complementarietà avrebbe raggiunto il suo apice nel 1920, quando Augusto Osimo e Giuseppe De Michelis (due "fratelli") sarebbero stati ai vertici dei due enti.[688] Con l'istituzione della Casa del Lavoro nel 1907, divenne possibile offrire, per alcuni giorni, un posto letto a chi fosse in difficoltà nel trovare una sistemazione.

Altrettanto significativa fu l'attività in ambito edilizio, con l'edificazione di case popolari, costruite secondo i criteri del movimento igienista, in cui accogliere, a basso costo, famiglie di lavoratori.[689]

Il punto di forza fu, però, un altro: la formazione professionale. I laboratori dell'Umanitaria si indirizzavano in gran parte ad operai generici con alle spalle tre anni di esperienza lavorativa e desiderosi di specializzarsi, incrementando il proprio bagaglio di conoscenze.[690] Vi erano, però, anche corsi

---

687 Fabio Pruneri, *L'Umanitaria e la massoneria*, in «Annali di storia dell'educazione e delle istituzioni scolastiche», vol. XI, 2004, p. 142.

688 Gerardo Padulo, *Contributo alla storia della massoneria da Giolitti a Mussolini*, in «Annali dell'Istituto italiano per gli studi storici», n. 84, 1983, p. 328.

689 Fabio Pruneri, *L'Umanitaria e la massoneria*, op. cit., p. 144.

690 Augusto Osimo, *Il fenomeno della disoccupazione e la Società Umanitaria*, in «Nuova

dedicati ad attività più artigianali quali la lavorazione del legno, del ferro, la decorazione di stoffe e l'oreficeria. Nel 1904, inoltre, fu inaugurata la Scuola del Libro, in cui si insegnavano le tecniche tipografiche più avanzate.

Nel 1910 l'Umanitaria accolse nel suo grembo la Casa del Popolo, centro di coordinamento di tutte le iniziative sociali nate per aiutare i salariati del capoluogo lombardo (Lega Nazionale delle Cooperative, Federazione delle Società di Mutuo Soccorso e Camera del Lavoro).[691]

La scelta di legarsi ad un ente strettamente connesso al partito socialista dimostra gli stretti legami e il dialogo che questa società manteneva con quel mondo. D'altra parte, fino al 1924 la presenza massonica all'interno del consiglio di amministrazione rimase circoscritta, con l'importante eccezione di Luigi Della Torre (presidente del sodalizio nel primo dopoguerra). Ciò si può spiegare da un lato con una certa comunanza di interessi tra i due gruppi e dall'altra con la convinzione dei "fratelli" lombardi che un intervento mediato, che rimanesse sul piano economico, fosse nettamente preferibile rispetto ad una gestione diretta della struttura. A tal proposito, è emblematico che, agli inizi del secolo, i membri della loggia *Carlo Cattaneo* fossero iscritti "d'ufficio" alla società in qualità di soci.[692]

Un'altra iniziativa spiccatamente educativa fu rappresentata dal fenomeno delle Università Popolari. La diffusione di questo modello educativo poté avvantaggiarsi del fatto che si era consolidato nel tempo e che, in quel preciso momento, stava raggiungendo il culmine della sua diffusione. La Gran Bretagna e la Danimarca erano state le antesignane di questo movimento. Già nel 1844, infatti, su impulso di Kristian Flor, professore all'università di Kiel, era stata istituita a Redding la primissima istituzione del genere che vedeva il coinvolgimento di accademici nell'organizzazione di conferenze, corsi e letture aperte al pubblico. Sei anni dopo, a Rjislinge era sorta la seconda università, i cui cicli di lezioni erano strutturate diversamente a seconda dell'uditorio di riferimento (sessione invernale per i contadini ed estiva per le donne). La situazione all'inizio del secolo era decisamente imponente: circa 60.000 studenti, di età compresa tra i 18 e 25 anni, suddivisi in 68 istituti.[693]

Antologia», vol. CCIX, 1906, pp. 244–246.

691 Fabio Pruneri, *L'Umanitaria e la massoneria,* op. cit., p. 147.

692 Gerardo Padulo, Contributo alla storia della massoneria, op. cit., p. 328.

693 Enrico Miletto, *"... la coltura per il popolo." L'Università Popolare di Torino (1900-1930),*

Per quanto concerne il Regno Unito, si dovette aspettare una ventina d'anni prima che l'élite cittadina e intellettuale si attivasse diffondendo questa tipologia educativa.

Nel 1870 le università di Cambridge, Oxford, Londra e Victoria avevano predisposto quella che si sarebbe chiamata *university extesion*, ovverosia l'organizzazione di una serie di conferenze e di corsi serali o festivi—a pagamento[694]—gestite da un corpo di insegnanti composto in prevalenza da giovani laureati. Peculiarità del mondo inglese era la possibilità di ottenere, al termine del ciclo di studi, un attestato che permetteva di accedere a un esame che—se superato—dava la possibilità di iscriversi alle università statali.[695]

In questa panoramica risultano interessanti anche il caso austriaco e quello spagnolo, più vicini nel tempo a quello italiano. Nel 1893 un gruppo di docenti dell'università di Vienna si era riunito e aveva stabilito di tenere dei corsi serali sui temi più svariati (scienze naturali, medicina, chimica, fisica, matematica, latino, giurisprudenza, storia e letteratura). Potendo contare sull'appoggio del governo centrale—che forniva loro un sussidio annuale di 6.000 fiorini—il sodalizio fu in grado di stampare e distribuire cataloghi con i programmi delle lezioni nonché affiggere manifesti e comprare spazi pubblicitari nei giornali.[696]

In Spagna la città di Oviedo fu il primo centro d'irraggiamento del movimento, cui seguirono altre Università in centri limitrofi (Avilles, Gijon, Felguara). Tra il 1903 e il 1904 furono inaugurati nuovi nuclei a Valencia, grazie all'impegno del romanziere—massone—Vicente Blasco Ibáñez[697], e a Madrid. Qualcosa di analogo avvenne anche a Barcellona con l'istituzione di realtà chiamate Atenei Popolari.

Università Popolare di Torino, Torino, 2013, p. 8.

694 L'importo era calcolato in maniera diversa per ogni partecipante a seconda della propria condizione economica. Carlo Sforza, *Le Università Popolari. Un nuovo movimento*, in «Nuova Antologia», vol. IV, 1901, p 345.

695 Enrico Miletto, *"... la coltura per il popolo"*, op. cit., p. 4.

696 Riccardo Marini, *L'Università Popolare in Italia*, Tip. Degli Artigianelli, Torino, 1900, p. 13.

697 Eugènia Ventura Gayete, *Aurelio Blasco Grajales, Vicente Dualde Furió y Vicente Blasco Ibañez: masones y periodistas*, in José Antonio Ferrer Benimeli (a cura di), *La masonería española en el 2000 una revisión histórica*, IX Symposium Internacional de Historia de la Masonería Española, vol. I, Zaragoza, Gobierno de Aragón, Departamento de Educación, Cultura y Deporte, 2001, pp. 395-406.

Il caso italiano, pertanto, s'inserisce a pieno titolo all'interno di questa cornice. Questa formula educativa era percepita come un elemento di grande innovazione da riproporre all'interno del contesto nazionale. Ne nacque così un dibattito che coinvolse testate specialistiche e giornali di vari orientamenti politici che concorsero a sensibilizzare l'opinione pubblica.[698]

Questi presupposti portarono alla nascita dell'Università Popolare di Torino. Questo ente—il primo del genere in Italia—si pose, in linea con gli insegnamenti europei, l'obiettivo di diffondere la cultura scientifica e letteraria tra tutti gli strati sociali, specialmente quelli più bassi, non in grado di iscriversi alle università vere e proprie. Le figure chiave di questo progetto furono quattro, tutte iscritte alla libera muratoria: il socialista Donato Bachi, i medici Pio Foà[699] e Amedeo Herltizka, oltre al professore di astronomia Francesco Porro.[700]

Aperta al pubblico nel 1900, la scuola offriva, previo pagamento, diversi corsi a tutti coloro che erano in possesso della licenza elementare. La filosofia positivista che permeava dirigenti e insegnanti—in gran parte professori universitari—fece sì che l'offerta formativa si concentrasse su temi pratici e scientifici, tralasciando l'aspetto umanistico. Le lezioni, pertanto, affrontavano questioni quali l'igiene, la prevenzione delle malattie, nozioni elementari di elettricità, chimica e diritto commerciale. Gli operai sembrarono gradire questa elaborazione dell'offerta formativa: essi rappresentavano il 38% dei partecipanti ai corsi, un dato superiore alla media europea che si aggirava sul 30%.[701]

Basandosi su quanto si stava facendo a Torino, anche le logge romane decisero di appoggiare la creazione di un'università popolare nella capitale. Un grosso input in favore dell'istituzione di un simile ente venne dall'Associazione fra i Liberi Docenti Romani, di cui era presidente il "fratello"

---

698 Enrico Miletto, "... la coltura per il popolo", op. cit., p. 10.

699 Pio Foà (1848-1923). Laureatosi nella facoltà di medicina e chirurgia di Pavia, intraprese la carriera di studioso di anatomia patologica. Ottenuta la cattedra presso Modena, nel 1884 fu chiamato a insegnare a Torino, dove rimase sino alla morte. Socio nazionale dei Lincei (1892) nel 1908 fu nominato senatore del Regno e, in questo ruolo partecipò alle discussioni sulla profilassi e sulla cura della tubercolosi. Fu il curatore del fondamentale *Trattato di anatomia patologica generale e speciale*.

700 Enrico Miletto, "... la coltura per il popolo", op. cit., pp. 17-19.

701 Enrico Miletto, *Laici e solidali. Massoneria e associazionismo in Piemonte (1861-1925)*, FrancoAngeli, Milano, 2018, p. 43.

Nunzio Nasi[702], in quel momento anche ministro della Pubblica Istruzione. Nel 1903 anche la Giunta del Grande Oriente d'Italia decise di contribuire, offrendo un sostegno economico all'istituto.[703]

A differenza del capoluogo piemontese, i corsi si rivolgevano non tanto agli operai quanto agli impiegati e ai commercianti. L'obiettivo, quindi, era di ampliare gli orizzonti culturali di quel ceto medio di cui la massoneria era in gran parte espressione.

Diversi insegnanti, che prestavano la loro opera a titolo gratuito, ricoprivano—o lo avrebbero fatto in seguito—ruoli di spicco all'interno della libera muratoria, a dimostrazione che l'impegno sociale era condiviso da tutti, comprese le alte sfere: tra tutti spiccavano Teresio Trincheri—presidente del Rito Simbolico Italiano dal 1909 al 1912—e Gustavo Canti—Gran Maestro Aggiunto dal 1912 al 1916.

8.2 L'assistenza ai bisognosi

E saurito l'ambito pedagogico, rimane da analizzare l'altro versante dell'impegno massonico, ovverosia l'azione per migliorare la qualità di vita delle fasce deboli della popolazione, soffermandosi—in particolare—sugli enti più significativi e le esperienze più interessanti.

Accanto a queste, però non bisogna dimenticare che le logge italiane mantennero, nel corso di tutto il periodo dell'Italia liberale, la prassi di donare, a vario titolo, denaro o beni durante determinate ricorrenze. Il 25 dicembre 1912, ad esempio, la loggia milanese *Fratelli Bandiera*, assieme alla *Cavalieri di Scozia* e al "fratello" Francesco Gondrand[704], offrì un pasto a circa 500

---

702 Nunzio Nasi (1850-1935). Nato a Trapani da una famiglia della media borghesia, dopo la laurea in giurisprudenza, iniziò ad insegnare in un istituto tecnico di cui divenne preside. Nel 1878, divenne responsabile della «Gazzetta di Trapani», organo del mondo liberale e radicale. Entrato nel consiglio comunale della propria città (1883-1926), nel 1886 fu eletto in Parlamento. Ministro delle Poste (1898-1899) e poi dell'Istruzione (1900-1903), nel 1908 fu condannato per peculato.

703 ASGOI, *Verbale* del 23 luglio 1903.

704 Francesco Gondrand (1840-1926). Nato in Savoia da una famiglia locale, concluso il collegio fu assunto da un amico del padre che si occupava di pratiche doganali. Dopo la cessione di questa regione dall'Italia alla Francia, si trasferì a Milano dove fondò, nel 1866, un'azienda di trasporti. Nel giro di 15 anni l'azienda ebbe un tale successo che aprì succursali non solamente in Europa ma anche in America. Oltre ai trasporti terrestri, Gondrand si interessò anche a quelli marittimi acquisendo agenzie di compagnie straniere. L'imprenditore riuscì a sviluppare nel tempo numerose altre attività collate-

poveri milanesi, per dare modo anche a loro di festeggiare il Natale.[705]

Ciò detto, la prima istituzione a mettere in pratica il programma di intervento filantropico, riuscendo a coniugare assieme assistenza ai bisognosi e diffusione dell'istruzione, sorse—ancora una volta—a Torino. Con la morte, avvenuta nel 1869, del commerciante di origine francese Carlo Alfonso Bonafous, la *Dante Alighieri*—nella figura di Fabretti—si impegnò a prestare fede alle sue ultime volontà affinché anche il capoluogo piemontese si dotasse di una scuola a indirizzo agricolo che ospitasse e poi reinserisse nella società civile ragazzi abbandonati o autori di piccoli reati. Il riferimento esplicito era alle due colonie francesi di Mettray presso Tours e di Oullins presso Lione.[706]

La prima comunità accoglieva principalmente minorenni coinvolti in crimini di lieve entità ma lasciati in libertà dalla giustizia. L'ente era stato fondato da un consorzio di cittadini creato a Parigi nel 1839 sotto il nome di Société Paternelle, ad opera di Frédéric-Auguste De Metz e dal visconte Bréttignères De Courteilles. La sede era situata all'interno di un grande podere nelle campagne della Turenna composto da un recinto quadrangolare sui cui due lati paralleli sorgevano le case che ospitavano i giovani.

L'attività dell'istituto era imperniata sulla coltivazione della tenuta ma, oltre a queste attività campestri, erano presenti pure officine per la produzione e riparazione di strumenti e attrezzi agricoli. Ai ragazzi veniva insegnato come fare il bucato, a cuocere il pane, a cucinare, ad allevare animali domestici, addirittura ad erigere opere di fognatura. La Société Paternelle esercitava la sua tutela anche quando i giovani lasciavano la colonia, adoperandosi per trovare loro una collocazione lavorativa e, qualora ciò non accadesse, di offrire un luogo di rifugio in caso di bisogno.

La fortuna ed il riconoscimento—anche internazionale—ottenuto dall'istituto di Mettray, spiega perché, nel giro di breve tempo, comparissero in altri paesi d'Europa istituzioni similari nell'aspetto e nella pratica, tra cui i due ricoveri-colonie di Redhill e la Reformatory School in Inghilterra, le scuole di Ruysselède e di Berneem in Belgio e il Mettray Neerlandais in Olanda.[707]

---

rali come il commercio di derrate alimentari e la produzione e vendita di ghiaccio.

705 *Notizie sull'attività delle Officine di Rito Simbolico Italiano*, in «Bollettino del rito simbolico italiano», n. 43, 1913, p. 4.

706 Demetrio Xoccato, *Un'educazione all'insegna della modernità: il caso torinese (1868-1925)*, in «L'Impegno. Rivista di storia contemporanea», n. 1, 2015, p. 23.

707 Pietro Baricco, *Torino*, vol. II, Paravia, Torino, 1869, p. 837.

Lo stabilimento di Oullins, invece, si occupava di accogliere giovani che avevano visto la propria condanna commutata in un periodo di riabilitazione da trascorre fuori dalla prigione. Questa particolare colonia era specializzata nella coltura di orti e giardini.

Tornando a Torino, il testamento di Bonafous prevedeva che il comune ricevesse la considerevole somma di 1.248.805 lire per scopi rieducativi. Grazie all'impegno profuso da Villa—e dopo un iter assai travagliato—questa cifra fu utilizzata per l'acquisto del castello di Lucento, alla periferia della città, e la sua sistemazione a sede dell'Istituto Agricolo Bonafous. Pertanto, nel 1871 prendeva vita questa istituzione che si poneva come scuola agraria maschile accogliendo, nella sua sede, giovani di età compresa tra i 10 e i 18 anni, provenienti da orfanotrofi o da famiglie disastrate. Qui, divisi in piccoli gruppi, ricevevano una educazione finalizzata alla formazione di contadini altamente qualificati e capaci di utilizzare gli ultimi ritrovati della tecnica. Parallelamente a questo percorso professionale i ragazzi ne seguivano uno di istruzione elementare che, però, durava di meno dovendo far convivere le lezioni con le esigenze lavorative nei campi.[708]

L'istituto si contraddistinse per una importante opera riformatrice nell'ambito della conduzione agricola. Tra il 1913 e il 1924, ad esempio, fu organizzato un corso—da effettuare in parallelo con gli altri—in cui gli allievi imparavano a scrivere a macchina, a perfezionarsi nella calligrafia e a gestire la contabilità. Gli studenti più promettenti, inoltre, venivano inviati alla Regia Accademia di Agricoltura dove potevano seguire lezioni sull'innesto e la frutticoltura.[709]

Diversamente dal caso dell'Istituto per le Figlie dei Militari, i "fratelli" torinesi si tennero fuori dalla gestione effettiva della struttura, ritenendo probabilmente più proficuo ricoprire unicamente il ruolo di finanziatori e benefattori. L'unico elemento che traspare di questa presenza è l'esplicito riconoscimento per i giovani non cattolici di avere propri ministri di culto.[710]

La nascita della Casa Benefica per i Giovani Derelitti fu, invece, merito dell'impegno civile dell'avvocato e pretore Luigi Martini. Questo "fratello",

---

708 Istituto Bonafous di Torino, *Origine ed ordinamento attuale (1872-1912)*, Stab. Arti grafiche Torelli, Casale Monferrato, 1912, p. 17.

709 *Ivi*, pp.17-18.

710 Istituto Bonafous, *Regolamento interno dell'Istituto Bonafous approvato dal consiglio comunale nella seduta del 19 luglio 1871*, Tip. Botta, Torino,1871, p. 22.

lavorando in stretto contatto con giovani in difficoltà e spesso autori di crimini, fece propria la convinzione che si dovesse soccorrere gratuitamente questi ragazzi, offrendo loro un futuro e una possibilità di reinserimento sociale. Grazie al suo impegno, nel 1889 il sodalizio veniva inaugurato ufficialmente, accogliendo al suo interno ragazzi e ragazze di età compresa tra i 7 e i 16 anni non in grado di provvedere a sé stessi. L'intento primario era quello di garantire loro una istruzione—generalmente professionale—e uno sbocco lavorativo. I ragazzi in età da lavoro venivano inseriti all'interno di officine e laboratori artigiani, ottenendo in cambio una remunerazione versata su un apposito libretto personale che veniva consegnato all'uscita dall'istituto.[711]

L'influenza massonica fu relativamente contenuta, per quanto sempre presente: oltre al fondatore, che la presiedette fino alla morte (1894), ci furono alcuni consiglieri dell'amministrazione—tra cui l'immancabile Villa—e l'avvocato Felice Tedeschi (vicepresidente nel 1920).

Pionieristica e con caratteristiche assolutamente peculiari fu l'associazione Filantropia Senza Sacrifici, fondata a Milano nel 1877. Ispirandosi alle esperienze austriache e svizzere, dove alcune società benefiche si erano organizzate per il riciclo e la vendita del tabacco rimasto nei mozziconi dei sigari, i promotori avevano pensato di raccogliere vecchi giornali, libri e ritagli di carta, e rivenderli donando il ricavato ad enti filantropici.[712]

La cittadinanza reagì molto positivamente a questo progetto e le donazioni di fogli, ritagli e libri assunsero dimensioni significative: nel solo 1881 la società recuperò un centinaio di volumi illustrati e 250 quintali di carta, per un valore totale di più di 2.200 lire.[713]

Osservando l'organigramma della Filantropia Senza Sacrifici emerge chiaramente che la massoneria milanese giocò un ruolo importante. Dei 18 componenti del consiglio di amministrazione, nel 1886 cinque di essi erano "fratelli". Si tratta di un numero apparentemente esiguo ma, osservando

---

711 Marcella Filippa, Giorgina Levi, «Eravamo come uccelli sperduti». Cento anni di storia della Casa Benefica di Torino (1889-1989), Cooperativa di Consumo e Mutua Assistenza Borgo Po e Decoratori, Torino, 1989.

712 La filantropia senza sagrifici [sic] a Milano, in «Rivista della beneficenza pubblica e degli Istituzioni di previdenza», fasc. 2, 1877, p.166.

713 L'Istituzione «Filantropia senza sacrifici» in Milano, in «Rivista della beneficenza pubblica e delle Istituzioni di previdenza», fasc. 2, 1881, p.189.

più nel dettaglio, costoro occupavano tutte le posizioni chiave ed erano così in grado di indirizzare le scelte dell'ente: iscritti alla libera muratoria erano, infatti, il presidente (Malachia De Cristoforis, figura di primissimo piano in ambito cittadino e nazionale), il vice presidente e l'economo.[714]

La nascita a Torino di un piccolo asilo per bambini rachitici, fornì lo spunto a Pini per sensibilizzare l'opinione pubblica milanese su questa grave piaga sociale. Le logge del capoluogo lombardo—in primis *La Ragione*—diedero un importante apporto, contribuendo alla fondazione dell'Istituto dei Rachitici, aperto ufficialmente nel gennaio del 1875. Elemento interessante è che la raccolta fondi per l'apertura del sodalizio vide il sostegno anche di officine geograficamente lontane e, quindi, non direttamente coinvolte dalle ricadute positive dell'inaugurazione della struttura sanitaria. *L'Unità e Garibaldi* di Palermo, ad esempio, versò 40 lire.[715]

I primi anni di vita furono abbastanza stentati e il sodalizio venne inizialmente strutturato come una specie di scuola-ambulatorio, che accoglieva ragazzini dai cinque ai dieci anni sottoponendoli ad alcune terapie ortopediche. La trasformazione in complesso ospedaliero avvenne gradualmente e fu frutto del maggiore contributo economico da parte delle forze filantropiche cittadine. A partire dagli anni Ottanta dell'Ottocento l'istituto crebbe d'importanza, venendo suddiviso in tre ambienti distinti: ambulatorio (per l'accoglienza, censimento e fornitura delle prime cure), scuola (per il supporto pedagogico, i trattamenti ortopedici e gli esercizi ginnici) e, infine, infermeria (per gli interventi chirurgici).[716]

Un'altra iniziativa rilevante sul piano medico ebbe come centro il capoluogo piemontese. Qui, grazie a 100 lire raccolte dalla *Dante Alighieri*, il dottor Laura poté fondare, nel 1883, il primo ospedale infantile d'Italia, il Regina Margherita. Diviso in due sezioni differenti, medicina e chirurgia, la clinica erogava cure ai bambini poveri di età compresa tra i due e i dieci anni, interamente a titolo gratuito. Il successo di questa iniziativa portò ad ampliare strutture e servizi. Nei primi dieci anni di attività furono ricoverati oltre 3.000 bambini, cui si affiancarono consulenze e cure per altri 68.000 adolescenti.[717]

---

714 *Guida di Milano per l'anno 1886*, Tip. Bernardoni, Milano, s.d., pp. 589-590, 620-621.

715 *Notizie Massoniche*, in «La Luce. Eco della costituente massonica», n. 37, 1874, p. 24.

716 Giorgio Cosmacini, *Due istituzioni, un uomo: la "Ca' Granda", i "Rachitici" e Gaetano Pini*, in «La ca' granda», fasc. 2, 2004, pp. 15–17.

717 Annibale Nota, *Resoconto clinico statistico della sezione chirurgica dell'ospedale infantile*

A corollario di questa fervente attività in campo sanitario si ebbe la nascita, sempre a Torino, della Croce Verde. Questa associazione di volontari, sorta nel 1907, forniva un servizio pionieristico di primo soccorso in caso di infortuni sul lavoro tramite l'uso di automezzi. A cavallo tra il XIX e il XX secolo, infatti, questi incidenti erano divenuti la principale causa d'infermità tra la popolazione civile, assumendo i caratteri di una vera e propria emergenza.[718]

Principale animatore di questa iniziativa fu un gruppo di volenterosi tra cui spiccavano l'industriale piemontese—e "fratello"—Gino Olivetti, e il criminologo Cesare Lombroso che, pur non essendo massone, ne condivideva ideali e battaglie. Quest'ultimo fu nominato presidente del giovanissimo sodalizio ma, da lì a poco, abbandonò l'incarico per motivi di salute.[719] L'elezione, nel 1910, di Olivetti rappresentò una cesura importante che diede un notevole impulso al sodalizio, complici il suo carisma e la sua contemporanea nomina a segretario della Confederazione italiana dell'industria (associazione che riuniva tutti gli imprenditori del Regno).

Il sostegno nei confronti dei poveri non poteva esimersi dall'affrontare un altro tema essenziale come quello del cibo: malnutrizione e irregolarità nell'alimentazione erano diffuse e frequenti tra la popolazione urbana. La prima Cucina Popolare, che provvedeva al confezionamento e alla vendita di generi alimentari al costo di produzione, nacque a Lipsia (Germania) nel 1849, prendendo spunto dall'esperienza delle società cooperative di matrice inglese. Qui, un gruppo di esponenti del ceto dirigente cittadino aprì, nella piazza Reale del paese, un locale—dotato di cucina e refettorio—in cui si poteva acquistare e consumare un pasto già confezionato. Nel solo primo anno di attività, la cucina distribuì 122.000 razioni mentre la media, nei successivi ventidue anni di esercizio, si attestò sulle 177.000.[720] Si tratta

---

Regina Margherita in Torino dal 1 gennaio 1894 al 31 dicembre 1899, Tip. Salesiana, Torino, 1900; Ospedale infantile Regina, Margherita, *Resoconto clinico statistico, Sessennio 1 gennaio 1884 al 31 dicembre 1889*, Tip. Salesiana, Torino,1900.

718 Marino Properzi, Patrizio Abrate, Vassili Bonucci, *90 anni di storia verde (1907-1997)*, Croce Verde, Torino, 1997, p. 9.

719 Augusto Comba, *La massoneria tra filantropia e pedagogia*, in Augusto Comba, Emma Mana, Serenella Nonnis Vigilante, (a cura di), *La morte laica. Storia della cremazione a Torino (1880-1920)*, vol. II, Scriptorium, Torino, 1998, p. 213.

720 Nel solo 1848 le cucine distribuirono oltre 3.000 pasti al giorno. *Le cucine economiche*, in «Rivista della beneficenza pubblica e delle Istituzioni di previdenza», fasc. 2, 1881, p. 187.

di cifre veramente consistenti e che spiegano perché, nel giro di breve tempo, venisse inaugurata una succursale in un altro quartiere della città.

Da lì il modello si diffuse in altri paesi, tra cui Francia e Svizzera. A Ginevra, un gruppo di operai, organizzatisi in società, ottennero dal municipio un locale da utilizzare per la preparazione di cibo oltre a una fornitura gratuita di legna e sale. Dopo solo tre mesi, il sodalizio poté affrancarsi dal sostegno municipale e acquistare forniture alimentari all'ingrosso da rivendere a prezzo di costo.

La Cucina Popolare di Grenoble fu invece frutto dell'impegno di Frédéric Taullier, professore universitario e sindaco del comune. Inaugurata nel 1851, la giovane istituzione conobbe anch'essa un notevole successo che le permise, nel giro di tre anni, di saldare ogni debito contratto per la messa in funzione e di non dover più dipendere dagli aiuti economici dell'amministrazione cittadina.[721]

Dopo Ginevra e Grenoble, toccò alla città scozzese di Glasgow, vedere nascere delle cucine economiche. Come per il caso francese, anche qui esse sorsero grazie all'iniziativa di un filantropo, l'industriale Thomas Corbett, il quale fornì il capitale necessario per l'impresa. All'apertura della prima struttura nel settembre del 1860 ne seguirono rapidamente delle altre che portarono il numero totale a ben tredici. Questa crescita permise a Corbett non solo di recuperare la somma sborsata ma anche di ottenerne un guadagno (nel 1862 il profitto ammontava a 4.000 franchi). Ben presto enti simili furono installati in altre città del Regno Unito, quali Birmingham, Liverpool e Manchester. Un ultimo caso interessante, per le analogie con le vicende italiane, è quello belga. Qui, infatti, a sostegno della cucina di Bruxelles intervenne in maniera determinante la massoneria locale. Le due più importanti logge della capitale—*Les Amis philanthropes* e *Vrais Amis de l'Union et du Progrès Réunis*—diedero vita, nel 1867, a un'associazione denominata Atelier Réunis, con il preciso scopo di gestire una cucina popolare dotandola di una cospicua somma (3.000 franchi). Il comune, dal canto suo, donò il terreno su cui l'ente fece erigere i locali in cui si sarebbero prodotte e vendute le pietanze già dall'anno seguente. Questa iniziativa ebbe importanti ripercussioni perché, sulla sua scia, nacquero organismi similari in tutto lo stato (Liegi, Anversa, Namur e Gand).[722]

---

721 Enrico Miletto, *Laici e solidali*, op. cit., pp. 86-87.

722 Victor Serwy, *La Coopération en Belgique. Le développement de la coopération (1914-*

Tornando ad affrontare nello specifico il panorama italiano, la prima città italiana ad ospitare una cucina fu Modena nel 1880. A questa prima esperienza nel giro di pochi anni se ne aggiunsero molte altre quasi tutte geograficamente concentrare nel centro-nord. Tra di esse spiccavano quelle di Milano (1881), Genova (1884), Firenze (1885), Udine (1886) e Venezia (1887).[723]

In questo contesto sorsero, nel 1884, le Cucine Popolari di Torino e di Novara, entrambe con il sostegno della libera muratoria del luogo. Le prime ebbero un notevole incremento, aprendo succursali nei diversi quartieri della città e raggiugendo quota nove nel 1891. Questa crescita impetuosa, dovuta anche al primo presidente—il medico igienista e professore Luigi Pagliani[724]—conobbe poi una brusca flessione. Nonostante l'indefesso lavoro dell'industriale Cesare Goldmann la situazione non fece che peggiorare anche perché il comune, principale finanziatore, ridusse drasticamente i versamenti (si passò dalle iniziali 12.000 lire alle 3.000 del 1899), portando alla chiusura nel 1900.[725]

Un elemento decisamente interessante di questa esperienza è che le Cucine torinesi divennero anche un bacino di reclutamento per la massoneria, a dimostrazione dell'osmosi che vi era tra impegno sociale e affiliazione. Molti elementi chiave dell'amministrazione, infatti, si iscrissero, nel tempo, al Grande Oriente d'Italia, si pensi ai citati Pagliani (entrato nel 1889 nella *Rienzi* di Roma) o Goldmann (nel 1890 membro della *Pietro Micca-Ausonia*).

Un discorso a sé stante meritano le Cucine di Novara. Qui, infatti, la massoneria si era già impegnata da alcuni anni in ambito alimentare, sostenendo la formazione e la diffusione di Forni Cooperativi per la cottura del pane e poteva, pertanto, vantare una solida esperienza pregressa.

1940), vol. III, Les propagateurs de la coopération, Bruxelles, 1948, p. 7; *Le cucine economiche*, in «Rivista della beneficenza pubblica e delle Istituzioni di previdenza», fasc. 2, 1881, p. 187; Enrico Miletto, *Laici e solidali*, op. cit., p. 87.

723 Alessandro De Brun e Carlo De Mattia, *Le istituzioni filantropiche: cucine economiche, albegrhi popolari, case operaie*, UTET, Torino, 1914.

724 Luigi Pagliani (1847-1932). Laureatosi in medicina a Torino (1868), fu nominato professore della prima cattedra di igiene istituita in Italia (incarico che mantenne dal 1881 al 1924). Chiamato a Roma dal presidente del Consiglio Crispi, fu posto alla guida della Direzione Generale di Sanità. Qui ottenne importanti successi nella lotta contro il colera, che colpiva soprattutto il Sud Italia, e nella individuazione della Ancylostomiasis. Assieme a Crispi, nel 1888 elaborò la prima legge sulla tutela dell'igiene della sanità pubblica.

725 Enrico Miletto, *Laici e solidali*, op. cit., pp. 83–103.

A differenza del caso torinese la dirigenza—che vedeva la presenza degli avvocati Attilio Carotti e Francesco Gastaldi della *Ugo Foscolo* e Secondo Perone della *Indipendenza*—optò per l'indipendenza finanziaria delle cucine, attraverso la vendita di azioni al pubblico.

Altro elemento di interesse è che i "fratelli" di questo centro urbano di medie dimensioni dimostrarono una notevole dinamicità sostenendo parallelamente altre iniziative. Prendendo spunto dalla vicina Milano, infatti, nel 1878 Angelo Pogliano, leader della citata *Ugo Foscolo*, diede vita alla Filantropia senza Sacrifici, associazione da cui poi nacque il Comitato di Soccorso alle Madri Lattanti Povere. Quest'ultima distribuiva gratuitamente latte alle mamme che dovevano svezzare i propri bambini e che erano prive del proprio.[726]

Il sostegno offerto ai senza tetto e ai poveri, però, non poteva limitarsi solamente alla fornitura di un pasto caldo. Nacque così l'esigenza di fornire un luogo adatto dove poter trascorrere la notte al caldo e in sicurezza.

Ancora una volta il panorama europeo—e nello specifico quello francese—fornì importanti suggerimenti. A Parigi, infatti, esisteva da tempo la *Societé Philantropique* la quale, nel 1878, aveva aperto il primo asilo notturno sul continente europeo. Questo ricovero accoglieva chiunque si presentasse alle sue porte, offrendo ospitalità, vestiti, cibo e, laddove possibile, una sistemazione lavorativa dignitosa. L'anno seguente era poi stata inaugurata una apposita sezione femminile e, nel 1886, la situazione parigina era divenuta assai articolata: le strutture erano diventate sei (tre per sesso), per un totale di 394 letti per gli uomini, 190 per le donne e 50 culle. Secondo i dati riportati dalla «Rivista della beneficenza pubblica e delle Istituzioni di previdenza», nel 1884 erano state accolte quasi 58.000 persone.[727]

L'importanza di questa esperienza fu riconosciuta non solo a livello internazionale—la rivista inglese «Public Health» nel 1896 vi dedicò un reportage[728]—ma anche a livello italiano. L'ampio risalto dato alla struttura parigina e al suo funzionamento, sulle riviste scientifiche e d'igiene di lingua italiana—oltre alla rivista citata in precedenza, anche «L'ingegneria sani-

---

726 Marco Novarino, *Fratellanza e solidarietà. Massoneria e associazionismo laico in Piemonte dal Risorgimento all'avvento del fascismo*, Sottosopra, Torino, 2008, p. 299.

727 *Gli Asili notturni a Parigi e a Londra*, in «Rivista della beneficenza pubblica e delle Istituzioni di previdenza», fasc. 2, 1886, p. 167.

728 *A municipal night shelter in Paris*, in «Public Health», vol. 8, 1896, p. 23.

taria» pubblicò un articolo sull'argomento nel 1891[729]— dimostra quanto l'idea di istituire un ricovero temporaneo fosse accolta come estremo interesse anche nel Bel Paese.

Il primo asilo notturno di un certo rilievo fu l'Asilo Raffaele Sonzogno di Roma. Fortemente voluto dall'editore Edoardo Sonzogno, in omaggio al fratello defunto, esso fu ufficialmente inaugurato il 6 febbraio 1887.[730]

All'interno dell'edificio sito in via Flaminia, disoccupati, mendicanti e inabili al lavoro trovavano un alloggio dignitoso, acqua calda, e "buone letture". Il successo fu pressoché immediato, dal momento che nel primo trimestre di attività furono accolte ben 3.504 persone (in prevalenza giovani tra i 15 e i 25 anni, ma anche madri con lattanti).

L'influenza massonica all'interno di questa iniziativa è facilmente identificabile, tanto più che lo stesso Gran Maestro Adriano Lemmi[731] si impegnò in prima persona in questa iniziativa, assumendo l'incarico di presidente del comitato direttivo.[732]

A brevissima distanza dalla fondazione del Raffaele Sonzogno, anche Torino si dotava della medesima struttura. Inaugurato ufficialmente nel gennaio del 1888, l'Asilo Notturno Umberto I si proponeva di accogliere nelle sue sale sia i senzatetto locali sia gli stranieri poveri, non in grado di permettersi un soggiorno migliore delle panchine all'interno dei giardini pubblici.[733]

Gli ospiti erano dapprima identificati e poi condotti in uno spogliatoio dove si cambiavano mentre i loro vestititi venivano sterilizzati, quindi erano portati in una sala e sottoposti a una visita medica. La durata della per-

---

729 *L'asilo notturno Umberto I in Torino*, in «L'ingegneria sanitaria», n. 7, 1891, pp. 101-102.

730 *L'Asilo notturno R. Sonzogno a Roma*, in «Rivista della beneficenza pubblica e delle Istituzioni di previdenza», fasc. 2, 1887, pp. 153-154.

731 Adriano Lemmi (1822-1906). Infuso di sentimenti patriottici sin da giovanissimo, lasciò la Toscana recandosi volontariamente in esilio dove si dedicò al commercio. Nel 1847 fece la conoscenza di Mazzini e, due anni dopo, lo raggiunse a Roma in difesa della repubblica. Compromessosi con il tentativo insurrezionale del 1853, riparò in Svizzera e, in seguito, a Costantinopoli. Nel 1860, nel corso della spedizione dei Mille, ricevette da Garibaldi la concessione di una ferrovia e più tardi del monopolio dei tabacchi.

732 *L'asilo notturno Raffaele Sonzogno—Rapporto trimestrale*, in «Rivista della massoneria italiana», n. 23-24, 1887, p. 191.

733 *L'Asilo notturno Umberto I in Torino*, op. cit., p. 101.

manenza era fissata a quattro notti consecutive, anche se—in casi speciali —era possibile ottenere delle proroghe.[734]

Il numero di ricoverati conobbe una crescita esponenziale passando dai 1.080 del primo anno al picco massimo di 7.425 del 1911. A partire dal 1915, complice anche l'influenza negativa del Grande Guerra, il numero di persone ebbe un crollo giungendo, nel 1918, ai minimi (3.256 ospiti), per poi lentamente risalire.[735]

A parte l'industriale Giulio Peyrot (uno dei fondatori), nei primi anni di vita l'influenza massonica rimase abbastanza circoscritta. Fu solamente a partire dagli anni Dieci del Novecento che essa prese sempre più piede per poi giungere a controllare i principali gangli vitali dell'istituto negli anni Venti, durante la presidenza di Giuseppe Chiesa (membro della loggia *Propaganda*). Questa condotta si può spiegare con la funzione mediatrice che essa ebbe tra le due minoranze che contribuirono maggiormente alla vita della struttura: quella israelitica e quella protestante.

Visto il successo, questo modello di prima accoglienza fu riproposto anche in realtà urbane minori. Un esempio notevole è Livorno. La città toscana, di piccole dimensioni ma con una storica e radicata presenza massonica, stava conoscendo anch'essa un impetuoso sviluppo industriale e la conseguente nascita di sobborghi operai. Di fronte alle difficoltà economiche dei working poor nel 1893, su impulso del locale Comitato Filantropia Senza Sacrifici, questo centro si dotò di un asilo.

L'associazione promotrice era una diretta emanazione della massoneria locale: pressoché tutti i suoi soci erano "fratelli", in gran parte afferenti alla loggia *Garibaldi-Avvenire* (su tutti spiccava l'imprenditore Rosolino Orlando[736], futuro sindaco).

Aperto sia a uomini e sia a donne—rigorosamente separati in due dormitori

---

734 Società Asili Notturni in Torino, *Statuto e regolamenti*, Officina Grafica Elzeviriana, Torino,1923.

735 Enrico Miletto, *Laici e solidali*, op. cit., p. 149.

736 Rosolino Orlando (1860-1924). Esponente del notabilato locale, dopo la laurea in giurisprudenza presso l'Università di Genova entrò nella gestione dell'impresa di famiglia, il Cantiere Navale Orlando di Livorno. A seguito dei dissidi interni al nucleo familiare, nel 1904 abbandonò l'azienda intraprendendo una carriera dirigenziale presso molte importanti società (Cementiera Italiana, Ilva, Società Siderurgica di Savona, Società Anonima Torbiere d'Italia). In qualità di sindaco della città (1895-1897, 1915-1920) fece costruire molte importanti opere infrastrutturali.

—esso poteva contare su di una capienza di 300 persone. Come per Torino, anche qui gli ospiti potevano essere accolti per un numero massimo di notti consecutive (in questo caso cinque), dopodichè venivano indirizzati o ad altri istituti o alle autorità per trovare loro una sistemazione meno provvisoria.[737]

A sei anni dall'inizio delle attività, lo stesso Gran Maestro Ernesto Nathan[738], accompagnato dal direttore della «Rivista della massoneria italiana» Ulisse Bacci, colse l'occasione dell'inaugurazione del monumento a Luigi Orlando per visitare personalmente l'istituto, ammirandone i progressi e versando un contributo in denaro: si trattava di un evidente segno dell'approvazione dei vertici del Grande Oriente d'Italia nei confronti di questo genere di iniziative.[739]

Parallelamente alla fondazione degli asili notturni, a Milano le logge si apprestarono a costituire l'associazione Soccorso Fraterno. L'idea era nata a Pini in seguito ad una sottoscrizione sorta per correre in aiuto di un piccolo nucleo di famiglie prive di una casa e colpite dal duro inverno del 1879. Il comitato promotore di questo sodalizio si pose l'ambizioso obiettivo di fornire tutta una serie di servizi necessari a combattere il disagio e le piaghe della povertà: erogazione di sussidi e ricoveri per chi non era in grado di lavorare, protezione dei giovani dalle violenze domestiche e dagli sfruttamenti in ambito lavorativo, assistenza nella ricerca di un impiego e miglioramento delle condizioni igieniche dei quartieri popolari.[740]

A tal fine furono istituiti sei comitati rionali con il compito di gestire le richieste di aiuto e fornire il necessario sostegno. A pochi anni dalla nascita il bilancio era nettamente positivo: nel solo 1881 erano state accolte 231

---

737 *Gli asili notturni in Livorno*, in «Rivista della massoneria italiana», n. 18-20, 1893, pp. 278-280.

738 Ernesto Nathan (1845-1921). Nato a Londra da madre italiana e da un tedesco naturalizzato inglese, trascorse i primi anni all'estero per poi rientrare in Italia nel 1859. Nel 1871, su invito di Mazzini, si trasferì a Roma dove assunse la carica di amministratore de «La Roma del popolo». Ottenuta la cittadinanza italiana nel 1888, entrò a pieno titolo nella vita politica e culturale della capitale del Regno. Eletto sindaco nel 1907, rimase in carica fino al 1913, distinguendosi per le attività svolte in ambito edilizio e per la municipalizzazione dei servizi pubblici.

739 *A Livorno. Feste massoniche per l'inaugurazione del monumento al F.·. Luigi Orlando 33.·.*, in «Rivista della massoneria italiana», n. 1-2, 1899, p. 23.

740 Ambrogio Viviani, *Storia della Massoneria lombarda dalle origini al 1962*, Bastogi, Foggia, 1992, p. 127.

domande ed erogate più di 1.700.000 lire.[741]

La strettissima connessione di questo ente con la massoneria—ne facevano parte molti esponenti delle logge—ebbe però uno spiacevole risvolto nel 1886. In quell'anno, infatti, avvenne una scissione all'interno delle logge milanesi che avrebbe portato alla nascita di un nuovo organismo massonico che, a metà degli anni Novanta, si sarebbe chiamato Grande Oriente Italiano. Questo scontro interno portò alla messa sotto accusa del presidente Pini che, implicitamente sospettato di scarsa trasparenza nella gestione, presentò le sue dimissioni in luglio.[742]

Solamente nel 1888 la situazione di crisi in cui versava la società poté essere definitivamente risolta e l'associazione fu rifondata. Nel giro di breve tempo, il Soccorso Fraterno si consolidò e poté estendere le proprie attività, dando vita a nuovi istituti o appoggiando quelli già attivi. Il primo passo verso questo ampliamento del raggio di azione fu la messa a disposizione degli studenti poveri di libri, carta e articoli scolastici cui seguì l'istituzione di un servizio di patrocinio gratuito a sostegno di quei lavoratori colpiti da infortuni imputabili a terzi o a negligenza altrui. Come ulteriore evoluzione furono aperti dapprima dei panifici sociali (il primo nacque a Cuggiono, in provincia) e poi un Magazzino Benefico, in cui gli operai potevano comprare, a prezzo di costo, vestiti da lavoro e utensili.[743]

A causa della complessa congiuntura economica, verso la fine del secolo XIX la piaga della mendicità raggiunse i suoi massimi. Non deve stupire, pertanto, che in questo frangente nascessero nuovi enti, nel tentativo di alleviare le condizioni in cui vivevano le persone ai margini della società. Già nel 1875, ad esempio, a Firenze era sorto un istituto per combattere questa piaga. All'interno della struttura i bisognosi ricevevano vestiario e generi alimentari. Oltre a ciò essa si era dotata di laboratori in cui gli uomini potevano dedicarsi alla realizzazione di oggetti ricevendo in cambio una retribuzione.[744]

---

741 *L'Istituzione «Il Soccorso Fraterno» in Milano*, in «Rivista della beneficenza pubblica e delle Istituzioni di previdenza», fasc. 3, 1882, p. 285.

742 *Soccorso fraterno*, in «Humanitas», n. 3, 1886, pp. 8-9.

743 *Il "Soccorso fraterno a Milano"*, in «Rivista della massoneria italiana», n. 14-17, 1894, p. 268.

744 *La Società per la prevenzione e per la repressione dell'accattonaggio in Firenze*, in «Rivista della beneficenza pubblica e delle Istituzioni di previdenza», fasc. 7, 1884, pp. 643-646.

Nel 1896 l'avvocato Ettore Obert, genero del fondatore della Casa Benefica nonché Maestro della *Cavour,* diede vita a un comitato dalla cui azione sarebbe nato—tre anni più tardi—l'Istituto contro l'Accattonaggio Pane Quotidiano di Torino.[745]

Scopo principale era quello di fornire assistenza immediata ai mendicanti, offrendo loro—in collaborazione con altri istituti di beneficenza cittadini —cibo e un sostegno nel caso in cui volessero tornare nel proprio paese di origine o trovare un'occupazione dignitosa.[746]

Il sodalizio ebbe immediatamente un buon riscontro e il numero degli assistiti crebbe costantemente raggiungendo, nel 1902, il suo apice, con 38.254 persone soccorse e la distribuzione di 99.377 razioni di minestra, 107.449 di pane, 10.935 di vino e 5.256 di latte.[747]

Le richieste sempre maggiori portarono, nel 1903, all'apertura di un'ulteriore struttura in un altro quartiere della città. Oltre alla distribuzione di cibo, il sodalizio si caratterizzò anche per la costituzione di un laboratorio sartoriale per la riparazione di vestiti usati da parte di operai altrimenti disoccupati.[748]

Altro "fratello" che occupò posizioni di primissimo piano all'interno di questa organizzazione fu l'industriale della gomma e di cavi elettrici Francesco Martiny che occupò dapprima il ruolo di vicepresidente, quindi quello di segretario e, infine, di consigliere.

Pressoché in contemporanea anche nella capitale si diffuse il progetto di dotarsi della medesima istituzione. Molto probabilmente a ciò contribuì anche qualche input massonico: non è assolutamente elemento secondario il fatto che l'estensore incaricato della redazione dello statuto fosse proprio Guido Cavaglieri, direttore della «Rivista italiana di sociologia» e membro della *Universo.*[749] Dopo un paio d'anni di gestazione nacque la Società

745 Archivio Storico della Città di Torino, Affari gabinetto del sindaco, Istituto contro l'accattonaggio Pane quotidiano, inventario 2034, Cartella 161 bis, Fascicolo 84, *Statuto, concorso municipale, 1899.*

746 Istituto contro l'accattonaggio Pane quotidiano, *Cronologia documentata dall'anno della sua fondazione al gennaio 1904,* Tip. Wolf, Torino, 1904.

747 Enrico Miletto, Marco Novarino, « ... *Senza distinzione politica e religiosa». Repertorio bibliografico e archivistico sull'associazionismo laico a Torino e provincia (1848-1925),* Centro Studi Piero Calamandrei, Torino, 2011, p. 95.

748 Enrico Miletto, *Laici e solidali,* op. cit., p. 111.

749 *La Società contro l'accattonaggio in Roma,* in «Rivista della beneficenza pubblica e delle Istituzioni di previdenza e di igiene sociale», fasc. 4-5, 1896, pp. 372-379.

contro l'Accattonaggio di Roma e i primi risultati ottenuti furono significativi. Dal 26 gennaio al 12 giugno 1898 furono soccorse 103.796 persone,
corrispondenti ad una media di 756 poveri al giorno. In cambio dei servizi
offerti era richiesto, con l'eccezione dei disabili, di impegnarsi in qualche
attività lavorativa. A tale scopo fu istituita una colonia agricola nella tenuta
di Capo di Bove in cui gli assistiti sarebbero stati convogliati.[750]

Strettamente legata alla lotta alla mendicità e alla campagna igienista per
rendere più salubri le città fu un'altra istituzione sorta nel capoluogo piemontese nel 1887: i Bagni Popolari. Di fronte alla necessità di combattere la
diffusione delle malattie infettive, il direttivo delle Cucine Popolari decise
di utilizzare un edificio adiacente in modo che la popolazione—uomini e
donne—potesse usufruire di docce e bagni a prezzi contenuti. Dopo i primi anni di rodaggio, la struttura si consolidò, incoraggiando l'apertura di
altri stabilimenti nei quartieri di Borgo Dora (1899), San Donato (1900)
oltre che in centro. L'interesse del comune nei confronti dell'iniziativa lo
spinse ad assumerne la proprietà, dando vita a nuove succursali e al cambio
di denominazione in Bagni Municipali (1913).[751]

In chiusura, vale la pena citare che l'impegno della libera muratoria ab-
bracciò anche un settore economicamente rilevante come quello dell'edilizia popolare. Si è già accennato all'attività svolta in quest'ambito da parte
dell'Umanitaria e qualcosa di simile avvenne anche in altre città. Nel 1902,
ad esempio, vide la luce la Società Torinese per le Abitazioni Popolari, grazie all'impegno del solito Pagliani. Questa organizzazione si dedicava alla
costruzione e all'acquisto di abitazioni secondo i requisiti socio-sanitari più
all'avanguardia per poi affittarle o venderle direttamente a nuclei famigliari
a basso reddito.[752]

8.3 Un bilancio

Tutti gli interventi e le iniziative promosse dai "fratelli" nei campi del
soccorso e della cura degli ultimi nonché della diffusione della cultura
e dell'educazione professionale rientravano nell'ampio disegno di un siste-

---

750 *Società contro l'accattonaggio in Roma*, in «Rivista della beneficenza pubblica e delle
Istituzioni di previdenza e di igiene sociale», fasc. 3, 1899, p. 293.

751 *I Bagni popolari di Torino*, Tip. Cooperativa, Torino, 1888; Enrico Miletto, Marco Novarino, « *... Senza distinzione politica e religiosa*», op. cit., p. 87.

752 Maria D'Amuri, *Le case per il popolo a Torino. Dibattiti e realizzazione (1849-1915)*,
Carocci, Roma, 2006.

ma laico di assistenza che si contrapponeva idealmente—e polemicamente—al mondo dell'associazionismo cattolico. L'azione massonica, infatti, veniva raffigurata non come «forma di carità, ma di filantropia». Mentre i clericali agivano secondo gli schemi concettuali del 'decoro' e della beneficenza (intesa come elemosina), i liberi muratori compivano la loro missione in nome della 'razionalità' e della solidarietà (intesa come elevazione umana e materiale). Nel 1874 un periodico affermava efficacemente che aiutare le persone in difficoltà voleva dire «toglierli all'abbandono, all'inerzia, alle sofferenze, ridonandoli utili cittadini a sé stessi ed alla patria».[753]

La messa in pratica di questa elaborazione teorica, però, si rivelò complessa e—come si è visto nel corso del testo—il quadro risultante è un florilegio di iniziative composite e contraddittorie.

Dopo una serie di prime iniziative effimere ed estemporanee, frutto di singoli "fratelli" e logge, si giunse, a partire dagli anni Ottanta del 1900 ad un'azione più sistematica e durevole, grazie anche alle esperienze di successo che provenivano da oltralpe e che fornivano spunti e modelli (si pensi ai casi delle università popolari, delle cucine popolari e degli asili notturni). Questa maggiore uniformità dal lato dell'offerta filantropica, però, dovette scontrarsi con contesti socio-economici molti diversi e ciò decretò risultati assai discordanti: al successo dei Ricreatori romani si contrappose, come si ricorderà, il deludente risultato ottenuto a Milano.

Fatti questi dovuti distinguo, il quadro che emerge dall'analisi è che sul finire della Belle Époque si era venuta a costituire una fitta maglia associativa di matrice laica in grado rispondere a gran parte dei bisogni educativi e di assistenza della popolazione. Alle soglie dell'avvento del fascismo, pertanto, la libera muratoria italiana poteva vantare un ruolo da protagonista nel welfare e nella vita sociale italiana.

---

753 *Notizie Massoniche*, in «La Luce. Eco della costituente massonica», n. 35, 1874, p. 16.

APPENDICE

Elenco Gran Maestri Grande Oriente d'Italia

Eugenio di Beauharnais, 1805-1814

Filippo Delpino, interim 20-12-1859/20-05-1860

Livio Zambeccari, interim 1860

Felice Govean, reggente facente funzioni 12-1861/07-1863

Costantino Nigra, 08-10-1861/12-1861

Livio Zambeccari, interim 08-10-1861/01-03-1862

Filippo Cordova, 01-03-1862/06-08-1863

Celestino Peroglio, 06-08-1863/24-05-1864

Giuseppe Garibaldi, 24-05-1864/08-08-1864

Francesco De Luca, reggente 09-1864/05-1865 • 28-05-1865/20-06-1867

Filippo Cordova, 21-06-1867/02-07-1867

Lodovico Frapolli, facente funzioni 02-08-1867/31-05-1869 • 31-05-1869/07-09-1870 dimissionario

Giuseppe Mazzoni, 07-09-1870/27-01-1871 reggente • 27-01-1871/11-05-1880 deceduto

Giuseppe Petroni, 12-05-1880/16-01-1885

Adriano Lemmi, 17-01-1885/31-05-1896

Ernesto Nathan, 01-06-1896/14-02-1904

Ettore Ferrari, 14-02-1904/25-11-1917 dimissionario

Ernesto Nathan, 25-11-1917/22-06-1919

Domizio Torrigiani, 23-06-1919/30-08-1932

Giuseppe Meoni, presidente comitato ordinatore 09-1926/1929

Eugenio Chiesa, 12-01-1930/22-06-1930

Arturo Labriola, 23-06-1930/29-11-1931

Alessandro Tedeschi, 29-11-1931/19-08-1940

Comitato di Maestranza: **Umberto Cipollone, Guido Laj, Gaetano Varcasia,** 1943/1945

Davide Augusto Albarin, 19-08-1940/10-06-1944

Guido Laj, 18-09-1945/05-11-1948

Umberto Cipollone, pro tempore 05-01-1949/18-03-1949

Ugo Lenzi 19-03-1949/21-03-1953

Carlo Speranza, facente funzioni 21-03-1953/05-04-10-1953

Publio Cortini, 04-10-1953/26-05-1956 • 26-05-1956/27-09-1956 dimissionario

Umberto Cipollone, 30-11-1957/28-05-1960

Giorgio Tron, 29-05-1960/29-04-1961

Corrado Mastrocinque, pro tempore 29-04-1961/16-07-1961

Giordano Gamberini, 17-07-1961/21-03-1970

Lino Salvini, 21-03-1970/27-03-1973 • 27-03-1973/01-03-1976 • 01-03-1976/18-11-1978 dimissionario

Ennio Battelli, 18-11-1978/28-03-1982

Armando Corona, 28-03-1982/30-03-1985 • 30-03-1985/10-03-1990

Giuliano Di Bernardo, 10-03-1990/16-04-1993 espulso

Comitato di Reggenza, 05-05-1993/18-12-1993, Gran Maestri Aggiunti **Eraldo Ghinoi** (reggente) ed **Ettore Loizzo**

Virgilio Gaito, 18-12-1993/21-03-1999

Gustavo Raffi, 21-03-1999/02-04-2004 • 02-04-2004/03-04-2009 • 03-04-2009/06-04-20014

Stefano Bisi, 06-04-2014 | in carica.

BIBLIOGRAFIA DI RIFERIMENTO

Bacci Ulisse, *Il libro del massone italiano*, Vita Nova, Roma,1922.

Casano Nicoletta, *Libres et persécutés. Francs-maçons et laïques italiens en exil pendant le fascisme*, Garnier, Paris, 2016.

Cazzaniga Gian Mario (a cura di), *La Massoneria. Storia d'Italia*, Annali, XXI, Einaudi, Torino, 2006.

Cazzaniga Gian Mario, *La religione dei moderni*, Ets, Pisa, 1999.

Ciuffoletti Zeffiro, *Il complotto massonico e la Rivoluzione francese*, Edizione Medicea, Firenze,1989.

Conti Fulvio, *Italia immaginata. Sentimenti, memorie e politica fra Otto e Novecento*, Pacini, Ospedaletto, 2017.

Conti Fulvio, *La massoneria a Firenze: dall'età dei lumi al secondo Novecento*, Bologna, Il Mulino, 2007.

Conti Fulvio, *Laicismo e democrazia. La massoneria in Toscana dopo l'Unità (1860-1900)*, Centro Editoriale Toscano, Firenze, 1990.

Conti Fulvio, Novarino Marco (a cura di), *Massoneria e Unità d'Italia. La Libera Muratoria e la costruzione della nazione*, Il Mulino, Bologna, 2011.

Conti Fulvio, *Storia della massoneria italiana. Dal Risorgimento al fascismo*, Il Mulino, Bologna, 2003.

Cuzzi Marco, *Dal Risorgimento al Mondo nuovo. La massoneria nella Prima guerra mondiale*, Mondadori education, Firenze, 2017.

Delogu Giulia, *La poetica della virtù. Comunicazione e rappresentazione del potere in Italia tra Sette e Ottocento*, Milano, Mimesis, 2017.

Esposito Rosario Francesco, *La massoneria e l'Italia dal 1800 ai nostri giorni*, Paoline, Roma, 1969.

Fedele Santi, Giovanni Greco (a cura di), Massoneria ed Europa. 300 anni di storia, Bonanno, Acireale, 2017.

Fedele Santi, *La massoneria italiana nell'esilio e nella clandestinità (1927-1939)*, FrancoAngeli, Milano, 2005.

Fedele Santi, *La massoneria italiana tra Otto e Novecento*, Bastogi, Foggia, 2011.

Francovich Carlo, *Storia della Massoneria in Italia. Dalle origini alla rivoluzione francese*, La Nuova Italia, Firenze,1974.

Giarrizzo Giuseppe, *Massoneria e Illuminismo nell'Europa del Settecento*, Marsilio, Venezia,1994.

Isastia Anna Maria (a cura di), *Il progetto liberal-democratico di Ettore Ferrari*, Angeli, Milano, 1997.

Isastia Anna Maria, Alessandro Visani, L'idea laica tra Chiesa e Massoneria. La questione della scuola, Atanòr, Roma, 2008.

Isastia Anna Maria, *Massoneria e fascismo*, Libreria Chiari, Firenze, 2003.

Isastia Anna Maria, *Scritti politici di Ernesto Nathan*, Bastogi, Foggia, 1998.

Leti Giuseppi, *Carboneria e massoneria nel risorgimento italiano*, Res Gestae, Milano, 2016.

Locci Emanuela, La massoneria nel Mediterraneo. Egitto, Tunisi e Malta, BastogiLibri, Roma, 2014.

Manenti Luca Giuseppe, *Massoneria e irredentismo. Geografia dell'associazionismo patriottico in Italia tra Otto e Novecento*, Isrml FVG, Trieste, 2015.

Miletto Enrico, Novarino Marco, « *... Senza distinzione politica e religiosa». Repertorio bibliografico e archivistico sull'associazionismo laico a Torino e provincia (1848-1925)*, Centro Studi Piero Calamandrei, Torino, 2011.

Mola Aldo Alessandro (a cura di), La massoneria nella storia d'Italia, Atanòr, Roma, 1981.

Mola Aldo Alessandro, *Adriano Lemmi, Gran Maestro della nuova Italia (1885-1896)*, Erasmo, Roma, 1985.

Mola Aldo Alessandro, *Storia della massoneria in Italia. Dal 1717 al 2018. Tre secoli di un ordine iniziatico*, Bompiani, Milano, 2018.

Novarino Marco, *All'Oriente di Torino. La rinascita della massoneria italiana tra moderatismo cavouriano e rivoluzionarismo garibaldino*, Chiari, Firenze, 2003.

Novarino Marco, *Compagni e liberi muratori. Socialismo e massoneria dalla nascita del Psi alla grande guerra*, Rubbettino, Soveria Mannelli, 2015.

Novarino Marco, Giuseppe M. Vatri, *Uomini e logge nella Torino capitale. Dalla fondazione della loggia «Ausonia» alla rinascita del Grande Oriente Italiano (1859–1862)*, L'Età dell'Acquario, Torino, 2009.

Novarino Marco, *Grande Oriente d'Italia. Due secoli di presenza liberomuratoria*, Erasmo, Roma, 2006.

Novarino Marco, *Nel nome del grande statista. Le Logge Cavour di Torino dall'Unità d'Italia ai giorni nostri*, Sottosopra, Torino, 2011.

Novarino Marco, *Progresso e Tradizione Libero Muratoria. Storia del Rito Simbolico Italiano (1859–1925)*, Pontecorboli, Firenze, 2009.

Polo Friz Luigi, *La massoneria italiana nel decennio post unitario. Lodovico Frapolli*, Angeli, Milano, 1998.

Rizzardini Massimo, Vento Andrea (a cura di), *All'Oriente d'Italia. Le fondamenta segrete del rapporto fra Stato e Massoneria*, Rubbettino, Soveria Mannelli, 2013.

Trampus Antonio, *La massoneria nell'età moderna*, Laterza, Roma, 2001.

www.ingramcontent.com/pod-product-compliance
Lightning Source LLC
LaVergne TN
LVHW091214080426
835509LV00009B/989